Em Espelho Crítico

Coleção Estudos
Dirigida por J. Guinsburg

Equipe de Realização – Tradução: Sérgio Medeiros e Margarida Goldsztajn; Revisão: Ingrid Basílio; Sobrecapa: Adriana Garcia; Produção: Ricardo W. Neves.

Robert Alter

EM ESPELHO CRÍTICO

EDITORA PERSPECTIVA

Título original em inglês
Selection of Texts

Copyright © Robert Alter

Direitos em língua portuguesa reservados à
EDITORA PERSPECTIVA S.A.
Av. Brigadeiro Luís Antônio, 3025
01401-000 – São Paulo – SP – Brasil
Telefone: (011) 885-8388
Telefax: (011) 885-6878

1998

Sumário

I. BÍBLIA 1
   1. Uma Abordagem Literária da Bíblia 3
   2. Verdade e Poesia no *Livro de Jó* 23
   3. Sodoma como Nexo: A Teia do Desígnio na Narrativa
      Bíblica 49

II. ESCRITORES JUDEUS MODERNOS 65
   1. Um Romance do Mundo Pós-Trágico 67
   2. Ossip Mandelschtam: o Poeta como Testemunha 83

III. O ROMANCE E A TEORIA LITERÁRIA 103
   1. O Espelho da Cavalaria e o Mundo dos Espelhos 105
   2. A Mimese e o Motivo para a Ficção 127
   3. O Leão do Amor: sobre *A Cartuxa de Parma* 147
   4. Nabokov e a Arte da Política 163

IV. NA SENDA DA CABALA 179
   1. O Cabalista Kafka 181

I. Bíblia

1. Uma Abordagem Literária da Bíblia

Qual é o papel da arte literária na configuração da narrativa bíblica? Eu diria que é crucial, modulado primorosamente de instante a instante, determinando na maioria dos casos a escolha exata das palavras e dos detalhes relatados, o ritmo da narração, os pequenos movimentos do diálogo e toda uma rede de interconexões ramificadas no texto. Antes de examinar as considerações teóricas que possam explicar por que isso deveria ocorrer desse modo, bem como as circunstâncias da história intelectual que impediram a investigação competente dessa dimensão literária essencial, seria oportuno acompanhar a operação sustentada da arte narrativa num texto bíblico.

Permitam-me propor à análise um episódio supostamente interpolado: ele nos dará oportunidade de observar ao mesmo tempo como ele mesmo se desenvolve e como interage com o material narrativo que o circunda. Gostaria de discutir, então, a história de Tamar e Judá (*Gn* 38), que está localizada entre a venda de José por seus irmãos e o seu aparecimento como escravo na casa de Putifar. Para E. A. Speiser, autor do magnífico volume *Gênesis*, esta história constitui "uma unidade totalmente independente", que não tem "nenhuma conexão com o drama de José, que ela interrompe na conclusão do Ato I"[1]. Evidentemente; como Speiser e outros reconheceram, a interpolação constrói tanto uma sensação de suspense acerca do destino de José quanto um senso do tempo decorrido até que José reapareça no Egito. Mas o fato de Speiser não perceber as suas estreitas conexões, em termos de motivo e de tema, com a história de José aponta as limitações até da melhor erudição bíblica convencional. Começarei com os cinco últimos versículos do capítulo 27 do *Gênesis*, com o fito de es-

---

1. *Gênesis*, New York, 1964, p. 299, série "The Anchor Bible".

clarecer os vínculos entre a história básica e a interpolação. Minha tradução algumas vezes será literal demais, a fim de reproduzir as repetições verbais ou as peculiaridades sintáticas do original para os propósitos da análise.

Lembremos que os irmãos de José, depois de vendê-lo como escravo, mergulharam sua túnica favorita em sangue de bode para mostrá-la ao pai.

"E fizeram levar a túnica ornamentada para seu pai [notem o caráter indireto com que abordam Jacó, acentuado ainda mais na sintaxe hebraica], e disseram: 'Temos achado isto (*zot*). Reconhece (*haker-na*), te peço, é ou não a túnica de teu filho' " (*Gn* 37, 32)*. Os irmãos têm o cuidado de deixar que o objeto forjado, "isto (*zot*)", minta por eles – adianta-se a eles literal e sintaticamente – e é natural que chamem José convenientemente de "teu filho", e não pelo seu nome nem como seu irmão. Jacó agora tem a deixa e daí em diante pode improvisar a sua própria parte: "Ele reconheceu-a (*vayakirah*), e disse: 'É a túnica de meu filho! Uma besta fera o comeu, / certamente José foi despedaçado' " (*Gn* 37, 33). *Haker*, o verbo que significa "reconhecimento" (que encontraremos outras vezes), expresso pelos irmãos no imperativo, reaparece no tempo passado logo em seguida, na resposta imediata de Jacó transformado no fantoche que seus filhos manipulam.

Deveríamos observar (não estou certo de que os estudiosos o tenham feito) que, quando Jacó começa a inventar uma explicação de desgraça, não-expressa pelos seus filhos, para a túnica ensangüentada, sua fala ("uma besta fera...") muda para um verso formal, um claro paralelismo semântico que apresenta três batidas em cada hemistíquio: *hayáh ra 'áh' akhaláthu / taróf toráf Yoséf*. A poesia é uma linguagem intensificada, e a mudança para um verso formal sugere um elemento de autodramatização no modo como Jacó capta a insinuação da pretensa morte de seu filho e declama-o metricamente diante de sua platéia familiar. Se isso parece fantasioso, eu chamaria a atenção para a maneira como a desolação de Jacó é descrita nos dois versículos seguintes: "Jacó rasgou os seus vestidos, pôs um saco sobre seus lombos e lamentou o seu filho muitos dias. E levantaram-se todos os seus filhos e todas as suas filhas para o consolarem; mas ele recusou ser consolado, e disse: 'Não, com choro hei de descer ao meu filho até o *scheol*'. Assim o chorou seu pai" (*Gn*, 37, 34-35). Em dois versículos curtos são registradas meia dúzia de diferentes atividades de luto, inclusive a recusa a ser consolado e a fala direta com que o pai expressa o desejo de chorar até que se una a seu filho na morte. (Mais tarde, ironicamen-

---

* Neste capítulo e nos dois seguintes, a tradução das citações da Bíblia acompanha quase sempre as interpretações do autor, mudando-se apenas quando interferem na sua concepção do texto. Nesses casos, seguiu-se no mais das vezes a tradução portuguesa de João Ferreira de Almeida (N. T.).

te, ele "descerá" ao seu filho não até o *scheol*, mas até o Egito.) Dificilmente se podem ignorar todos esses gestos de luto, como se fossem práticas comuns no Oriente Médio, uma vez que o grau de especificação e de sinonímia está muito longe das normas da própria narrativa. Assim, alguns versículos antes (*Gn* 37, 29), quando Rúben imagina que José está morto, seu sentimento sincero de aflição é expresso simplesmente com "Rasgou os seus vestidos" – em hebraico, apenas duas palavras e uma partícula.

Finalmente, a extravagância do luto de Jacó é indicada pelo versículo que se segue imediatamente e conclui o episódio: "E os midianitas venderam-no no Egito a Putifar, eunuco do Faraó, seu capitão da guarda" (*Gn* 37, 36). As traduções modernas costumam interpretar o *vav* inicial deste versículo como algo semelhante a "entrementes", mas isso elimina a engenhosa ambigüidade da parataxe da Bíblia. Nesta sintaxe astuciosamente aditiva, no mesmo *continuum* narrativo não-interrompido em que Jacó chora o filho supostamente devorado, os midianitas estão vendendo o jovem vivo: "Assim o chorou seu pai e os midianitas venderam-no" – pois nem mesmo a quebra da sentença teria sido evidente no texto antigo. Na verdade, a sintaxe original indica uma certa oposição e talvez um sentido de verbo no tempo passado quando coloca o sujeito antes do verbo ("e os midianitas venderam-no"), e não na ordem usual do hebraico, e quando muda a forma do verbo que introduz os midianitas. De qualquer modo, a transição de Jacó chorando para José vendido é mais intimamente inconsútil, menos relacionalmente acentuada do que as traduções modernas fazem-na parecer.

Neste ponto (*Gn* 38), com uma fórmula indicadora de tempo apropriadamente ambígua, *vayehi ba'et hahi*, "e no mesmo tempo", a narrativa abandona José e se lança à história enigmática de Tamar e Judá. Desde o começo do excurso, no entanto, são feitas conexões acentuadas com a narrativa principal através de toda uma série de paralelos e contrastes explícitos.

1. E aconteceu no mesmo tempo que Judá desceu de entre seus irmãos e alojou-se com um varão de Adulam, cujo nome era Hira. 2. E viu Judá ali a filha dum varão cananeu, cujo nome era Sua, e tomou-a e deitou-se com ela. 3. E ela concebeu, e teve um filho, e chamou o seu nome Er. 4. E tornou a conceber, e teve um filho, e chamou o seu nome Onã. 5. E continuou ainda, e teve um filho, e chamou o seu nome Selá; e ele estava em Quezibe quando ela o teve. 6. Judá tomou pois uma mulher para Er, seu primogênito, e o seu nome era Tamar. 7. Er, porém, o primogênito de Judá, era mau aos olhos do Senhor, pelo que o Senhor o matou. 8. Então disse Judá a Onã: "Deita-te com a mulher do teu irmão, cumpre o teu dever de cunhado, suscitando semente a teu irmão". 9. Onã, porém, soube que esta semente não havia de ser para ele, e aconteceu que quando se deitava com a mulher de seu irmão, deixava-a cair na terra para não dar semente a seu irmão. 10. E o que fazia era mal aos olhos do Senhor, pelo que também o feriu de morte. 11. Então, disse Judá a Tamar, sua nora: "Fica-te viúva na casa de teu pai até que Selá, meu

filho, seja grande'", porquanto pensou: "Não morra também este, como seus irmãos". Assim foi-se Tamar, e ficou-se na casa de seu pai.

A história começa com Judá apartando-se de seus irmãos, um ato comunicado através de uma expressão um tanto estranha, *vayered m'et*, literalmente, "ele desceu de"; e que, sem dúvida, tem o propósito de encadear este apartar-se de um irmão dos outros com a separação de José, transmitida com a mesma raiz verbal (veja-se, por exemplo, o começo do capítulo seguinte: "José 'foi descido' [*hurad*] ao Egito"). Existe uma justificativa temática para o encadeamento, uma vez que o relato de Judá e sua descendência, a exemplo de toda a história de José, e na verdade de todo o livro do *Gênesis*, trata da inversão da lei férrea da primogenitura, da escolha, através de alguma urdidura do destino, de um filho mais jovem para continuar a linha de descendência. Poder-se-ia acrescentar que existe uma ironia genealógica na inserção deste material neste ponto da história, pois embora José, o penúltimo dos filhos, acabe por governar sobre seus irmãos de modo tão esplêndido quanto havia sonhado, será Judá, o quarto filho, o progenitor dos reis de Israel, como nos lembra o final de *Gn* 38.

De qualquer modo, o bloco anterior da narrativa havia terminado com um pai lamentando o que acreditava ser a morte de seu filho. *Gn* 38 começa com Judá gerando três filhos, um após outro, tudo registrado num ritmo ofegante. Aqui, como em outros pontos do episódio, nada se permite que possa desviar nossa atenção do tema fundamental e problemático do conduto adequado para a semente (como isso é concebido ao mesmo tempo figurativamente e de um modo concretamente físico, a minha tradução foi totalmente literal). Numa tríade de verbos que não admite nada de fortuito, Judá vê, toma uma mulher e deita-se com ela, e ela, respondendo de modo apropriado, concebe, pare e – a conclusão forçosa do processo genealógico – dá ao filho um nome. Então, sem nenhuma indicação narrativa de quaisquer eventos no tempo intermédio, avançamos uma geração inteira até a morte inexplicável ("ele era mau aos olhos do Senhor") de Er, o primogênito de Judá, depois de seu casamento com Tamar. No *Gênesis*, os primogênitos muitíssimas vezes parecem ser perdedores pela própria condição de seu nascimento – o epíteto "primogênito", quase desnecessário como identificação, é afirmado aqui duas vezes, como se explicasse por que Er era mau aos olhos do Senhor –, enquanto se desenvolve um princípio inescrutável e imprevisível de escolha muito diferente do método "natural". O segundo filho, Onã, no entanto, comete o erro de rebelar-se, através do *coitus interruptus,* contra as obrigações legais da lei do levirato, e se recusa a atuar como substituto do irmão morto fecundando a viúva em nome do irmão, e assim ele também morre. É curioso que, depois de termos sido submetidos aos extravagantes procedimentos de luto de Jacó pela morte imaginada do filho, a reação de Judá diante da morte real, numa rápida seqüência, de dois filhos passou-se em completo silêncio: relata-se apenas que ele dá instruções pragmáticas relativas ao filho seguinte na linha de sucessão. Se este notável contraste enfatiza os excessos de Jacó, seguramente também nos faz imaginar se não existe uma genuína falta de reação em Judá, e assim indica de que maneira atos ou situações paralelas são utilizados para ilustrar um ao outro na narrativa bíblica.

Depois da morte do segundo filho, o narrador nos dá (*Gn* 38, 11) a fala direta de Judá a Tamar, bem como a fala interior de Judá explicando o seu motivo, mas não registra nenhuma resposta da parte de Tamar. Isto pode sugerir submissão tácita, ou pelo menos sua falta de quaisquer opções legais sendo uma jovem viúva sem filhos, e certamente nos deixa imaginando o que ela está sentindo – algo que suas ações elucidarão em breve. Existe uma insinuação leve, mas taticamente eficiente, de que Judá está errado quando ele se dirige a Tamar; ela é identificada como "Tamar sua nora", uma designação de outro modo supérflua, que nos lembra as obrigações legais que ele detém de escolher para ela um marido entre seus filhos.

Neste ponto, outra indicação de tempo nos é dada para assinalar o próximo estágio da história, no qual o andamento da narração se tornara drasticamente lento para atender a uma ação central decisiva:

12. Passando-se muitos dias, morreu a filha de Sua, mulher de Judá; depois de se ter consolado, Judá subiu aos tosquiadores de suas ovelhas em Timna, juntamente com o amigo Hira, o adulamita.

Toda a informação que existe neste versículo é essencial para o que vem a seguir. A Tamar foi permitido que ficasse sem cônjuge "por longo tempo", de modo que sua própria percepção, relatada dois versículos depois, de que foi negligenciada deliberadamente recebe um fundamento lógico-objetivo. Judá ficou viúvo e o período oficial de luto passou: é este o significado de "se ter consolado", mas é bom traduzir a expressão literalmente, porque contrasta com a recusa anterior de Jacó de ser consolado. Desse modo, Tamar pode inferir, plausivelmente, que Judá se encontra em estado de necessidade sexual. Começa aqui o seu ousado plano:

13. E deram aviso a Tamar dizendo: "Eis que o teu sogro sobe a Timna, a tosquiar as suas ovelhas". 14. Então, ela tirou de sobre si os vestidos de sua viuvez, cobriu-se com o véu, e assim disfarçou-se e assentou-se à entrada de Einaim no caminho para Timna, porque viu que Selá já era grande e ela não lhe fora dada por mulher. 15. E vendo-a Judá, teve-a por uma prostituta, porque ela tinha coberto o seu rosto. 16. E dirigiu-se para ela no caminho, e disse: "Vem, deixa-me deitar contigo". Porquanto não sabia que era sua nora. E ela disse: "Que darás para me deitares contigo?". 17. E ele disse: "Eu te enviarei um cabrito do rebanho". E ela

disse:"Dás-me penhor, até que o mande?". 18. Então ele disse: "Que penhor é que te darei?" Ela disse: O teu selo, o teu cordão, e o cajado que está em tua mão". O que ele deu, e deitou-se com ela, e ela concebeu dele. 19. E ela levantou-se, e foi-se, e tirou de sobre si o véu, e vestiu os vestidos da sua viuvez. 20. E Judá enviou o cabrito por mão de seu amigo, o adulamita, para tomar o penhor da mão da mulher, porém não a achou. 21. E perguntou aos homens daquele lugar, dizendo: "Onde está a prostituta sagrada, que fica em Einaim, no caminho?" E disseram: "Aqui não esteve prostituta sagrada nenhuma". 22. E voltou a Judá e disse: "Não a achei"; e também disseram os homens daquele lugar: "Aqui não esteve prostituta". 23. Então disse Judá: "Tome-o ela, para que não venhamos porventura a tornar motivo de riso; eis que tenho enviado este cabrito, mas tu não a achaste".

Até esse momento, Tamar foi um objeto passivo, que se deixou levar – ou, ai de mim!, não se deixou levar – por Judá e seus filhos. Os únicos verbos de que ela é o sujeito foram os dois que indicavam submissão e retiro: ir-se e ficar-se, no fim do versículo 11.

Agora, é atribuída a Tamar uma clara percepção da injustiça que sofreu (versículo 14), e ela de repente se precipita numa ação rápida e premeditada, expressa numa série detonadora de verbos: no versículo 14, ela rapidamente se despe, se cobre se disfarça, se senta no local estratégico, e depois do encontro no versículo 19, há mais uma sucessão de quatros verbos a indicar uma retomada enérgica de seu papel e vestimentas anteriores. (Poder-se-ia proveitosamente comparar isso à série rápida de verbos ligados às atividades de Rebeca (*Gn* 27, 14-17), quando ela, por meio de mais uma espécie de logro, se prepara para arrebatar a bênção de Isaac para seu filho Jacó.) Judá morde a isca – seu apetite sexual não tolerará adiamento, embora tenha ficado contente em deixar Tamar definhar indefinidamente como uma viúva sem filhos – e aqui nos é dado o único diálogo extenso na história (versículos 16-18). E uma espécie de permuta comercial admirável, reforçada no hebraico pelas mudanças rápidas e constantes do "ele disse" (*vayomer*). repetido literalmente para "ela disse" (*vatomer*). Sem perder tempo com preliminares, Judá diz a ela imediatamente: "Deixa-me deitar contigo" – (literalmente, "deixa-me entrar a ti", ou mesmo "deixa-me penetrá-la"), ao que Tamar reage como uma mulher de negócios astuta, exigindo finalmente o penhor um tanto importante do sinete, cordão e cajado de Judá, que, substitutos legais do portador, seriam mais ou menos um equivalente, no Oriente Médio antigo, de todos os cartões de crédito de uma pessoa.

Completado o acordo, a narrativa prossegue com três verbos rápidos (o final do versículo 18) – ele deu, ele deitou-se, ela concebeu – até o único propósito de Tamar que, desde seu primeiro casamento, foi tornar-se o conduto da semente de Judá. Quando o adulamita vem procurar Tamar, ele pergunta, com muito decoro, pela meretriz sagrada (*quedeschá*), embora Judá de fato pensasse estar tratando com uma meretriz comum (*zoná*)². Os habitantes locais respondem de forma adequada que nunca houve uma *quedeschá* naquele lugar, numa afirmativa que recebe ênfase especial por meio do artifício narrativo em que é repetida literalmente no relatório de Hirá a Judá. Podemos ser levados a pensar que também não havia uma *zoná* naquele lugar, mas apenas uma mulher ultrajada fazendo justiça pelas próprias mãos. Estamos agora preparados para o clímax da história:

24. E aconteceu que, quase três meses depois, vieram dizer a Judá: "Tamar, tua nora, adulterou (*zantá*) e, mais do que isso, está grávida por causa de adultério (*zenunim*)". Então disse Judá: " Tirai-a fora para que seja queimada".

A brutalidade crua e irrefletida da reação de Judá às notícias aparentemente incriminadoras é mais forte ainda no original, onde o caráter sintético do hebraico bíblico reduz suas instruções mortais a duas palavras: *hotzi' uha vetisaref*. Como em outras partes, nada de fortuito se permite que intervenha entre a intenção e a realização do objetivo, e assim as duas palavras seguintes do texto dão continuidade à ordem de Judá quase como se não houvesse um lapso de tempo, como se não existisse um intervalo perceptível entre a fala magicamente poderosa e as conseqüências dessa fala: Judá diz: *hotzi' uha*, tirai-a fora, e as duas palavras seguintes, num raro particípio passivo do presente, são *vehi mutz'et*, literalmente, "e tirando-a fora". Mas é este o último instante antes da revelação triunfante de Tamar:

25. E tirando-a fora, ela mandou dizer a seu sogro: "Do varão de quem são estas coisas". E ela disse mais: "Reconhece (*haker-na*), peço-te, de quem é este selo, este cordão e este cajado?". 26. E reconheceu-os (*vayaker*) Judá e disse: "Mais justa é ela do que eu, porquanto eu não dei a Selá, meu filho". E nunca mais a conheceu.

O inserto inteiro de *Gn* 38 conclui, então, com quatro versículos dedicados ao parto de Tamar de dois meninos gêmeos, à sua aspiração de tornar-se a mãe da progênie masculina duplamente realizada. Confirmando o padrão da história toda e do ciclo maior de relatos, o gêmeo que devia nascer em segundo lugar "irrompe" (*parotz*) primeiro no final, e é Peretz, progenitor de Jessé, de quem se origina a casa de Davi.

Embora alguns leitores possam ter-se mostrado céticos acerca da intencionalidade das analogias que propus entre a interpolação e a história básica, tais dúvidas seriam sepultadas pela exata recorrência, no

---

2. Na religião pagã do Oriente Médio antigo, havia prostitutas especiais do templo, com as quais os fiéis do sexo masculino mantinham relações sexuais como parte de um culto de fertilidade. A atividade dessas prostitutas não teria os motivos mercenários básicos que impeliriam as meretrizes comuns.

clímax do episódio de Tamar, da fórmula de reconhecimento, *haker-na* e *vayaker*, usada antes com Jacó e seus filhos. Ademais, o mesmo verbo desempenhará um papel temático decisivo no desenlace da história de José quando confronta com seus irmãos no Egito, ele reconhecendo-os e eles não conseguindo reconhecê-lo. Esta recorrência precisa do verbo em formas idênticas no final de *Gn* 37 e *Gn* 38 respectivamente resulta claramente, não de algum mecanismo automático de intercalar materiais tradicionais, mas da junção cuidadosa de fontes feita por um artista literário brilhante. A fórmula foi usada primeiramente num ato de logro; na segunda vez, num ato de desmascaramento. Judá com Tamar depois de Judá com seus irmãos é um exemplo narrativo típico do enganador enganado, e, já que foi ele quem propôs vender José como escravo em vez de matá-lo (*Gn* 37, 26-27), pode-se facilmente imaginar que é o líder dos irmãos no logro praticado contra seu pai. Agora, ele se torna o sub-rogado deles ao ser submetido a um princípio bizarro de retaliação, mas peculiarmente adequado, enganado por uma peça de vestimenta, como seu pai o fora, aprendendo em sua própria carne rebelde que o processo de escolha determinado pelo divino não pode ser frustrado por vontade humana nem por convenção social. No mais engenhoso dos estratagemas, o narrador mostra-o exposto através dos símbolos de seu "eu" legal dados em penhor por um cabrito (*guedi 'izim*), como antes Jacó fora logrado pela peça de roupa simbólica de seu amor por José, que fora mergulhada no sangue de um bode (*se 'ir 'izim*). Finalmente, quando retornamos de Judá à história de José (*Gn* 39), movemo-nos, em acentuado contraste, de um conto de comprometimento através de incontinência sexual para um relato de derrota, aparente e triunfo final através da continência sexual: José e a esposa de Putifar.

É instrutivo que as duas sugestões verbais que indicam a conexão entre o episódio da venda de José e a história de Tamar e Judá tenham sido devidamente mencionadas, há mais de 1500 anos, no Midrasch: "O Sagrado 'Abençoado seja Ele, disse a Judá, Tu enganaste teu pai com um bode. Na tua vida, Tamar te enganará com um cabrito'... O Sagrado, Abençoado seja Ele, disse a Judá, 'Tu disseste a teu pai, *haker-na*. Na tua vida, Tamar te dirá, *haker-na*'" (*Bereschit Rabá* 84, 11-12). Este exemplo pode sugerir que, em muitos casos, um estudioso literário da Bíblia tem mais a aprender com os comentários tradicionais do que com a erudição moderna. A diferença entre os dois é, em última análise, a diferença entre supor que o texto é uma unidade intricadamente conjugada, como fizeram os exegetas do Midrasch, e admitir que é uma miscelânea de documentos muitas vezes díspares, como supuseram a maioria dos eruditos modernos. Os autores do Midrasch, ao pressuporem uma conjugação, estavam em geral tão extraordinariamente afinados com os pequenos sinais verbais de continuidade e com as nuances léxicas significativas quanto qualquer "leitor acurado" da nossa própria era.

Existem, entretanto, duas distinções essenciais entre o modo como o texto é tratado no Midrasch e a abordagem literária que estou propondo aqui. Primeiramente, embora os midraschistas tenham admitido a unidade do texto, não viram nele um *continuum* narrativo verdadeiro, como uma coerente história de esclarecimento em que o sentido de dados anteriores é progressiva e mesmo sistematicamente revelado ou enriquecido pela adição de dados subseqüentes. O que significa isto na prática é que o Midrasch fornece a exegese de frases específicas ou ações narradas, mas não *leituras* contínuas das narrativas bíblicas: pequenos fragmentos do texto tornam-se os alicerces de estruturas homiléticas elaboradas que têm apenas uma relação intermitente com a história integral contada pelo texto

A abordagem midráschica das narrativas bíblicas não reconhece realmente a integridade literária delas num segundo aspecto: a insistência didática da interpretação midráschica. Poder-se-ia notar que, na formulação, registrada na passagem acima citada do *Bereschit Rabá*, o Próprio Deus aplica uma reprimenda moral a Judá duas vezes pecador, apontando-lhe a recorrência do cabrito e do verbo "reconhecer", que liga seu ato enganoso desonesto feito a seu pai com o engano justificado que lhe fez Tamar. Este aspecto temático da retaliação, como vimos, é insinuado no texto bíblico, mas sem a sugestão de que o próprio Judá tenha consciência das conexões. Isto é, na verdadeira articulação literária da história, nós, como audiência, somos favorecidos com um conhecimento negado a Judá, e assim o liame entre cabrito e cabrito, entre reconhecer e reconhecer, faz parte de um padrão de ironia dramática, no qual o espectador sabe de algo que o protagonista não sabe e deveria saber. A manutenção da ignorância de Judá aqui é importante, pois a virada final de sua educação moral dolorosa deve ser deixada para o momento de perplexidade em que ele se vê mais tarde quando encontra José como vice-rei do Egito sem reconhecer o irmão. O Midrasch, por outro lado, concentrando-se no momento presente no texto e na acentuação de uma questão moral, deve tornar as coisas mais explícitas do que o escritor bíblico pretendia.

Na verdade, um objetivo essencial da técnica ficcional inovadora elaborada pelos escritores hebraicos antigos era produzir uma certa indeterminação de sentido, particularmente com relação a motivo, caráter moral e psicológico. O sentido, talvez pela primeira vez na literatura narrativa, era concebido como um *processo,* que requer uma contínua revisão – tanto no sentido comum quanto no sentido etimológico de "ver novamente"– , uma contínua suspensão de julgamento, uma ponderação de múltiplas possibilidades, uma ruminação sobre lacunas na informção fornecida. Como uma etapa no processo de significação da história de

José, é perfeitamente correto alinhar entre si a traição filial em *Gênesis* e o logro da nora em *Gn* 38 através do processo indireto da analogia, dos paralelismos sucintamente sugeridos mas nunca expressos com um fecho tematicamente inequívoco, como eram no Midrasch.

Essas observações sobre a história de Judá e Tamar, evidentemente, não constituem de modo nenhum uma análise exaustiva do material em questão, mas podem ilustrar a utilidade de tentar investigar cuidadosamente a arte literária de um texto bíblico. Eu afirmaria que esta espécie de discussão crítica, longe de negligenciar o caráter religioso da Bíblia, chama atenção para ele de uma forma mais matizada. A teologia implícita da Bíblia hebraica impõe um realismo moral e psicológico complexo à narrativa bíblica, porque os propósitos de Deus estão sempre entremeados na história e dependem dos atos de homens e mulheres individuais para sua permanente realização. Investigar as personagens bíblicas como figuras ficcionais é vê-las com mais nitidez nos aspectos multifacetados e contraditórios de sua individualidade humana, que é o meio escolhido pelo Deus bíblico para Sua experiência com Israel e a história. Tal pesquisa, entretanto, como espero ter demonstrado, não se pode basear apenas numa impressão imaginativa da história, mas deve ser empreendida através de uma atenção crítica minuciosa imposta às articulações da forma narrativa pelo escritor bíblico.

Não é muito surpreendente que, neste momento, uma análise literária da Bíblia do tipo que tentei ilustrar aqui dessa forma preliminar ainda se ache em seus primórdios. Por análise literária entendo as múltiplas variedades de atenção minuciosamente discriminadora dada ao uso engenhoso da linguagem, ao jogo mutável de idéias, convenções, tom, som, imagem, sintaxe, ponto de vista narrativo, unidades de composição, e muito mais; em outras palavras, o tipo de atenção disciplinada que, através de todo um espectro de abordagens críticas, iluminou, por exemplo, a poesia de Dante, os dramas de Shakespeare, os romances de Tolstói. A ausência geral deste discurso crítico sobre a Bíblia hebraica é mais desconcertante ainda quando nos lembramos de que as obras-primas da Antigüidade grega e latina usufruíram, nas décadas recentes, de uma análise crítica abundante e perspicaz, de modo que aprendemos a perceber sutilezas da forma lírica tanto em Teócrito quanto em Marvell, complexidades de estratégia narrativa tanto em Homero ou Vírgilio quanto em Flaubert.

Ao fazer tal asserção negativa indiscriminada sobre a crítica bíblica, posso ser inquinado de distorção polêmica, impelido pelo espírito de um literato moderno contra a erudição antiquária, mas não creio que seja este o caso. É claro que, nos últimos cem anos ou mais, houve uma vasta quantidade de trabalhos acadêmicos sobre a Bíblia. Seria fácil ignorar a confusão infinita de hipóteses e contra-hipóteses gerada em tudo desde a crítica textual até as questões de cronologia histórica;

mas o fato é que, por equivocados ou extravagantemente obstinados que tenham sido muitos eruditos, seu empreendimento como um todo fez progredir enormemente a nossa compreensão da Bíblia. Quase toda essa atividade tem sido o que poderíamos chamar de "escavativa" – ou, literalmente, com a pá de arqueólogo e a referência às suas descobertas, ou com uma diversidade de ferramentas analíticas projetadas para desvendar os sentidos originais das palavras bíblicas, as situações sociais em que foram usados textos específicos, as fontes diversas a partir das quais foram montados textos mais longos. Embora muita coisa ainda reste a discutir – e necessariamente, uma vez que três milênios nos separam das origens dos textos –, o material desencavado pelos estudos dissipou claramente muitas confusões e obscuridades.

Permitam-me apresentar um breve exemplo. A antiga cidade de Ugarit no sítio de Ras Schamra na costa síria, escavado pela primeira vez em 1929, forneceu uma abundância de textos numa linguagem semítica cognata do hebraico bíblico, muitos deles admiravelmente semelhantes em estilo e convenção poética a passagens bíblicas familiares. Entre outras coisas, os textos ugaríticios relatam em detalhes épicos uma batalha entre o deus reinante da terra, Baal, e o deus do mar, Yamn. De repente, vem à luz toda uma enxurrada de alusões vagamente percebidas nos *Salmos* e em *Jó*: uma tradição épica anterior fora assimilada à imagem recorrente em que Deus quebra a fúria do mar elemental ou agrilhoa um monstro marinho primevo. E assim, quando Jó clama (*Jó* 7, 12), *ha-yam' ani' im tanin,* ele não está perguntando retoricamente se ele é o mar *(yam)*, mas, com uma ilusão sardônica intencional ao mito cananeu, está dizendo: "Sou eu porventura Yamm, ou o Monstro Marinho, para que me ponhas uma guarda?"

Pode-se demonstrar, então, que a erudição escavativa ocupa seu lugar de primeira etapa necessária para o entendimento da Bíblia, mas, até os últimos anos, houve poucos testemunhos de que estivesse ocorrendo mais do que mera escavação, exceto, é claro, pelas constantes especulações dos teólogos baseadas em textos bíblicos. A obra *The Old Testament in Modern Research*[3], de Herbert F. Hahn, um levantamento sistemático da situação atual do conhecimento nesse campo, reconhece que a análise de fontes, a antropologia, a sociologia, a religião comparada, a crítica da forma, a arqueologia e teologia constituem as áreas mais relevantes do estudo profissional – mas nada absolutamente que qualquer literato pudesse reconhecer como investigação literária. O comentário literário irregular, mas algumas vezes valioso, que vez por outra oferecem estudiosos como Umberto Cassuto e Luis Alonso-Schökel (O primeiro escrevendo principalmente em

---

3. New York, 1954, 1ª ed.; atualizada até 1970 por um ensaio bibliográfico anexo da autoria de Horace D. Hummel.

hebraico, o último em espanhol e alemão), foi, ao que parece, considerado tão periférico à disciplina que não mereceu classificação.

Ainda mais sintomático da necessidade de uma perspectiva literária é o volumoso *The Old Testament: An Introduction*[4], de Otto Eissfeldt, considerado por muitos uma das obras de referência geral mais competentes nesse campo. É claro que a maioria das considerações de Eissfeldt são puramente escavativas, mas, quando a natureza dos materiais bíblicos o coloca em confronto com categorias literárias, sua aparente competência começa a ser abalada. Assim, ele divide a narrativa bíblica em mitos, contos de fada, sagas, lendas, anedotas e contos populares, utilizando esses termos problemáticos com uma tal indefinição e uma tão aparente indiferença pelo modo como são empregados em outras disciplinas que se tornam totalmente desalentadoras. Ou, novamente, seu resumo de oito páginas de teorias acadêmicas conflitantes sobre a prosódia bíblica reconhece que os estudiosos têm lido a poesia bíblica com um aparato intelectual apropriado para a decifração de inscrições cuneiformes, multiplicando a confusão mediante a invenção de elaborados sistemas pseudomáticos de escansão ou através da importação em massa de termos e conceitos da prosódia grega. Além disso, a tendência mais recente na descrição da prosódia bíblica é um sistema de contagem de sílabas proposto pelo estudioso americano David Noel Freedman. Ele reflete a mais improvável concepção de como operam os versos da poesia e requer igualmente uma duvidosa reconstituição hipotética do sistema "original" de vogais do hebraico. A impropriedade de tudo isso torna-se evidente quando o comparamos com a análise maravilhosamente incisiva de Benjamim Hrushovski, que não é um estudioso da Bíblia, mas uma autoridade no campo da poética e da literatura comparada. Hrushovski, em seu artigo sinóptico sobre a prosódia hebraica, publicado na edição de 1971 da *Encyclopedia Judaica,* considera o versículo bíblico um ritmo "semântico-sintático-métrico". Em alguns parágrafos condensados, ele consegue transpor gerações de confusão e oferecer uma exposição geral da prosódia bíblica ao mesmo tempo plausível e elegantemente simples, evitando as estruturas forçadas e a terminologia artificial de seus antecessores.

Até meados dos anos 70, o único estudo extenso em inglês que fez um esforço constante para usar uma perspectiva literária foi *Irony in the Old Testament*[5], de Edwin M. Good, um estudioso profissional da Bíblia. Concordamos com as queixas de Good contra a indiferença geral de seus colegas pelas questões literárias e com a sensatez de sua intenção declarada de dar apenas um passo modesto na direção corre-

---

4. Edição revista, traduzida por P. R. Ackroyd, New York, 1965.
5. Edwin M. Good, *Irony in the Old Testament*, Filadélfia, 1965.

ta. Seu livro consegue fazer isso, porém nada mais do que isso. (Entretanto, os artigos mais recentes de Good refletem um progresso admirável em sofisticação literária com relação a seu trabalho anterior.) *Irony in the Old Testament* é um livro cativante, que oferece percepções locais proveitosas, mas não tem nenhum método crítico claramente definido, nenhum meio de discriminar de maneira adequada as formas distintivas e complexas da arte literária bíblica. O conceito de ironia torna-se tão elástico que ameaça perder seu valor descritivo, embora talvez se possa afirmar que esse é um problema quase igualmente perceptível nas obras de muitos críticos literários que discutem a ironia. Em outros lugares, é claro, tivemos apreciações sensíveis do poder imaginativo da Bíblia, da autoria de literatos como Mark Van Doren, Maurice Samuel e Mary Ellen Chase. O livro de Good muitas vezes parece mais uma apreciação desse tipo do que uma análise literária rigorosa, embora tenha a vantagem de ser amparado por um conhecimento profissional da filologia hebraica, da crítica de fontes e da história do antigo Oriente Médio.

Nos últimos anos, tem-se notado um crescente interesse pelas abordagens literárias por parte da geração mais nova de estudiosos da Bíblia – neste país, especialmente os associados ao novo periódico *Semeia* mas, embora tenham surgido proveitosas explicações de textos específicos, não houve até agora obras importantes de crítica nem certamente estudos gerais satisfatórios da poética da Bíblia hebraica. Como em outros setores acadêmicos, a clara influência da moda do estruturalismo sobre esses estudiosos da Bíblia não foi muito produtiva, e com demasiada freqüência encontram-se na obra desses estudiosos superposições algo simples de uma ou de outra teoria literária moderna sobre textos antigos que, na verdade, têm a sua própria dinâmica, as suas próprias convenções distintivas e técnicas características: tem-se a impressão, às vezes, de que os acadêmicos deste tipo estão tentando, bravamente, talvez quase conscientemente demais, dar um primeiro passo, mas esta análise literária, depois de todos os seminários sobre a lei suméria e os termos culturais de Ugarit, continua sendo para eles uma língua estrangeira aprendida arduamente, cujas inflexões e modulações eles ainda não compreenderam corretamente.

Dessas restrições podemos excluir, embora apenas parcialmente, três livros recentes de estudiosos da Bíblia. *Text and Texture*[6], de Michael Fishbane, fornece uma série de leituras acuradas e sensíveis de diversos textos bíblicos, mas não propõe qualquer método crítico geral; é muitas vezes um pouco pesado em suas formulações e em sua aplicação de noções estruturalistas ou etnopoéticas; e parece, finalmente, menos preocupado com a poética do que com a homilética. O

---

6. New York, 1979.

estudioso holandês J. P. Fokkelmam, em *Arte Narrativa no Gênesis*[7], um livro fortemente influenciado pela escola suíço-germânica de crítica literária *Werkinterpretation* (mais ou menos análoga ao New Criticism norte-americano), nos oferece algumas brilhantes análises de padrões formais na prosa hebraica e do modo como eles funcionam tematicamente; mas revela também uma certa tendência a um exagero interpretativo em suas explicações, descobrindo às vezes padrões onde não podem estar, e pressupondo com uma certa distorção perceptível que a forma sempre deve ser significativamente expressiva. Finalmente, Shimon Bar-Efrat, um estudioso israelense da Bíblia, tentou em *A Arte da História Bíblica* a primeira introdução séria em livro e em qualquer língua à poética característica da narrativa bíblica[8]. Dá um primeiro passo de grande valia, oferecendo algumas leituras esplêndidas de cenas individuais e observando muito bem certos princípios gerais da narrativa bíblica; porém, seja devido a uma percepção incerta da audiência, seja por causa de sua própria relação com o tema, é dedicado espaço demasiado a invectivar o óbvio, especialmente com relação a questões básicas do modo como as narrativas literárias funcionam. Essas recentes publicações indicam, então, que as mudanças dentro do campo dos estudos bíblicos propriamente ditos podem estar nos seus estágios iniciais, mas também que a disciplina ainda tem um longo caminho a percorrer.

O único motivo óbvio para a ausência por tanto tempo de interesse literário acadêmico pela Bíblia é que, em contraste com a literatura grega e a latina, a Bíblia foi considerada durante muitos séculos, tanto por cristãos quanto por judeus, a fonte unitária e primária da verdade de revelação divina. Essa crença ainda se faz sentir profundamente, quer nas reações contra ela quer nas que a perpetuam. Os primeiros dos diversos movimentos da moderna crítica bíblica, que tiveram início no século XIX, foram, sob certo ponto de vista, um ataque permanente ao caráter supostamente unitário da Bíblia, uma tentativa de fragmentá-la em tantos pedaços quantos fossem possíveis e depois unir esses fragmentos a seus contextos originais, resgatando assim para a história um corpo de textos que a tradição religiosa havia encerrado na eternidade, para além de considerações históricas precisas. O ímpeto desse empreendimento não arrefeceu, de modo que, para a maioria dos estudiosos da área, ainda parece muito mais premente investigar, digamos, como um salmo específico poderia ter sido usado no ritual sagrado hipoteticamente reconstituído do que como funciona enquanto peça consumada de poesia. Ao mesmo tempo, o poderoso resíduo da crença mais antiga na Bíblia como a revelação da verdade última é perceptí-

---

7. Assend/Amsterdam, 1975.
8. Tel Aviv, 1979 (em hebraico).

vel na tendência dos estudiosos a formular questões sobre a vida bíblica do homem, a noção bíblica da alma, a concepção bíblica da escatologia, ao mesmo tempo que negligencia em geral fenômenos como caráter, motivo e plano narrativo por serem impróprios para o estudo de um documento essencialmente religioso. O fato de uma proporção tão substancial de estudos bíblicos acadêmicos realizar-se em seminários teológicos, quer nos Estados Unidos quer na Europa, reforça institucionalmente essa busca ambígua de fragmentos analisados e visões mais amplas, com quase nenhum fundamento literário.

As raras exceções a esta regra geral ocorreram amiúde como no caso do artigo de Hrushovski, em que um estudioso da literatura, com algum entendimento do hebraico da Bíblia, devotou-se aos materiais bíblicos, abordando-os a partir de uma perspectiva literária mais ampla. Um exemplo famoso é o primeiro capítulo de *Mimesis*[9], de Erich Auerbach, extremamente sugestivo, em que são comparados minuciosamente os modos antitéticos de representar a realidade no *Gênesis* e na *Odisséia*. Deve-se creditar a Auerbach o ter mostrado, com mais clareza do que ninguém antes dele, como a concisão críptica da narrativa bíblica é um reflexo de profunda arte, e não de primitivismo; entretanto, seu discernimento é o resultado de uma intuição crítica penetrante, não-corroborada por algum método genuíno de lidar com as características específicas das formas literárias bíblicas. Sua idéia básica de que a narrativa bíblica constitui um texto propositadamente parcimonioso e "repleto de segundos planos" é ao mesmo tempo sonoramente correta e excessivamente generalizada. Devem-se distinguir as narrativas de autores diferentes, de períodos diferentes, e escritas para atender a exigências genéricas ou a temáticas diferentes. Uma impressionante rigidez de primeiros planos, uma carga enorme de segundos planos são belamente ilustradas na história do sacrifício de Isaac, que Auerbach analisa, mas esses termos teriam de ser modificados seriamente para o ciclo psicologicamente complexo das histórias sobre Davi, para a estrutura do conto popular deliberadamente esquemática de *Jó*, ou para uma narrativa posterior (em parte satírica) como *Ester*, onde de fato existe um alto grau de especificação no primeiro plano de artefatos, de vestimentas, de costumes cortesãos e semelhantes.

Indo atrás de Auerbach rumo à definição de uma poética específica da narrativa bíblica estão quatro importantes artigos de Menahem Perry e Meir Sternberg, dois jovens estudiosos israelenses de literatura, trabalhos publicados na revista hebraica trimestral *Ha-Sifrut*. O primeiro deles, *O Rei Visto por Olhos Irônicos*[10], é uma análise brilhante,

---

9. Trad. Willard Trask, Princeton, 1953 [tradução brasileira, *Mimesis*, São Paulo, Perspectiva, 1972].
10. *Ha-Sifrut* 1(2):263-292, Summer, 1968.

versículo a versículo, da história de Davi e Betsabá, demonstrando – a meu ver conclusivamente – que foi planejado engenhosamente um sistema elaborado de lacunas entre o que é dito e o que deve ser inferido, a fim de deixar-nos com pelo menos duas interpretações conflitantes e mutuamente intrigantes dos motivos e graus de conhecimento das principais personagens. Esta leitura, que insiste numa analogia estrutural entre a história de *II Samuel* e a ambigüidade deliberada de Henry James em *A Volta do Parafuso,* provocou uma onda de protestos após sua primeira publicação. O tema mais recorrente dos críticos do artigo era que, tendo a história bíblica, afinal, propósito religioso, moral e didático, dificilmente se prestaria a todo esse trabalho fantasioso de ironias múltiplas de que nós modernos tanto gostamos. (Em tal controvérsia está implícita uma noção um tanto limitante do que seja uma narrativa "religiosa", ou de como a idéia de arte poderia estar relacionada com uma visão religiosa). Perry e Sternberg reagiram com uma réplica bastante extensa na qual argumentavam convincentemente que não haviam imposto critérios literários modernos à Bíblia, mas, ao contrário, tinham observado meticulosamente quais eram as normas gerais da própria narrativa bíblica e de que maneira significativa a história em questão divergia dessas normas[11].

Mais recentemente, Sternberg, escrevendo sozinho, forneceu uma análise argutamente perceptiva da história do estupro de Diná, concluindo sua discussão com uma descrição geral do espectro de artifícios retóricos, do mais explícito ao (predominantemente) evasivo, através do qual a narrativa bíblica transmite julgamentos morais de suas personagens[12]. Finalmente, Sternberg, em mais um longo artigo, catalogou, com explicações ilustrativas competentes, o repertório de artifícios repetitivos utilizados pelos escritores bíblicos[13]. Qualquer pessoa interessada na arte narrativa da Bíblia tem muito a aprender com esses quatro artigos.O rigor e a sutileza das leituras de Perry e Sternberg dão suporte à afirmação programática que fazem ao final de sua réplica aos críticos: a perspectiva de estudos literários é a única pertinente para quem considera a Bíblia *literatura*. Qualquer outra disciplina, real ou imaginada, corre o risco de inventar hipóteses infundadas e perder contato com o poder literário da história bíblica real.

Tendo aprendido tanto com Perry e Sternberg, gostaria de expressar duas pequenas ressalvas sobre sua abordagem, uma delas talvez apenas uma tergiversação sobre sua formulação, a outra uma questão de método. A noção da "Bíblia como literatura", embora contaminada, especialmente em inglês, pelo seu uso como título de cursos superfi-

11. *Ha-Sifrut* 2(3): 608-663, August, 1970.
12. *Ha-Sifrut* 4(2): 193-231, April, 1973.
13. *Ha-Sifrut* 25: 110-150, October, 1977.

ciais de universidades e de duvidosos pacotes de editores, é desnecessariamente concessiva e condescendente com relação à literatura em qualquer língua. (Seria no mínimo gratuito falar de "Dante como literatura", dado o indubitável *status* literário do grande poema de Dante, embora a *Divina Comédia* seja mais explicitamente teológica ou "religiosa" que a maior parte da Bíblia.) Perry e Sternberg, respondendo a seus críticos, caracterizam a história bíblica como "uma junção de propósitos que gera relações de complementaridade e tensão"."Um desses propósitos", chegam a dizer, "é o objetivo 'estético' ", ao qual pelo menos um de seus críticos faz gesto de concessão. Ao invés de encarar o caráter literário da Bíblia como um dentre vários "propósitos" ou "tendências" (*megamot*, no original), eu preferiria insistir numa total fusão de arte literária e visão teológica, moral ou historiosófica, sendo que a percepção mais completa da última depende da máxima compreensão da primeira. Este ponto foi abordado com competência por Joel Rosenberg, um jovem estudioso e poeta norte-americano, numa exposição genérica admiravelmente perspicaz para uma perspectiva literária da Bíblia, publicada em *Response*: "O valor da Bíblia como documento religioso está íntima e inseparavelmente relacionado com seu valor como literatura. Esta proposição requer que desenvolvamos uma compreensão diferente do que é a literatura, uma que poderia – e deveria – causar-nos alguma perturbação"[14]. Poder-se-ia acrescentar que a proposição também requer, inversamente, que desenvolvamos uma compreensão algo mais incômoda do que poderia ser um documento religioso.

Uma das ênfases principais do ensaio de Rosenberg aponta o que creio ser uma deficiência metodológica nas análises, no mais competentes, de Perry e Sternberg. Eles tendem a escrever sobre a narrativa bíblica como se ela fosse uma produção unitária, igual a um romance moderno que é concebido e executado totalmente por um único escritor independente, que supervisiona a sua obra original desde o primeiro rascuho até as provas finais. Em outras palavras, eles dão as costas ao que a erudição histórica nos ensinou sobre as condições específicas de desenvolvimento do texto bíblico e sobre sua natureza freqüentemente compósita. Rosenberg, em contraste, tem total consciência da erudição histórica, e vê suas descobertas, de uma maneira que os estudiosos da história não o fazem, como aspectos do ambiente artístico característico dos autores bíblicos. Eis como ele comenta o Pentateuco, o conjunto de narrativas bíblicas que os eruditos mais analisaram em relação as fontes antecedentes:

---

14. "Meanings, Morals and Mysteries: Literary Approaches to the Torah", *Response* 9(2): 67-94, Summer, 1975.

Podemos melhorar realmente a nossa compreensão da Bíblia, se lembrarmos que ela está citando documentos, que há, em outras palavras, uma montagem documentária intencional que deve ser percebida como uma unidade, independente do número e dos tipos de unidades menores que formam os fundamentos de sua composição. No caso, o peso do interesse literário recai sobre a atividade do redator final, cujo talento artístico requer uma atenção muito mais cuidadosa do que a conferida até aqui.

A última estipulação, se é que existe alguma, apresenta o caso de forma atenuada, uma vez que críticos bíblicos assumem freqüentemente a partir de uma vaga idéia pré-concebida sobre a transmissão de textos em culturas "primitivas", que os redatores estavam possuídos por uma espécie de compulsão tribal maníaca, impelidos mais e mais, por motivos que eles próprios não poderiam ter explicado, a incluir unidades de material tradicional que não faziam qualquer sentido conectivo.

Na verdade, não faz sentido pretender que todas as contradições entre fontes diferentes nos textos bíblicos possam ser perfeitamente harmonizadas pela percepção de algum desígnio engenhoso. Entretanto, parece bastante razoável sugerir que ainda não podemos compreender amplamente o que teria sido percebido como uma verdadeira contradição por um escritor hebreu inteligente do início da Idade do Ferro, de modo que versões aparentemente conflitantes do mesmo evento colocadas lado a lado, longe de perturbar sua audiência original, podem, às vezes, ter sido perfeitamente justificadas por uma espécie de lógica que não mais nos prende. De qualquer modo, a validade do argumento geral de Rosenberg pode, creio eu, ser demonstrada por uma leitura cuidadosa das inúmeras narrativas bíblicas. *Gênesis* 38, que examinamos em detalhe, é geralmente atribuído pelos estudiosos aos chamados documentos Jahvistas, ou Documento J, depois da fusão de J e E (o Documento Eloísta) no episódio anterior. Porém, mesmo que o texto seja realmente compósito em origem, cremos que vimos amplos testemunhos de quão esplendidamente foi entrelaçado num todo artístico complexo.

Estando acostumados a ler narrativas em que existe uma especificação muito mais densa de dados ficcionais, temos que aprender, como Perry e Sternberg demonstraram, a prestar mais atenção aos detalhes complexos e concisamente expressos do texto bíblico. (A exegese tradicional fez isso à sua maneira, mas com pressuposições de longo alcance sobre o texto como revelação literal, que a maioria de nós não aceita mais.) A narrativa bíblica é lacônica, mas de modo algum de maneira uniforme ou mecânica. Por que então o narrador, em alguns casos, atribui motivos às suas personagens ou especifica estados sentimentais, enquanto, em outros, prefere permanecer calado sobre esse ponto? Por que algumas ações são minimamente indicadas, outras elaboradas através de sinonímia e detalhe? O que explica as mudanças drásticas na escala de tempo dos acontecimentos narrados? Por que, em certas conjunturas, é introduzido um verdadeiro diálogo, e qual é o princípio de seletividade que determina atribuição de palavras específicas a personagens? Num texto tão escasso em epítetos e especificações relacionais, por que certas identificações de personagens são mencionadas pelo narrador em pontos específicos na história? A repetição é uma característica familiar da Bíblia, mas não é de modo nenhum um artifício automático: quando ocorre a repetição literal, e quais são as variações significativas – em fórmulas verbais repetidas?

Finalmente, para compreender uma arte narrativa tão escassa de adornos e comentário explícito, deve-se sempre ter em mente duas características: o uso repetido da analogia narrativa, através da qual uma parte do texto fornece comentário indireto a outra; e a função ricamente expressiva da sintaxe, que muita vezes carrega o tipo de sentido que, digamos, a imaginação faz num romance de Virginia Woolf, ou a análise num romance de George Elliot. Uma atenção dada a tais aspectos leva, não a uma leitura mais "imaginativa" da narrativa bíblica, mas a uma leitura mais precisa; e, como todos esses aspectos estão ligados a detalhes discerníveis no texto hebraico, a abordagem literária é, na verdade, bem *menos* conjectural que a erudição histórica que pergunta, acerca de um versículo, se ele contém possíveis empréstimos acadianos, se reflete práticas sumérias de parentesco, se pode ter sido deturpado por um erro de escriba.

De todo modo, o fato de o texto ser antigo e de seus procedimentos narrativos característicos diferirem, em muitos aspectos, dos dos textos modernos, não nos deve levar a qualquer idéia preconcebida condescendente de que o texto é necessariamente rudimentar ou simples. Tzvetan Todorov argumentou com perspicácia que a noção de "narrativa primitiva" é uma espécie de ilusão mental engendrada pelo paroquialismo moderno, pois, quanto mais acuradamente se observa uma narrativa antiga específica, mais nos sentimos compelidos a reconhecer a complexidade e sutileza com que ela é formalmente organizada e com que apresenta seus temas, e mais notamos como ela está consciente de seu *status* necessário como discurso engenhoso. Todorov propõe que, apenas impondo uma estética singela e não estudada, é que os eruditos modernos conseguem declarar com tanta confiança que certas partes do texto antigo não fazem conjunto com outras: a narrativa supostamente primitiva é submetida por eruditos a leis tácitas, como a lei da unidade de estilo, da não-contradição, da não-digressão, da não-repetição, e, segundo esses critérios indistintos mas universais, é considerado compósito, deficiente ou incoerente. (Se essas quatro leis fossem aplicadas respectivamente a *Ulisses, O Som e a Fúria, Tristram Shandy* e *Jealousy*, cada um desses romances teria de ser relegado à cesta de lixo dos refugos literários.) Todorov afirma que a atenção dada à consciência da narrativa antiga de suas próprias operações revelará quão irrelevantes são em geral esses critérios assumidos complacentemente[15]. Todorov baseia seu argumento em exemplos tirados da *Odisséia*; mas seu questionamento da existência da narrativa primitiva poderia ser também muito bem corroborado por um exame da Bíblia hebraica.

O que precisamos entender melhor é que a visão religiosa da Bíblia ganha profundidade e sutileza exatamente pelo fato de ser transmitida através dos meios mais sofisticados da prosa ficcional. Judá e Jacó-Israel não são simples opostos eponímicos num conto etiológico (este é o efeito de achatamento de alguma erudição histórica), mas são personagens individuais cercados de ironias múltiplas, delineadas engenhosamente em suas imperfeições bem como em seus pontos fortes. Um Jacó histriônico, cego por um amor excessivo e talvez amando o excesso; um Judá impetuoso, às vezes insensível, que ainda assim é capaz de lhaneza quando confrontado com a crua realidade; uma Tamar ferozmente decidida e de nervos de aço – todos esses resultados de caracterização ficcional indicados com sutileza sugerem as ramificações e contradições interminavelmente complicadas de um princípio de escolha divina, que intervém nas ordens aceitas da sociedade e da natureza. O relato bíblico, através da mais rigorosa economia de meios, leva-nos cada vez mais a considerar as complexidades de motivo e as ambigüidades de caráter, porque esse são aspectos essenciais de sua visão de homem, criado por Deus, que desfruta ou sofre todas as conseqüências da liberdade humana. Considerações diferentes, naturalmente, teriam de ser exploradas com relação à poesia bíblica. Quase todo o âmbito da narrativa bíblica incorpora, entretanto, a percepção básica de que o homem deve viver perante Deus, no ambiente transformador do tempo, incessante e desconcertantemente em relação com os outros, e uma perspectiva literária das operações da narrativa pode ajudar-nos, mais do que qualquer outra, a ver como essa percepção foi traduzida em histórias que tiveram um domínio tão poderoso e duradouro sobre a imaginação.

15. *The Poetics of Prase*, tradução de Richard Howard, New York, Ithaca, 1977 pp. 53-65.

2. Verdade e Poesia no Livro de Jó

A força da firme argumentação de Jó, no livro bíblico que leva seu nome, raramente tem deixado de comover os leitores, mas a estrutura do livro continua sendo um enigma perene. Como nos recordamos, o livro tem início com um conto aparentemente ingênuo: Jó é um homem irrepreensivelmente temente a Deus, que vive feliz com seus filhos e suas abundantes posses. Sem o seu conhecimento, na assembléia celestial, o Adversário – apesar das traduções, ainda não é um Satã mitológico – desafia Deus a pôr à prova a devoção desinteressada de Jó, causando-lhe diversos infortúnios. Quando Jó, numa rápida sucessão, foi despojado de todos os seus rebanhos e servos e, em seguida, de todos os seus filhos, e é atingido da cabeça aos pés com chagas prurientes, ele não acata a exortação de sua mulher de que amaldiçoe a Deus e morra. Em vez disso, senta-se sobre as cinzas com uma pesarosa resignação.

Nesse ponto, a prosa da história básica é substituída por uma poesia extraordinária. O Jó poético começa desejando nunca ter nascido. Depois, em três longas sessões de debate, enfrenta os três Amigos que, com toda a segurança da sabedoria convencional, vieram dizer-lhe que seu sofrimento é a prova segura de que ele praticou iniqüidades. Jó recusa-se, coerentemente, a comprometer a honestidade de sua própria vida e, ao refutar as acusações dos Amigos, invectiva repetidas vezes contra a injustiça acabrunhante de Deus. O Senhor acaba por responder a Jó do meio de um redemoinho, principalmente para mostrar o quanto foi presunçosa essa crítica humana à justiça divina. Jó aquiesce, e termina assim a história básica em prosa, restituindo a Jó saúde, riqueza e prestígio e ao mesmo tempo fornecendo-lhe simetricamente um novo conjunto de filhos.

Esse final vem perturbando muitos leitores há séculos. Mesmo que deixemos de lado o fecho da estrutura de conto popular, que parece tão estranho a sensibilidades posteriores em sua duplicação esquemática da propriedade perdida e sua reposição simples das vidas perdidas, a Voz de dentro do Redemoinho (ou, mais adequadamente, da Tempestade) afigurou-se para muitos uma resposta algo exasperadora às perguntas angustiadas de Jó. A objeção comum ao que se afirmou ser claramente o grande clímax do argumento poético flui ao longo das seguintes linhas: a resposta da Voz não é nenhuma resposta, mas uma tentativa de dominar o pobre Jó por meio de um ato de intimidação cósmica. Jó, sentindo-se ultrajado pelo sofrimento imerecido, pleiteou mera justiça. Deus ignora o problema da justiça, não se dignando explicar por que crianças inocentes deviam perecer, homens e mulheres decentes contorcer-se em sofrimento, e, em vez disso, pergunta sarcasticamente a Jó o quanto *ele* é bom em arremessar dardos de relâmpagos, em fazer o sol nascer e se pôr, em fazer a chuva cair, em fixar limites às rebentações do oceano. A implicação evidente é que, se você não pode começar a jogar no Meu time, não deveria ter o atrevimento de fazer perguntas sobre as regras do jogo.

Alguns comentadores modernos tentaram rebater tais objeções com o argumento de que a própria inadequabilidade da solução ao problema da teodicéia no final de *Jó* é um testemunho da inteireza do livro e da profundidade com que as questões foram levantadas. Não há, em outras palavras, um modo perfeito de conciliar um monoteísmo ético com o fato fundamental de que inúmeros inocentes sofrem destinos terríveis causados por crueldade humana, por circunstâncias cegas, por desastres naturais, por doenças e por acidente genético. Em vez de tentar uma resposta apropriada, o poeta Jó foi sábio o bastante para insinuar que não poderia haver uma resposta verdadeira e que o sofredor deveria ficar contente com a mera benevolência de Deus em manifestar Sua preocupação com Suas criaturas. Esta leitura da Voz de dentro do Redemoinho é até certo ponto plausível, mas pode facilmente demais deixar de atentar para o fato de que as falas de Deus no final têm, apesar de tudo, um conteúdo específico, que é articulado com grande cuidado e em cujos detalhes é presumível que devemos atentar cuidadosamente.

Foi sugerido também que a "solução" do dilema de Jó reside no próprio ato essencial da revelação, qualquer que seja a opinião que temos sobre o que é dito. Esta parece uma noção muito bíblica. Jó nunca duvida da existência de Deus, mas, exatamente porque supõe, à maneira bíblica, que Deus deve ser responsável por tudo o que acontece no mundo, ele reiteradas vezes quer saber por que Deus agora permanece escondido, por que Ele não se mostra e enfrenta o indivíduo a quem infligiu sofrimento tão agudo. No momento em que a Voz começa a dirigir-se a Jó do meio da Tempestade, Jó já tem sua resposta: é que, apesar de as aparências indicarem o contrário, Deus se importa tanto com o ser humano que Se revela à humanidade, dá ao homem alguma indicação da ordem e do sentido de Sua criação.

No meu entender, essa proposição sobre a importância da revelação no final aproxima-nos um pouco mais da verdadeira intenção dos dois discursos divinos que culminam na conclusão da história. O que se precisa enfatizar, no entanto, muitíssimo mais do que foi feito até agora, é o papel essencial que a poesia desempenha na realização imaginativa da revelação. Se a poesia de Jó – pelo menos quando seu texto muitas vezes problemático é plenamente inteligível – se destaca de toda a poesia bíblica em virtuosidade e pura força expressiva, o poema culminante em que Deus fala do meio da tempestade eleva-se além de tudo o que o precedeu no livro, onde o poeta elaborou um idioma poético ainda mais rico e mais impressionante do que aquele que emprestou a Jó. Ao impelir a expressão poética rumo a seus próprios limites superiores, o discurso de conclusão ajuda-nos a ver o panorama da criação – como talvez só pudéssemos fazê-lo através da poesia – com os olhos de Deus.

Acredito que essa última afirmação pode soar ou vagamente mística ou efusivamente hiperbólica, mas estou referindo-me a um aspecto do livro que parece ter sido planejado conscientemente pelo poeta e que, em grande parte, pode ser compreendido, como tentarei demonstrar, mediante uma atenção analítica intensa às características formais do poema. Todo o discurso do meio da tempestade não só é um poema efetivamente estruturado em si mesmo, como também é minuciosamente calculado como um desenvolvimento culminante de imagens, idéias e temas que aparecem em contextos diferentes e às vezes antitéticos anteriormente no argumento poético. Ao afirmar isso, não pretendo de modo algum rejeitar o consenso acadêmico de que existem elementos heterogêneos em *Jó*, de que ele não é de modo nenhum a obra de um único autor. As "emendas" mais visíveis no livro estão entre a história básica e o argumento poético, mas essa evidente falta de conexão não é, na verdade, relevante para o nosso interesse pela Voz do meio do Redemoinho, e pouca diferença faz se considerarmos a história básica um antigo conto popular incorporado pelo poeta ou (é a minha opinião) uma antiga tradição reelaborada engenhosamente pelo poeta num estilo conscientemente arcaizante. Dentro do próprio argumento poético, existe uma concordância quase geral entre os estudiosos de que o Hino à Sabedoria (cap. 28) e as falas de Elihu (caps. 32-37) são interpolações pelas quais não foi responsável o poeta Jó regional. Não pretendo discutir uma ou outra dessas opiniões, mas gostaria de observar que o poeta posterior e, no caso do capítulo 28, o editor que escolheu o poema entre a literatura de salmos de Sabedoria que lhe era disponível estavam tão atentos à função culminante da Voz do meio do Redemoinho que justificaram a inclusão do material adicional, pelo menos em parte, como antecipações do poema de conclusão. De fato, parece-me inadmissível o argumento de alguns estudiosos segundo o qual os capítulos 38-41 são na verdade um acréscimo ao texto original, exatamente porque a poesia deste discurso final constitui uma realização bastante poderosa e intricada dos elementos essenciais que existem no corpo do argumento poético.

Em primeiro lugar, tanto nos discursos de Jó quanto nos de seus Amigos existem prenúncios ocasionais e significativos da perspectiva cósmica de Deus do final. Algumas vezes, no caso dos Amigos, trata-se simplesmente de obter o conhecimento divino retroativamente. Assim, num discurso que assevera uma confiança complacente de que Deus destrói invariavelmente o pecador, Elifaz traça uma analogia com o reino animal: "O bramido do leão, e a voz do filhote, / e os dentes do rei dos animais estão quebrados. // Perece o leão velho porque não há presa / e os filhos da leoa estão dispersos" (4, 10-11). A questão aqui, presumivelmente, é que, no mundo justo de Deus, até mesmo o mais feroz dos animais rapaces pode ser incapacitado, assim como, na esfera humana, os pecadores aparentemente poderosos receberão sua justa punição. Mas isso equivale a extrair uma regra moral genérica de um caso zoológico raro, e, quando o Próprio Deus evoca o leão (38, 39) junto com outros animais predadores, Ele reconhece inflexivelmente que o princípio verdadeiro do reino animal é que o forte devora o fraco para prover sustento para si e para seus filhotes. É essa verdade mais cruel e mais inassimilável que Ele escolhe para integrar a Sua revelação a Jó no tocante ao governo do mundo pela Providência.

Os Amigos, na qualidade de defensores autonomeados da posição de Deus, abordam com freqüência certas idéias que realmente estão em consonância com o discurso divino do final, mas os termos com que tais idéias são enunciadas e os contextos em que são colocadas transformam-nas em algo insípido e superficial. Nesse aspecto, a Voz do meio do Redemoinho é uma revelação do contraste entre as meias-verdades gastas de clichê e as surpreendentes e difíceis verdades expostas quando se rompe a casca estilística e conceitual do clichê. Assim, num dos apelos constantes dos Amigos à antigüidade da sabedoria convencional, Elifaz repreende Jó: "És tu porventura o primeiro homem que foi nascido, / ou foste gerado antes dos outeiros? // Acaso foste admitido ao conselho secreto de Deus, / e a ti só limitaste toda a sabedoria?" (15, 7-8). O uso exagerado, por parte de Elifaz, de uma hipérbole sarcástica, de um versículo para o outro (primeiro homem a nascer – gerado antes mesmo que o próprio mundo –, um membro singularmente privilegiado do conselho cosmogônico de Deus), leva-nos a uma questão semelhante, em alguns aspectos, ao desafio esmagador de Deus a Jó no início de Seu grande discurso. Mas Elifaz evoca a criação na linguagem ligeiramente formular da tradição poética, que é bastante diferente da visão vertiginosa da imensidão da criação que a linguagem mais ousada de Deus irá oferecer. E Elifaz fala de maneira enfatuada, sem suspeitar de que pudesse haver um abismo entre o conhecimento divino e o conhecimento convencional da sabedoria aceita. Isto se torna imediatamente evidente quando ele reduz a sua hipérbole cosmogônica a uma mera competição de longevidade com Jó: "Que sabes tu que nós não saibamos, / Que entendes tu que não entendamos? // Também há entre nós encanecidos e idosos, / muito mais idosos que teu pai" (15, 9-10).

Um pouco antes, o discurso de Zofar soa ainda mais parecido com uma antecipação da Voz do meio do Redemoinho, mas novamente as diferenças de estilo e de atitude entre o

Porventura alcançarás o limite de Deus,	atingirás as extensões do Todo-Poderoso?
Como as alturas dos céus é a sua sabedoria,	que poderás tu fazer?
Mais profunda é ela do que o *scheol*,	que poderás tu saber?
Mais comprida é a sua medida do que a terra,	e mais larga do que o mar.

(11, 7-9)

No modo bíblico de pensar, tudo isso não é excepcional, e pareceria harmonizar-se perfeitamente com as próprias palavras de Deus no capítulo 38 sobre o abismo intransponível entre o Criador poderoso e a criatura limitada. Mas o próprio desembaraço da linguagem estereotipada que Zofar emprega (alturas do céu, profundezas do *scheol*, mais comprida que a terra, mais larga que o mar) é um indício de que esta é uma verdade a que ele chegou com demasiada facilidade. Esta suspeita é confirmada quando ele passa, imediatamente, de uma afirmação do poder de Deus à usual asserção oportuna de que o Criador onisciente descobre todo o mal – por implicação, para punir os malfeitores: "Se Ele vem e prende, ou convoca o conselho, quem O impedirá? // Porque Ele conhece o embusteiro, / quando Ele vê a iniqüidade, porventura não a distingue?" (11, 10-11). A verdadeira perspectiva de Deus como o único senhor das alturas do céu e das profundezas do inferno é desconcertante, como a Voz do meio do Redemoinho deixará impressionantemente claro. Mas no discurso de Zofar existe uma transição demasiado fácil da invocação dessa perspectiva para a idéia cediça de que Deus nunca permitirá que o crime compense.

Na queixa de Jó existem duas extensas antecipações da Voz do meio do Redemoinho (9, 5-10 e 12, 7-25). Por questão de economia, citarei apenas a primeira, e mais curta, dessas duas passagens, com breves referências à segunda. Jó, em meio à sua objeção de que Deus é um adversário legal impossível porque é esmagador, desloca sua imagem para cima, da arena da lei para o cosmo:

É ele que move as montanhas sem que o sintam,	Quem as desmorona em sua cólera.
Quem remove a terra de sua base,	que faz vacilar suas colunas;
Quem manda ao sol que não nasça,	Quem sela as estrelas;
Quem estende os céus sozinho	e caminha sobre o dorso do mar;
Quem cria a Ursa e o Órion,	as Plêiades e as câmaras do vento sul;
Quem faz coisas grandes, que não se podem sondar,	e maravilhas tais que se não podem contar.

A poesia cósmica de Jó, diferentemente da dos Amigos, possui uma certa força de visão, como se procedesse de uma percepção imediata das grandes coisas que ela relata. A maioria das imagens que emprega reaparecerá, de forma mais grandiosa, no primeiro discurso de Deus, no capítulo 38. Ali também, Deus é o único soberano do sol e das estrelas, o senhor das constelações e das câmaras do vento mencionadas aqui. Existe, não obstante, uma diferença decisiva na ênfase que é dada aos dois capítulos, o que me leva a inferir que este e outros trechos do argumento poético, sob um certo aspecto, nos estão ensinando, pacientemente, como ler o discurso de Deus quando ele finalmente é proferido. O Criador, no capítulo 38, se distingue por Sua capacidade de impor ordem. O Criador, no poema de Jó, se destaca, antes de tudo, por Seu poder terrífico, e talvez arbitrário – mover as montanhas em sua cólera, eclipsar o sol e apagar as estrelas. (Devemos lembrar que o falante é o mesmo Jó que havia pedido em oração que cada lampejo de luz fosse engolido pelas trevas.) Se o presente texto e o capítulo 38 fazem alusões indiretas ao mito cananeu da criação, no qual o deus da guerra conquista o monstro marinho primevo Yam, o que é enfatizado no capítulo 38 é o estabelecimento, por Deus, de limites às rebentações do mar, o Seu aferrolhamento das suas portas contra o ímpeto caótico das águas, enquanto aqui Jó nos oferece, em vez de Deus, o poderoso combatente que caminha sobre o dorso do mar conquistado. É verdade que existe também um elemento de louvor ao Criador nas palavras de Jó, pelo menos nos dois últimos versículos do trecho citado, mas sua percepção geral do senhor do universo é a de alguém que foi devastado por seu domínio. Essa sensação torna-se perfeitamente clara nos versículos que introduzem o trecho (9, 2-3), e ainda mais enfatizada nos versículos posteriores: "Se Ele apanha uma presa, quem Lha arrebatará? / Quem Lhe dirá: 'Que estás fazendo?' // Deus não refugará de sua ira, / diante d'Ele se encurvam os sequazes da Besta Marinha" (9, 12-13).

A passagem análoga no capítulo 12 enfatiza de maneira mais ousada o modo arbitrário pelo qual Deus exerce Seu poder. Aqui também, como na revelação do meio da tempestade no final, Deus é imaginado como o supremo senhor da natureza – uma verdade que, nas palavras de Jó, podemos aprender com as aves do céu e os animais do campo (*behemot,* um termo que, numa acepção diferente, designará uma das destacadas atrações do grandioso espetáculo zoológico no discurso do meio da tempestade). E, assim como o Senhor que se revelará a Jó no final, Deus é imaginado aqui, sobretudo, como o soberano absoluto da luz e das trevas: "Que tira das trevas as coisas profundas, / e traz à luz a sombra da morte" (12, 22). Mas este monarca divino, como Jó O concebe, mostra um estranho pendor a usar de um caprichoso comportamento, desnor-teando conselheiros e juízes, acovardando reis, humilhando nobres, usando Sua prerrogativa sobre a luz e as trevas para lançar os chefes das nações em desertos sem pista: "Nas trevas andam às apalpadelas, sem terem luz, / e os faz desatinar como ébrios" (12, 25). A visão de Jó acerca do poder de Deus sobre o mundo tem uma autoridade que falta nos discursos paralelos dos Amigos, mas ele o vê como um abuso deliberado de poder, e essa percepção exigirá uma resposta da Voz do Redemoinho.

De forma um tanto surpreendente, as duas extensas antecipações do poema de conclusão que mostram o maior grau de consonância com ele ocorrem nos trechos presumivelmente interpolados, o discurso de Elihu e o Hino à Sabedoria. Isso pode parecer menos embaraçoso se nos lembrarmos de que, no Oriente Próximo antigo, um "livro" permanecia por muito tempo uma estrutura relativamente aberta, de modo que escritores posteriores pudessem tentar ampliar ou acentuar o sentido do texto original, introduzindo materiais que reforçassem ou expandissem algumas das ênfases originais. No caso de Elihu, a proximidade imediata com o discurso de Deus é a explicação mais plausível para o grau de concordância entre ambos. Isto é, Elihu é um fanfarrão irascível e presunçoso (imagens de inflar e desinflar se concentram no início de seu discurso) e, como tal, ele dificilmente seria alguém a ser identificado como o "porta-voz" de Deus. Mas, à medida que se aproxima do final de sua longa arenga – em outras palavras, à medida que o poema se aproxima da irrupção da Voz do meio do Redemoinho –, ele começa a mesclar com seus vitupérios a Jó imagens de Deus como o poderoso soberano de uma vasta criação que está além da compreensão do homem. Primeiramente, ele conjura uma visão de Deus Cujo número de anos é incalculável reunindo as nuvens e fazendo as chuvas caírem (36, 26-33). Então, no final mesmo de seu discurso, numa clara ponte estrutural com o discurso divino subseqüente, Elihu pergunta a Jó se ele pode realmente compreender o governo maravilhoso de Deus sobre o mundo natural, invocando-o como uma prova da perfeição moral da Divindade que o homem não pode compreender:

A isto, Jó, inclina os teus ouvidos; atende e considera as maravilhas de Deus.
Porventura sabes como Deus as opera, quando faz resplandecer os Seus relâmpagos?
Percebes nas expansões das nuvens as maravilhas daquele que é Perfeito em Conhecimento?
Por que são quentes as tuas vestes quando a terra é serenada pelo vento sul?
Podes tu como Ele estender o firmamento, solidificá-lo como um espelho fundido?
Dá-nos a conhecer o que Lhe diremos; porque, envoltos em trevas, não podemos discutir.
Contar-Lhe-á alguém quando eu falo, pode um homem dizer se é tresloucado?

Ora, não se pode ver a luz, por mais que brilhe nos céus,

até que venha o vento e os clareie.
Do setentrião vem o ouro, Deus está envolto em reverente esplendor.
O Todo-Poderoso – nós não O atingimos –
eminentemente em força, retidão, em eqüidade e justiça Ele não oprimirá.
Por isso os homens o temem, não ousara contemplá-Lo nenhum homem sábio.

(37, 14-24)

 A poesia cósmica de Elihu não é sublime como a da Voz do meio do Redemoinho (e esse trecho também envolve várias dificuldades textuais), mas é muito mais que a enumeração de fórmulas que vimos em Elifaz e Zofar. Os diversos tópicos de seu panorama da criação – o poder sobre a chuva e o trovão e o desdobramento fascinante da luz solar – reaparecerão num instante, de forma mais grandiosa, no discurso de Deus; e, sobretudo, a ênfase final sobre a incapacidade que o homem tem de ver o resplendor solar do Deus onipotente indica o extraordinário exercício de visão divina que temos o privilégio de compartilhar através da poesia do discurso final de Deus.

 O Hino à Sabedoria, capítulo 28, é por certos aspectos óbvios talhado de um tecido diferente do restante de *Jó*. Léxica e estilisticamente, soa mais parecido com os *Provérbios* do que com *Jó*. Sua celebração da Sabedoria divina não faz parte, em absoluto, do veemente argumento sobre teodicéia em que é introduzido. Estruturalmente, o hino se divide em três estrofes de extensão aproximadamente igual e os limites entre elas são demarcados por um refrão; tal simetria explícita da forma não é observável em nenhum outro local da poesia de *Jó*. A imagem de pedras preciosas que domina a estrofe do meio tem pouquíssimos paralelos em outras partes do livro. Mas todas estas disparidades devem ter perturbado o público antigo bem menos do que perturba a nós mesmos, com nossas noções de unidade literária baseadas na leitura de textos unitários produzidos por autores únicos, que em geral seriam totalmente responsáveis por eles desde o primeiro rascunho até as últimas provas paginadas. Qualquer editor ou gnomo literário antigo que decidiu inserir esse poema logo após o término dos ciclos de debates com os Amigos e antes da Confissão final de Inocência de Jó (capítulos 29-31) escolheu o novo material sentindo firmemente como poderia ajudar a chamar a devida atenção para o discurso final de Deus. Esse chamamento significa não só a enfatização do vasto alcance da Sabedoria de Deus em contraste com o limitado entendimento do homem, mas também uma definição poética de um *lugar* onde possamos começar a imaginar as obras inescrutáveis do Criador. É evocado no poema todo um mundo de expansões espraiadas, de profundezas e alturas inacessíveis: "Essa vereda, não a conhece a ave de rapina, / nem a divisa o olho do falcão" (28, 7), esferas inimagináveis de recessos ocultos que somente Deus pode ver ou trazer à luz, se for essa a Sua vontade. A ênfase temática sobre a visão, insinuada no final dos discursos de Elihu, é proeminente aqui e explicitada poderosamente na estrofe final. Ao mesmo tempo, detalhes específicos das imagens cósmicas que iniciarão o discurso divino são estrategicamente antecipados (ou, se pensarmos muito mais na ordem do processo editorial do que na ordem seqüencial do livro, são estrategicamente repetidos):

Donde pois vem a Sabedoria,	onde é o lugar da inteligência?
Está oculta aos olhos de todos os viventes,	até das aves do céu está escondida.
Dizem a Perdição e a Morte:	"Apenas ouvimos o rumor de sua fama".
Deus sabe o caminho para ela,	Ele conhece o seu lugar.
Porque Ele vê até aos confins da terra,	enxerga tudo o que há debaixo do céu,
Quando definiu o peso do vento,	e estabeleceu a medida das águas,
Quando impôs um limite às chuvas,	e traçou um caminho para o trovão,
Então ele a viu e avaliou,	consolidou-a e perscrutou-a,
E disse ao homem:	"Temer ao Senhor, eis a sabedoria;

e apartar-se do mal, eis a inteligência".

(28, 20-28)

O verso aforístico do final é claramente diferente da Voz do meio do Redemoinho não só em estilo mas também na pureza do seu senso de resolução. (Contudo, sua combinação formular entre "sabedoria" e "inteligência" é bastante similar à que Deus evoca em Seu desafio inicial a Jó.) De qualquer modo, a discrepância de tom e atitude do último verso era, sem dúvida, bem menos importante a quem quer que fosse responsável pelo texto de Jó tal qual chegou até nós, do que a consonância entre a visão de Deus no hino e a Voz do meio do Redemoinho – ou seja, uma concepção de Deus como o Senhor da visão, buscando os confins incognoscíveis da terra.

Como estão os recursos poéticos dispostos no discurso divino para nos oferecer uma sugestão dessa perspectiva onisciente? Algumas observações preliminares sobre a progressão do poema final podem ajudar-nos a indicar aonde ele nos pretende conduzir. A estrutura do poema é ampla e associativa (bem diferente da organização concisa do capítulo 28), mas também reflete as estratégias seqüenciais e focalizadoras de desenvolvimento que em geral caracterizam a poesia bíblica. Depois dos dois versos breves de abertura em que o Senhor desafia Jó (38, 2-3), o poema nos conduz através dos seguintes movimentos: cosmogonia (38, 4-21), meteorologia (38, 22-38), zoologia (38, 39:39-30). Esta seqüência é implicitamente narrativa: primeiro Deus cria o mundo, depois Ele coloca em movimento sobre ele uma intricada interação de neve e chuva e relâmpago e ventos, e nesse cenário ele cuida da desconcertante variedade de criaturas selvagens que vivem na terra. O primeiro discurso de Deus é seguido, no início do capítulo 40, por um breve diálogo entre um Senhor repreendedor e um Jó humilhado (40, 1-5), e depois pelo início do segundo discurso, em que outra vez desafia Jó a cingir os lombos e ver se pode realmente competir com Deus (40, 6-13). (Os estudiosos têm em geral detectado uma junção ou duplicação de textos nesses treze versículos, mas acho que as diversas tentativas conjecturais de reagrupar o texto criam mais problemas do que solucionam, enquanto os versos tal como estão não afetam substancialmente a estrutura maior do poema.) No segundo discurso, prosseguimos com os interesses zoológicos que ocupam a última metade do primeiro discurso. Entretanto, em concordância com o impulso de enfatização e focalização que dá forma a boa parte da poesia bíblica, o segundo discurso não é um rápido catálogo poético de animais, como a metade final do primeiro discurso, mas, ao contrário, uma descrição elaborada de apenas dois animais exóticos, o hipopótamo e o crocodilo, que são apresentados, ademais, nos termos acentuados e hiperbólicos da mitologia, como Behemot e Leviatã.

São estas, em geral, as linhas estruturais do poema final, mas, para compreender como ele atua de forma tão admirável como uma "revelação", tanto no sentido comum do termo quanto no teológico, é importante ver em detalhe como a sua linguagem e imagética fluem diretamente do argumento poético que o precedeu. Citarei na íntegra os dois primeiros movimentos de cosmogonia e meteorologia, fazendo em seguida referências à zoologia naturalística antes de abordar a zoologia mitopoética no final. Uma vez que, aqui, as divisões entre os versículos correspondem exatamente à divisão entre versos, usarei os números convencionais dos versículos, começando com o versículo 2 do capítulo 38, onde tem início o poema propriamente dito.

2. Quem é esse que escurece o conselho com palavras sem conhecimento?
3. Cinge-te os teus lombos como homem, vou interrogar-te e tu me responderás.
4. Onde estavas quando Eu lançava os fundamentos da terra? Faze-mo saber, se tens inteligência.
5. Quem lhe pôs as medidas, se tu o sabes, ou quem estendeu a régua sobre ela?
6. Sobre o que estão firmadas as suas bases, ou quem assentou a sua pedra angular,

7. Quando os astros da manhã juntos cantavam, e todos os filhos de Deus se rejubilavam?
8. Quem cerrou com portas o mar quando transbordou e saiu da madre,
9. Quando lhe dei nuvens por vestido, e espessas névoas por cueiro,
10. Quando lhe impus os limites, e lhe coloquei portas e ferrolhos.
11. Eu disse: "Até aqui virás, e não mais adiante, aqui se quebrarão as tuas ondas empoladas".
12. Algum dia deste ordens à manhã, ou indicaste à aurora o seu lugar,
13. Para que agarrassem os cantos da terra e os ímpios fossem sacudidos dela?
14. Ela se transforma como argila sob o selo e se mantém fixa como [as cores de] um vestido.
15. Aos ímpios é retirada a luz, e o braço altivo se quebranta.
16. Acaso chegaste às profundezas do mar, ou caminhaste nos limites do abismo?
17. Foram-te mostradas as portas da morte, viste os portais da terra da sombra?
18. Podes abranger a vastidão da terra? Diz-me, se sabes de tudo isso.
19. Qual é o caminho para onde habita a luz, e as trevas, onde é o seu lugar,
20. Para que as conduzas às suas moradas, conheças as veredas para as suas casas?
21. Devias sabê-lo, pois já tinhas nascido, porque grande é o número dos teus dias.
22. Já entraste nos depósitos da neve, viste os reservatórios do granizo,
23. Que reservo para o tempo do conflito, para o dia de guerra e de batalha?
24. Por que caminho se difunde o vento oeste, e se espalha o vento leste através da terra?
25. Quem abriu para a inundação um canal, e um caminho para o relâmpago dos trovões,
26. Para que chova sobre a terra desabitada, sobre a estepe sem alma humana,
27. Para fartar a terra deserta e assolada e fazer brotar ali a erva verdejante?
28. A chuva porventura tem pai? Ou quem gerou as gotas do orvalho?
29. De que ventre procede o gelo? E quem engendra a geada do céu?
30. A água endurece como pedra, e se coalha a superfície do abismo.
31. Podes atar laços às Plêiades, ou soltar as rédeas de Órion?
32. Podes fazer sair a seu tempo Mazarot* ou conduzir a Ursa com seus filhotes?
33. Conheces por acaso as ordenanças dos céus, podes determinar o seu domínio sobre a terra?
34. Podes levantar a tua voz até as nuvens, para que a abundância da águas te cubra?
35. Ordenarás aos raios que saiam, e te digam: "Eis-nos aqui"?
36. Quem pôs a sabedoria no íntimo, quem à mente deu entendimento?
37. Quem numerará os céus com exatidão, os cântaros dos céus, quem os entornará?
38. Quando se funde o pó numa massa e os torrões se conglutinam?

Já no início do argumento poético, penetramos no mundo do tormento interior de Jó através do grandioso poema de desejo de morte que ocupa todo o capítulo 3. Esses primeiros 37 versos da resposta de

* Do original hebraico, significa: signos do Zodíaco, ou uma constelação específica, talvez a "Via Láctea", denominada em árabe com um nome semelhante a "Mazarot" (N. T).

Deus a Jó constituem uma inversão brilhante e precisa, em estrutura, imagem e tema, do poema inicial de Jó. Talvez o melhor meio de perceber a importância especial da controvérsia sobre a teodicéia seja observar que ela é vazada na forma de um conflito entre dois modos de poesia, um tipo falado pelo homem e, embora memorável, apropriado às limitações de sua condição de criatura; o outro, o tipo de verso que um poeta de grande genialidade podia convincentemente imaginar falado por Deus. O poema do capítulo 3, como tivemos oportunidade de observar em detalhe, desenvolveu-se através de um processo de focalização para dentro – ou, mudando de metáforas, uma perfuração interior implacável rumo ao âmago insuportável do sofrimento de Jó, que na sua imaginação só poderia ser expungido por extinção. O mundo exterior – aurora e luz solar e noite estrelada – existe nesses versos apenas para ser cancelado. O primeiro poema de Jó é uma expressão poderosa, evocativa, autêntica, do egoísmo essencial e virtualmente inelutável do homem: o falante angustiado sente que viu demais, e agora não quer ver nada, quer ser envolvido na negritude do útero/ túmulo, encerrado por portas escuras que permanecerão fechadas para sempre. Em contraste direto com esse recolhimento para dentro e com o apagar das luzes, o poema de Deus é uma demonstração do poder energizante da visão panorâmica. Em vez do desejo de morte, ele afirma de verso para verso o esplendor e a vastidão da vida, começando com um aglomerado de imagens impressionantes da criação do mundo e prosseguindo com a sustentação do mundo por Deus nas forças da natureza e na variedade do reino animal. Em vez de uma constante focalização para dentro em direção às trevas, este poema progride através de um impressionante movimento impetuoso que nos conduz pela extensão e largura do mundo criado, do mar ao céu e aos recessos inimagináveis onde estão armazenados a neve e os ventos, às terras despovoadas e às alturas íngremes onde vivem apenas a erva ou o mais selvagem dos animais. No poema inicial de Jó, são introduzidos vários elementos do mundo maior apenas como refletores ou símbolos retóricos de seu sofrimento. Quando o mundo é visto aqui através dos olhos de Deus, cada item é evocado por seu valor em si, tendo cada coisa existente sua própria beleza intrínseca e muitas vezes estranha. No capítulo 3, Jó quis reduzir o tempo a nada e contrair o espaço ao âmbito pequeno e escuro do útero trancado. O poema de Deus, em contraste, movimenta-se, através de eões, da criação às forças inanimadas da natureza e à vida produtiva na terra e, de uma perspectiva espacial, numa série de ligações metonímicas, da terra desabitada (versículo 26) até o hábitat alpestre do leão e a morada da corça (o final do capítulo 38 e o início do 39) e as estepes por onde erra o asno selvagem.

 Essa mudança geral da primeira afirmação de morte de Jó numa afirmação de vida é elaborada minuciosamente na linguagem e imagética do poema que Deus recita. Lembremos que o poema inicial de Jó começou estabelecendo a oposição binária entre o dia e a noite, a luz e as trevas, e depois prosseguiu através de uma série crescente de desejos de que a luz fosse engolida pela escuridão. O versículo inicial do discurso de Deus cita Jó como alguém que "escurece o conselho", e o jogo enfático e repetido com imagens de luz e trevas nos versos subseqüentes torna claro que esta caracterização inicial de Jó é uma crítica direta a seu primeiro discurso e a tudo o que decorre dele. (A alusão aqui ao poema do capítulo 3 é reforçada pelo termo que Deus emprega no início do segundo verso, ao dirigir-se a Jó, *guéver*, "homem", que ocorre também no início do primeiro poema de Jó: "A noite em que foi dito: 'Um homem foi concebido' ". É como se Deus estivesse insinuando: tu te denominaste homem, *guéver*, agora cinge-te os lombos como um homem e vê se podes encarar a verdade.) A Voz do meio do Redemoinho sugere que Jó percebeu as coisas completamente distorcidas no que diz respeito aos componentes ontológicos básicos da luz e das trevas. As duas, na verdade, existem numa dialética delicada e poderosa além do discernimento do homem, e o equilíbrio entre elas é parte da beleza inescrutável da criação. Este ponto é insinuado em muitos dos primeiros 37 versos do poema e é explicitado nos versículos 19-20: "Qual é o caminho para onde habita a luz, / e as trevas, onde é o seu lugar, // para que as conduzas às suas moradas, / e conheças as veredas para as suas casas?"

No capítulo 3 Jó rezou para que o dia em que ele nasceu fosse envolto por nuvem e trevas. Nuvem e névoas espessas reaparecem aqui num contexto surpreendentemente novo, como o véu matinal sobre os mares primevos, como os cueiros da criação (versículo 9). Jó queria que a "terra da sombra" (*tzalmávet*) cobrisse a sua existência; aqui essa expressão aparece como parte de um grande quadro cósmico que não pode ser percebido por meros olhos humanos: "Foram-te mostradas as portas da Morte, / viste os portais da terra da sombra?" (versículo 17). No único ponto explicitamente moral de teodicéia estabelecido pela Voz do meio do Redemoinho (versículos 12-15), o ritmo diurno da luz sucedendo-se às trevas é tomado ao mesmo tempo como símbolo e instrumento de Deus para desentocar os pecadores – uma idéia não-presente na visão "eclesiástica" do capítulo 3, onde a iniqüidade e a opressão são apenas parte do angustiado e fútil movimento cíclico da vida. Não é surpreendente que esse trecho específico tenha de ser conciso e um tanto críptico, pois, o quer que Deus pretenda sugerir sobre trazer à luz o pecado, Ele não está invocando o simples cálculo moral empregado de modo tão inquestionável pelos Amigos. Jó, nas espirais ascendentes de sua retórica impulsionada pela dor, procurou convocar todas as formas de trevas para que eclipsassem para sempre o sol, a lua e as estrelas. Em resposta, Deus lhe pergunta se ele tem alguma noção do que significa, em amplitude e força moral, ser capaz de "dar ordens à manhã" (versículo 12) e de colocar as constelações em seu movimento regular (versículos 31-33).

A melhor ilustração dessa bela combinação de sentido e imagética entre os dois poemas é talvez o belo equilíbrio entre os versos mais obsedantes em que Jó almeja as trevas e os versos mais requintados em que Deus ratifica a luz. Lembremos que Jó tentou conjurar uma eterna noite sem estrelas: "Escureçam-se as estrelas de sua madrugada, / que espere a luz e não venha, / que não veja se abrirem as pestanas da alvorada"(3, 9). Deus, no início do Seu primeiro discurso, evoca o momento em que a criação foi completada, numa imagem que com justiça se tornou famosa por si só mas que é também, dever-se-ia observar, uma contra-imagem de 3, 9: "Quando os astros da manhã juntos cantavam, / e todos os filhos de Deus se rejubilavam" (versículo 7). Isto é, ao invés de uma noite sem estrelas crepusculares, sem vislumbres de aurora, as estrelas matutinas da criação exultam. A ênfase que é dada nesse verso a canção e gritos de júbilo leva-nos de volta ao poema do capítulo 3, que começou com um grito triunfante sobre a noite da concepção – um grito que Jó desejou que se extinguisse – e prosseguiu com uma oração para que naquela noite nenhum grito de alegria se ouvisse (3, 7). Finalmente, os "filhos de Deus" vestigialmente mitológicos – com a amplitude semântica de "filho" no hebraico, isto não implica uma filiação biológica, mas algo semelhante a "companhia celestial" – nos reconduzem, para antes do capítulo 3, à história básica. Ali, naturalmente, o Adversário é que era o membro proeminente e sinistro dos "filhos de Deus". A nota discordante que ele representou foi obliterada aqui nesse coro celestial de criação. O que estou querendo apontar não é uma dessas contradições de fontes sobre as quais floresceu a erudição bíblica com demasiada freqüência, mas um momento culminante em que a visão do poeta transcende os termos limitados do conto popular que ele escolheu utilizar.

Há um segundo conjunto de imagens importantes no primeiro movimento do discurso de Deus que se reporta ao poema inicial de Jó, ou seja, a imagética da procriação e do nascimento. Como esta imagética, ao contrário de luz e trevas, que são substâncias literais da criação, é imposta metaforicamente pelo poeta como um meio de moldar o material, ela fornece mesmo provas mais manifestas de como o poema do capítulo 38 foi propositadamente articulado como uma grandiosa inversão do poema do capítulo 3. O primeiro discurso de Jó começa com o nascimento e a concepção e em círculos retorna ao ventre ou ao útero onde gostaria de ser encerrado, onde imagina que o destino do feto morto é a mais feliz das sinas humanas. Contra essas portas do ventre (3, 10) que Jó queria que se fechassem sobre ele para sempre, a Voz do meio do Redemoinho invoca um útero cósmico para um propósito totalmente diferente: "[Ele] cerrou com portas o mar, / quando transbordou e saiu da madre" (versículo 8). Esta representação em que o estabelecimento de limites ao mar primevo é figurado como o fechamento das portas de um útero jorrante produz uma alta tensão de sentido que está ausente do desejo de morte inequívoco de Jó. As portas são fechadas e aferrolhadas (versículo 10) para que a inundação não trague a terra, mas ainda assim as ondas se avolumam, o útero de todas as coisas pulsa, algo nasce – um sentido clarificado no desenvolvimento narrativo incipiente da imagem do útero no verso seguinte (versículo 9), em que, numa metáfora única na poesia bíblica, as névoas primevas sobre a superfície do abismo são chamadas de cueiros.

Cabe observar que, nas antecipações desse trecho no discurso de Jó, existem alusões ao mito cosmogônico cananeu de um triunfo, pela força, sobre um monstro marinho arcaico, enquanto, nas próprias palavras de Deus, essa história bélica é posta de lado, ou no mínimo deixada em um segundo plano distante, de tal modo que a cosmogonia possa ser interpretada, em vez disso, em termos de procriação. Assim, somos convidados a imaginar dessa maneira a criação, não na forma da derrubada de um inimigo, mas como o represamento e a canalização de forças que, não obstante, se permite que permaneçam ativas. (A única alusão clara no poema ao travar de uma batalha por Deus, versículo 23, é projetada à frente no tempo para um futuro indefinido e talvez vagamente apocalíptico.) O poeta emprega um verbo um tanto inesperado, "cercar", "tolher", a fim de caracterizar essa atividade de refrear o útero do mar, e essa é uma dupla alusão ao fato de Deus "cercar" Jó protetoralmente, mencionado na história básica, e à queixa amarga de Jó, ao final de seu primeiro poema, de ter sido cercado por Deus de todos os lados. O verbo, em suas diversas conjugações, não é empregado em nenhum outro local da Bíblia com o sentido de fechar portas, mas, de modo geral, sugere um ato de abrigar ou proteger, como se faz com uma asa ou pálio. Nos *Salmos* (139, 13), essa expressão é utilizada de forma tal que pode esclarecer o verso de Jó: "Fostes Vós que plantastes a consciência dentro de mim, / Vós me abrigastes (ou me cercastes, ou me entretecestes) no ventre de minha mãe". O Criador, no final de *Jó*, está obstruindo, aferrolhando ativamente as ondas do mar, mas a palavra carrega consigo uma longa cadeia de associações ligadas a proteção e sustento, de modo que o sentido negativo do verbo no capítulo 3 é de certa forma combinado com o sentido positivo em que o emprega a história básica. Daí resulta um oxímoro virtual, que expressa uma sensação paradoxal de que a criação de Deus envolve um controle necessário das forças destrutivas e uma manutenção dessas mesmas forças por serem também forças de vida. Pode-se ver numa única frase compacta como os termos da poesia de Deus – ou seja, em última análise, Sua imaginação do mundo – transcendem os termos da poesia de Jó e da dos Amigos.

Quando o poema passa – conforme sugeri, num movimento implicitamente narrativo – da cosmogonia para a meteorologia, mais uma vez é introduzida a imagética do nascimento. Primeiramente, Jó é desafiado de modo sarcástico: "Devias sabê-lo, pois já tinhas nascido" (versículo 21), o que, somado à alusão fundamental ao começo do poema em 3, 3, soa muito parecido com as palavras de Elifaz a Jó no capítulo 15. A diferença crucial é que, ao invés de ser uma manobra retórica num concurso mesquinho de suposta longevidade, essa alocução é colocada contra um pano de fundo cheio de pulsações uterinas cósmicas e conduz, alguns versículos mais tarde, a um grupo compacto de imagens de nascimento (versículos 28-29), de tal modo que rapidamente apreendemos o contraste ontológico entre Jó, um homem nascido de uma mulher a seu tempo, e o princípio de reprodução da natureza, que é infinitamente mais amplo que o do homem. Os dois versos abaixo citados que articulam este princípio desenvolvem fecundamente as implicações da imagética do nascimento de uma forma que é caracteristicamente bíblica:

A chuva porventura tem pai,   ou quem gera do orvalho?
De que ventre procede o gelo,   e quem engendra a geada do céu?

Em cada um desses dois versos, somos conduzidos do agente (pai) ou instrumento (ventre) ao processo ativo de procriação (gera, engendra – no hebraico, duas conjugações diferentes do mesmo verbo). Entre o primeiro e o segundo verso, é levado a cabo o que equivale a uma focalização biológica da imagem do nascimento, quando passamos do pai, o inseminador que é causa imediata do nascimento, à mãe, em cujo corpo se dá o verdadeiro nascimento. O paralelismo interlinear desse dístico também joga de forma brilhante com os dois estados opostos da água, primeiro líquida e caindo ou condensando, e depois congelada. No primeiro verso, a ostensiva inaplicabilidade da imagem do nascimento é um resultado da multiplicidade: como se poderia imaginar alguém sendo pai de inumeráveis gotas de chuva ou de orvalho? No segundo verso, a incongruência – isto é, o abismo entre o pequeno mundo do homem e o vasto mundo de Deus – é ainda mais chocante (mais um desenvolvimento de intensificação), quando a linguagem do poeta nos força a imaginar o inimaginável, grandes pedaços de gelo saindo do útero. A linguagem figurativa é empregada aqui para mostrar os limites da própria figuração, o que, na investida argumentativa do poema, significa os limites da imaginação humana. O verso imediatamente seguinte (versículo 30) é um desenvolvimento concentrador dessa imagem do gelo: "A água endurece como pedra, / e coalha a superfície do abismo". Sente-se aqui a tensão entre os opostos que está na essência da visão de mundo de Deus: fluido e sólido duro como pedra, superfície branca congelada e profundezas das águas. Chegado a este ponto, o poeta coloca de lado a imagem de nascimento, e depois de três versos dedicados às estrelas conclui todo o segmento meteorológico com um enfoque dos fenômenos da precipitação natural que acabamos de observar nos versículos 28-30, que por si sós rematavam toda uma seqüência sobre neve e chuva que teve início no versículo 22. Evidentemente, permanece aqui uma conexão implícita entre frutificação ou nascimento e chuva, da qual teria pronta consciência alguém que vivesse no clima e topografia do Oriente Médio, e como nos faz recordar de modo naturalístico o versículo 27 (ninguém é pai da chuva, mas a chuva é o pai da vida). De qualquer modo, os quatro versos que encerram nosso segmento – pondo de lado o versículo 36, cujo significado é incerto – oferecem a imagem de um aguaceiro sobre uma terra ressecada que é, ao menos por implicação, a última volta do parafuso na réplica poética ao capítulo 3. No poema inicial de Jó, a única água em evidência é a água salgada das lágrimas (3, 24), e as nuvens são mencionadas apenas como um meio de encobrir a luz. É certamente apropriado que Deus agora desafie Jó a fazer com que o relâmpago salte da espessura da nuvem e que, em Seu reino cósmico, em contraposição ao reino retórico de Jó, o sentido das nuvens não seja a escuridão, porém uma fonte de água que renova a terra com vida.

O restante do discurso de Deus – a segunda metade do primeiro discurso e quase todo o segundo discurso – é dedicado então a um panorama poético da vida animal que recobre a terra. A seqüência de animais, assim como o movimento do poema através do espaço via ligações metonímicas, é frouxamente associativa, mas também instrutiva: leão, corvo, cabra montês e corça, burro selvagem, boi selvagem, avestruz, corcel, falcão e águia. As duas primeiras e as duas últimas criaturas na seqüência são animais de rapina, cuja ferocidade natural na verdade delimita o estado selvagem de toda a lista. A seqüência se inicia com uma imagem do leão emboscado nas moitas a fim de caçar a presa (38, 39-40), determinado a saciar seu ávido apetite; a seqüência encerra-se com esta evocação extraordinária da águia em busca de alimento para seus filhotes: "De lá [do penhasco] descobre a presa, / os seus olhos a avistam desde longe. // Seus filhotes chupam o sangue; / onde há mortos, aí ela está" (39, 29-30). Esse poema de encerramento em Jó é, provavelmente, na tradição literária ocidental, um dos tratamentos poéticos do mundo animal menos sentimentais e é, pelo menos à primeira vista, um tanto surpreendente vindo da boca do Senhor. Mas a violência e, mais ainda, a beleza peculiar da violência são exatamente o ponto principal da resposta visionária de Deus a Jó. O reino animal é um reino amoral, mas os agudos paradoxos que incorpora nos fazem ver a impropriedade de qualquer cálculo moral meramente humano – não só o dos Amigos, aprendido mecanicamente, mas até o de Jó, expresso alto e bom som sobre a inteireza do sofrimento. No reino animal, o cuidado carinhoso pelo filhote pode bem significar eles chuparem o sangue de criaturas recém-mortas. É um ritual diário de manutenção da vida que desafia toda e qualquer interpretação antropomórfica moralizadora. Ainda assim, a série de indagações retóricas a Jó sugere que a providência divina cuida de cada uma dessas criaturas estranhas, ferozes e inacessíveis. Existe uma continuidade básica entre esta representação do mundo animal e a descrição da natureza inanimada em 38, 2-38, com seu senso de perduração de um poder terrível no mundo natural, sendo a frutificação e a destruição aspectos alternativos dessas mesmas forças imponderáveis.

Esta continuidade é reforçada quando as imagens de procriação são transportadas das partes cosmogônicas e meteorológicas do poema para a parte zoológica. Nos dois primeiros casos, como já vimos, a linguagem de parto e progênie era a princípio metafórica e, depois, tanto metafórica quanto fortemente irônica; entre os animais, torna-se bastante literal. O corvo no início dessa seção (38, 41) e a águia no final são vistos no esforço de satisfazer as necessidades de suas crias. Logo depois do corvo, recebem atenção detalhada o processo de nascimento e o crescimento inicial da cabra montês e da corça:

Sabes tu o tempo em que as cabras montesas
têm os filhos,   ou consideraste as dores das corças?
Contarás os meses que cumprem,   ou conheces o tempo do seu parto?
Deitam-se para terem as suas crias,   e lançam de si as suas dores.
Seus filhotes enrijam, crescem no campo aberto, apartam-se delas e não voltam mais.

(39, 1-4)

A ênfase posta aqui sobre o tempo do parto em conjunção com a evocação de nascimento nos faz retornar, em mais uma antítese forte, ao desejo de Jó, no capítulo 3, de poder apagar o dia de seu nascimento. Lembremos que lá Jó amaldiçoou a noite de sua concepção, dizendo "que não entre na conta dos meses" (3, 6). Aqui, no poema de Deus, esta mesma frase (com a mudança morfológica mínima, no hebraico, do termo "conta" de substantivo para verbo) reaparece como um exemplo de como o tempo se torna um meio de realização sob o olhar vigilante do fautor divino da ordem natural. A reprodução e o sustento, de acordo com a imaginação do poeta, são a própria essência de uma criação que se auto-renova constantemente. No entanto, mesmo o princípio universal da reprodução não está isento de misteriosa contradição, como o sugere o estranho caso da avestruz (39, 13-18). Esta ave peculiar, pelo menos de acordo com o conhecimento ornitológico em que o poeta se abeberou, abandona os ovos na terra, indiferente ao perigo de que possam ser pisados e quebrados por animais selvagens, "Porque Deus a privou da sabedoria, / e não lhe repartiu entendimento" (39, 17). A natureza para o poeta Jó não é um relógio newtoniano que funciona com mecanismos automáticos. O impulso a reproduzir e nutrir a vida depende de que Deus imbua cada uma de Suas criaturas do instinto ou "sabedoria" para fazê-lo de forma adequada. Se o provedor universal da vida opta, em algum caso, por retirar Seu entendimento – como é dito do próprio Jó que lhe falta sabedoria e inteligência –, as coisas podem ter mau resultado.

Tanto na estrutura quanto na asserção temática, os capítulos 38-41 constituem um grande movimento distólico, em reação ao movimento sistólico do capítulo 3. A poética do sofrimento no capítulo 3 procura reduzir o mundo inteiro a um ponto de extinção e gera uma cadeia de imagens de cerceamento e restrição. A poética da visão da Providência no discurso do meio da tempestade conjura a expansão de um horizonte após o outro, cada um deles povoado por uma nova forma de vida. Assim, no segundo segmento do panorama zoológico (39, 5-12, embora realmente insinuado em 38, 4), assistimos a um desfile de animais que se move para fora rumo ao descampado, para muito longe dos jugos e rédeas do homem: primeiramente as crias das cabras montesas e das corças, que rumam para o campo aberto, depois o jumento bravo e o boi selvagem que nunca lavrarão a terra. No capítulo 3, somente na tumba é que os prisioneiros "não mais ouvem a voz do capataz" (3, 18), e somente lá "o escravo fica livre de seu senhor" (3, 19). Mas isto, sugere a réplica de Deus, é uma percepção falseada da realidade, estreitamente dependente da civilização, porque a natureza abunda em imagens de liberdade: "Quem despediu livre o asno selvagem, / e quem soltou as prisões ao jumento bravo, // Ao qual dei o ermo por casa, / e a terra salgada por morada? // Ri-se do arruído da cidade, / não ouve os muitos gritos do arreeiro" (39, 5-7).

A forma como essas várias antíteses entre o capítulo 3 e os capítulos 38-39 são elaboradamente acentuadas pode sugerir o motivo por que não se fazem alusões aqui a alguns dos principais movimentos subseqüentes do argumento poético de Jó. A razão pode ter sido, em parte, um problema de exeqüibilidade técnica: é bastante viável reevocar os termos, imagens e temas essenciais de um belo poema do início num outro poema do final, mas pode ter sido pouco prático introduzir na conclusão alusões a toda uma série de poemas intercalados. Mais explicitamente, entretanto, Deus escolhe para Sua resposta a Jó a arena da criação, não a corte de justiça, embora seja esta última a metáfora mais recorrente no argumento de Jó depois do capítulo 3. E, ademais, é uma criação que reflete escassamente a presença do homem, uma criação onde conceitos humanos de justiça não têm valor. Estamos acostumados a imaginar o radicalismo do desafio de Jó a Deus, porém devemos reconhecer que, contra as normas convencionais da literatura bíblica, a resposta de Deus não é menos radical que o desafio. Em outras partes da Bíblia, o homem é o remate da criação, está um pouco abaixo dos anjos, criado expressamente para governar sobre a natureza. Talvez seja por isso que há na Bíblia tão pouca poesia descritiva sobre a natureza: o mundo natural apresenta pouco interesse por si só; ocupa a imaginação de um poeta apenas na medida em que reflete o lugar do homem no esquema das coisas ou serve aos seus propósitos. No entanto, na poesia descritiva singularmente vívida de *Jó* 38-41, o mundo natural é valioso por si mesmo, e o homem, longe de ocupar uma posição central, está presente apenas por implicação, periférica e impotentemente, nessa agitação de forças inescrutáveis e animais indomáveis.

O membro mais impressionante do bestiário, no primeiro discurso, e o mais elaboradamente descrito é o corcel, o cavalo de batalha. Pouquíssimos leitores do poema gostariam de eliminar esses versos esplêndidos, embora alguns tenham ficado a imaginar o que é que essa evocação do garanhão resfolegante tem a ver com a situação de Jó. Na verdade, alguns chegaram a suspeitar que a vinheta do cavalo de batalha, como as descrições claramente relacionadas do hipopótamo e do crocodilo nos dois capítulos seguintes, é na verdade uma espécie de composição (*set piece*) descritiva que o poeta introduziu por saber que poderia fazê-lo tão bem. Parece-me, ao contrário, que os três animais estão intrinsecamente conectados com a visão de criação que é a resposta de Deus ao questionamento de Jó. O garanhão entra no poema através de um artifício verbal: se a tola avestruz tivesse a sabedoria, nos dizem, ela iria elevar-se a grandes alturas e "rir-se do cavalo e do que vai montado nele" (39, 18). Isto nos leva diretamente a uma consideração sobre o cavalo, que ocupa a penúltima posição no primeiro bestiário, antes da imagem final da águia que nos trará de volta, numa estrutura envolvente, ao quadro inicial onde criaturas selvagens cuidam de seus filhotes:

Ou darás força ao cavalo,	ou revestirás o seu pescoço de crinas?
Ou ensiná-lo-ás a saltar como o gafanhoto	e a relinchar com majestade e terror?
Escarva a terra, e folga na sua força,	e se lança ao encontro dos armados.
Ri-se do temor, não se espanta,	e não torna atrás por causa da espada.
Contra ele rangem a aljava,	o ferro flamante da lança e do dardo.
Com fúria e estrondo devora a distância,	e não faz caso do som da trombeta.
Ao soar da trombeta, diz: "Eia!"	De longe cheira a batalha,
o grito dos capitães e o alarido.	

(39, 19-25)

Este trecho é um rico entretecimento de manobras de intensificação e desenvolvimentos narrativos entre versículos e entre versos, do mesmo modo que o próprio cavalo de batalha é a imagem culminante e vívida da história que o poeta deve contar sobre o reino animal – isto é, antes de Behemot e de Leviatã, que, como iremos ver, são um clímax para além do clímax. Em outras palavras, percebemos o garanhão de forma narrativa, primeiro resfolegando e escarvando a terra, depois precipitando-se para o auge da batalha; e vemos, por exemplo, todo o seu corpo estremecer num primeiro versículo, depois uma focalização surpreendente, no segundo versículo, no resfolegar terrífico de suas narinas. O garanhão é uma incorporação concreta de contradições mantidas em alta tensão, em consonância com toda a visão da natureza que precedeu. Embora mais feroz que o jumento bravo e o boi selvagem, permite que seu grande poder seja sujeitado aos usos do homem; no entanto, à medida que é descrito, dá a impressão virtual de lançar-se à batalha por sua livre vontade, para seu próprio prazer. Seria ingênuo concluir desses versos que o poeta estava interessado em promover virtudes marciais, mas a cena evocada de ações violentas transmite a idéia de que uma beleza terrível está nascendo e uma energia medonha se manifesta no calor da guerra. Essas qualidades são da mesma espécie que as do leão voraz que iniciou o bestiário, e da poesia meteorológica antes dele na qual o relâmpago saltou da nuvem e o Senhor armazenou armas cósmicas nos depósitos de neve e de granizo.

Sem dúvida, o propósito de todo o segmento zoológico do poema é dizer a Jó que as misericórdias de Deus contemplam todas as Suas criaturas, mas, do ponto de vista do tom e da imagética, essa revelação não é feita numa voz calma e suave, mas em meio a uma grande tempestade, pois a providência retratada é sobre um mundo que desafia categorizações morais confortáveis. É no jogo imenso e imponderável de poder que envolve perceptivelmente a criação que se faz sentir o aspecto mais crucial desse desafio. O mundo é um constante ciclo de renovação e nutrição da vida, mas é também um choque constante de forças em guerra. Esta não é uma resposta fácil nem direta à questão do motivo pelo qual o homem deve sofrer, mas a visão grandiosa de uma ordem harmoniosa à qual a violência é ainda assim intrínseca e na qual a destruição é parte da criação que se destina a confrontar Jó com os limites de sua imaginação moral, uma imaginação moral muito mais honesta mas apenas um pouco menos convencional que a dos Amigos. A estranha e maravilhosa descrição do hipopótamo e do crocodilo, que após os versículos introdutórios do desafio (40, 7-14) ocupa todo o segundo discurso, torna então esses limites ainda mais agudamente evidentes ao elaborar essas duas imagens culminantemente focalizadas da visão que o poema tem da natureza.

Tem havido, entre os comentadores, uma certa dose de confusão totalmente desnecessária no tocante à questão de saber se o tema do segundo discurso é de fato zoológico ou mitológico. Muitos têm argumentado que os dois animais em questão nada mais são que o hipopótamo e o crocodilo. Outros, como Marvin Pope, na sua abordagem filologicamente escrupulosa de *Jó*, têm afirmado que ambos são monstros mitológicos. "Leviatã" realmente aparece no capítulo 3 como uma entidade mitológica, e o termo é claramente cognato do Lotan ugarítico, uma espécie de dragão marinho. O argumento em favor da mitologia é mais duvidoso com relação a Behemot, porque não há nenhum testemunho extrabíblico de que o termo seja uma designação mitológica, e todas as outras ocorrências na Bíblia pareceriam ser como um termo genérico para designar animais herbívoros perfeitamente naturalistas, incluindo um uso anterior do termo no próprio *Jó* (12, 7).

A rigidez ou/ou do debate sobre Behemot e Leviatã se dissolve rapidamente quando observamos que essas duas imagens culminantes do discurso do meio da tempestade refletem a lógica poética distintiva da evolução de sentidos que vimos observando em pequena e em grande escala na poesia bíblica. O movimento do literal ao figurativo, do verossímil ao hiperbólico, da asserção geral à imagem concreta enfocada, é justamente o movimento que nos conduz do catálogo de animais a Behemot e Leviatã. O cavalo de batalha, que é o item mais impressionante no catálogo geral e aquele a quem é dada a maior atenção do ponto de vista quantitativo (sete versos), é uma etapa na linha ascendente de intensidade semântica que culmina em Behemot e Leviatã. O garanhão é uma criatura familiar mas já fantástica na beleza do poder que ele representa. A partir daí, o poeta passa para dois animais exóticos cujo hábitat são as margens do Nilo – isto é, distante da experiência real da platéia israelita e mais longe ainda do ouvinte ficcional Jó, cuja terra natal se localiza presumivelmente em algum lugar a leste de Israel. Isto é, o ouvinte pode realmente ter visto de relance um cavalo de guerra ou um leão ou uma cabra montesa, mas o hipopótamo e o crocodilo estão além de seu alcance geográfico e da sua percepção cultural, e ele muito provavelmente deve ter ouvido falar deles através das lorotas dos viajantes e da ficção folclórica. Ao hipopótamo são destinados dez versos de vívida descrição que o colocam no limite entre o natural e o sobrenatural. Nem um único detalhe é mitológico, mas tudo é apresentado com intensidade hiperbólica, concluindo com a afirmação de que nenhum anzol pode prendê-lo (de fato, os egípcios usavam varas com ganchos para caçar o hipopótamo). À evocação do crocodilo são dedicados 33 versos, e ela envolve uma fusão maravilhosa de observação precisa, de hipérbole e de intensificação mitológica do réptil verdadeiro, e assim se torna um clímax belamente adequado para todo o poema.

Colocando essa questão em perspectiva histórica, esta distinção que nós, modernos, fazemos entre mitologia e zoologia não seria tão definida para a imaginação antiga. O poeta Jó e seu público, afinal de contas, viviam numa era anterior aos jardins zoológicos, e animais exóticos como os descritos nos capítulos 40-41 não faziam parte de uma realidade observável e facilmente acessível. Assim, os limites entre relato imaginário, mito imemorial e história natural tenderiam a tornar-se indistintos, e o poeta criativamente explora essa falta de clareza na sua evocação culminante dos dois anfíbios que são, ao mesmo tempo, parte do universo natural e do mundo além dele.

O que é enfatizado na descrição do hipopótamo é a união paradoxal de uma natureza pacífica – ele é um herbívoro, visto descansando pacificamente à sombra dos lótus nas margens do rio – e de um poder terrível, contra o qual nenhuma espada humana poderia prevalecer. (Assim, não é importante se os hipopótamos podem ou não ser realmente capturados, pois o poeta precisa provar o ponto de vista de que esse animal terrível está, literal e figurativamente, além do entendimento humano.) E com eficiência estratégica, a idéia de força muscular – ossos como bronze, membros como hastes de ferro – é combinada com a ênfase notável sobre a potência sexual, ampliando desse modo as imagens de procriação e nascimento do primeiro discurso:

Eis que as suas forças está nos seus lombos, e o seu poder nos músculos do seu ventre.
Ele faz seu membro erguer-se como um cedro, os nervos de seus testículos estão entretecidos.

(40, 16-17)

A poesia bíblica em geral, principalmente quando é medida pelos padrões da poesia épica grega, não é muito visual, ou melhor, é visual apenas em lampejos momentâneos e desenvolvimentos culminantes repentinos. Mas a descrição do crocodilo é excepcionalmente admirável em sua força visual auto-sustentada, em consonância com o seu papel de clímax da demonstração longa e impressionante da visão penetrante de Deus em contraste com a vista limitada do homem. Traduzirei os últimos 22 versos do poema, que se seguem à asserção inicial de que Leviatã, como Behemot, é impérvio a qualquer anzol ou armadilha e a qualquer esquema de sujeitá-lo à domesticação. Os números dos versos refletem os números dos versículos do texto hebraico do capítulo 41, começando no versículo 5:

5. Quem pode descobrir sua couraça externa, penetrar entre sua dupla mandíbula?
6. Quem pode abrir as portas do seu rosto? Pois tudo em roda de seus dentes está o terror.
7. Seu dorso é uma fileira de escudos, fechados com um selo apertado,
8. Cada um tão unido ao outro, que nem um sopro passa por entre eles.
9. Ligados estreitamente entre si, e tanto aderem um ao outro, que não se podem separar.

10. Seus espirros relampejam faíscas, e seus olhos são como as pestanas a aurora.
11. De sua boca irrompem tochas, e dela saltam centelhas de fogo.
12. De suas narinas jorra fumaça, como de uma panela fervente sobre tições.
13. Seu hálito incendeia os carvões, e chama sai de sua boca.
14. A força reside em seu pescoço, diante dele a violência salta.
15. As dobras de sua carne estão pegadas entre si, firmemente sólido, ele não se moverá.
16. Seu coração é firme como a rocha, firme como a mó de baixo.
17. Quando ele se levanta, os deuses tremem, com os seus abalos, eles se agacham.
18. Nenhuma espada que o tocar resistirá, nem a lança, nem o dardo, nem a flecha.
19. O ferro para ele é palha e o bronze, madeira carcomida.
20. A seta não o afugenta, contra ele as pedras das fundas são restolho.
21. Armas de arremesso são para ele como palha, e ri-se do sibilo dos dardos.
22. Seu ventre é cheio de conchas pontiagudas, estende-se como grade na lama.
23. Faz ferver as profundezas como uma caldeira, torna o mar uma panela de ungüento.
24. Deixa após si um sulco luminoso, como se o oceano tivesse uma cabeleira branca.
25. Na terra nada há que lhe possa comparar, pois foi feito para nunca ter medo.
26. Tudo o que está no alto ele vê, é rei sobre todas as feras altivas.

O poder do crocodilo é sugerido através tanto de uma intensificação dos termos descritivos quanto de um certo movimento narrativo. Observamos primeiramente os dentes terríveis e a armadura de escamas impenetrável da fera real, depois uma descrição mitologizante dele a expelir fumaça e fogo e espirrar faíscas de luz. Além disso, essa representação da fera a exalar fogo lembra estranhamente a descrição do Deus das batalhas em 2 *Samuel* 22 e em outras passagens de poesia bíblica. Ao mesmo tempo, a série de interrogações desafiadoras que controlou a retórica do discurso divino desde o início do capítulo 38 muda para asserções, a partir do versículo 7, à medida que o poema caminha para a conclusão.

Como em outros locais, o poeta trabalha com uma idéia estranha das necessidades descritivas ao seu alcance e das continuidades estruturais do poema e do livro. A ênfase peculiar sobre fogo e luz na representação do crocodilo leva-nos de volta à imagem cósmica da luz no primeiro discurso de Deus, ao relâmpago que salta da nuvem, e além disso ao poema inicial de Jó. De fato, a notável e celebrada frase, "pestanas da aurora", que, no capítulo 3, Jó quis que nunca fossem vistas novamente, ressurge aqui para caracterizar a luz soltando faíscas dos olhos do crocodilo. Isso nos faz inferir uma conexão e ao mesmo tempo mostra como a linguagem figurativa do poeta ousa situar uma beleza rara em meio ao poder, ao terror e à estranheza. O desenvolvimento narrativo implícito da descrição nos conduz de uma visão da cabeça, couraça e corpo do animal (versículos 13-24) a um quadro em que ele se ergue e cai estrondosamente, repele todos os assaltantes e desaparece de nosso campo de visão, deixando atrás de si um rastro espumoso que brilha como sua boca e olhos (versículos 25-32). Se nesse segmento final predomina a linguagem, não da água do rio, mas do mar (*yam*) e das profundezas (*tehom, metzulah*), e isto se deve em parte às associações do Lotan mítico com esses termos e este hábitat, mas também porque esse vocabulário nos conduz de volta ao início cosmogônico do discurso de Deus (veja-se, em especial, 38, 16). A visão meramente humana de Jó não podia penetrar nos segredos das profundezas, e agora, no final, temos diante dos olhos de nossa mente o animal magnífico e inatingível que vive nas profundezas, que é senhor de todas as criaturas da terra e do mar, que, de sua própria perspectiva totalmente inimaginável, "vê" tudo o que é majestoso. Leviatã é a natureza mitologizada, pois essa é a maneira de o poeta transmitir o verdadeiramente incomum, o realmente inescrutável na natureza; mas ele continua sendo parte da natureza, pois, em caso contrário, faria pouco sentido que o poema concluísse "ele é rei sobre todas as feras altivas".

Por agora, gostaria de que tivesse ficado claro o que afinal as descrições de um hipopótamo e de um crocodilo estão fazendo na conclusão de *Jó*. Obviamente, não pode haver uma resposta direta à indagação de Jó: por que, tendo sido um homem decente e temente a Deus, deveria perder todos os seus filhos e filhas, sua riqueza e sua saúde? A poesia de Jó foi um instrumento para perscrutar, em oposição às banalidades dos Amigos, as profundezas de sua própria e compreensível idéia de ultraje sobre o que lhe aconteceu. A poesia de Deus dá a Jó condições de vislumbrar, para além de sua difícil condição humana, um mundo imenso de poder e beleza e terríveis forças antagônicas. Esse mundo é permeado da preocupação ordenadora de Deus, mas, como evidencia a vividez do versículo, ele apresenta ao olho humano uma confusão de contradições, de vertigens de vários tipos, de energias e entidades que o homem não pode assimilar. Jó, certamente, não recebe o tipo de resposta que esperava, mas uma resposta vigorosa de outra espécie. Agora, ao final, ele não mais ousará julgar o Criador, pois, através da extraordinária poesia de Deus, foi levado a compreender que a criação pode talvez ser sentida mas não abrangida pela mente – como aquela imagem final do crocodilo que já se move rapidamente para fora do nosso campo de visão, deixando atrás de si apenas um rastro luminoso. Se Jó, em sua primeira resposta ao Senhor (40, 2, 4-5), confessou simplesmente que não esperaria competir com Deus e que doravante se calaria, na sua segunda resposta (42, 2-6), após a conclusão do segundo discurso divino, ele admite humildemente que foi presunçoso, que de fato "escureceu o conselho" sobre coisas que não compreendia. Referindo-se mais especificamente ao impacto do poema visionário de Deus, ele anuncia que lhe foi concedido o dom da visão – o vislumbrar de uma criação inapreensível que se engrandece com o poder de seu Criador: "Com o ouvir dos meus ouvidos ouvi, / mas agora Te vêem os meus olhos".

3. Sodoma como Nexo: A Teia do Desígnio na Narrativa Bíblica

Os próprios termos que costumamos usar para designar as diversas narrativas bíblicas refletem uma incerteza: terão as histórias tomadas em seqüência algo que se possa denominar estrutura, e que tipo de configurações maiores poderiam formar. Geralmente, os primeiros onze capítulos do *Gênesis* são chamados de História Primeva, como se constituíssem uma narrativa histórica contínua, apesar dos repetidos argumentos acadêmicos que as consideram, na verdade, um alinhavamento desigual dos mais heterogêneos materiais. Por outro lado, falamos freqüentemente das Histórias dos Patriarcas ou das Histórias do Deserto, uma designação que sugere algo vago como uma antologia. Ora, novamente, é prática comum invocar com um certo toque de autoridade acadêmica o ciclo de Abraão, o ciclo de Jacó, o ciclo de Elias, mas, se este termo é aplicável com correção às sagas nórdicas ou à ópera wagneriana, no caso da narrativa bíblica parece mais um subterfúgio. Referimo-nos, é claro, à história de José e à história de Davi, mas isso ocorre apenas porque esses dois relatos constituem raras exceções em que os antigos escritores hebreus nos deram uma narrativa relativamente longa e contínua – com exceção de umas poucas interpolações aparentes – que segue o movimento cronológico da vida de uma personagem central.

Se o padrão de narrativa unitária de um autor é inferido de romances autoconscientes em seu engenho, como, por exemplo, *Madame Bovary*, *The Good Soldier* de Ford Madox Ford, ou mesmo, numa escala panorâmica mais ambiciosa, *Ana Karênina*, não precisamos dizer que a narrativa bíblica está longe de ser unitária. A opinião acadêmica chegou de modo geral à conclusão de que, se a narrativa bíblica não é unitária, deve ser episódica. A estrutura episódica, como Aristóteles foi o primeiro a observar, não implica necessariamente uma seqüência entre os incidentes relatados. No caso de um autor único, a estrutura episódica pode ser totalmente intencional e expressa muitas vezes uma rejeição de hierarquias, um encantamento com a abundante heterogeneidade de experiência, como em *Dom Quixote*, *Gil Blas* de Lesage, ou *Huckleberry Finn*. Em contrapartida, o caráter episódico da narrativa bíblica, tal como é representado usualmente na análise erudita, é mais o resultado da inadvertência de um editor que a intenção de um autor: imagina-se que os redatores anônimos, trabalhando sob as coerções de antigas tradições autorizadas de uma maneira que não podemos avaliar, alinhavavam retalhos de materiais muito diferentes, ora emendando duas ou mais versões da mesma história, ora inserindo histórias externas que se originaram em contextos radicalmente diferentes.

Pode ser proveitoso, ao tentar pensar nas configurações mais amplas da narrativa bíblica, ter em mente que apenas uma minoria das longas narrativas, sejam pré-romanescas ou romanescas, são coerentemente unitárias. Dickens, por exemplo, usava muitas vezes os artifícios de um suspense mantido firmemente, típico da trama da novela de detetive, e a crítica moderna exaltou as simetrias de suas estruturas simbólicas; ainda assim, o romance típico de Dickens está juncado de digressões anedóticas e, na fase inicial de sua carreira, de contos interpolados. Fielding é elogiado com justiça como um dos romancistas ingleses mais arquitetônicos – Coleridge reputou a trama de *Tom Jones*, ao lado da de *Édipo Rei* e *The Alchemist* de Ben Jonson, uma das três mais perfeitas da literatura mundial; no entanto, tanto *Tom Jones* quanto *Joseph Andrews* incluem longos contos interpolados, totalmente diferentes da narrativa circundante em estilo, tom, gênero e personagens. O exemplo de Fielding é particularmente instrutivo, porque sugere que mesmo um escritor tão sumamente consciente do artifício da unificação – em *Tom Jones* poder-se-ia mencionar a simetria estrutural de seis livros no campo, seis na estrada, seis na cidade, ou a unidade tonal conferida pelo narrador irônico onipresente – poderia, por suas próprias e boas razões, introduzir materiais cuja única conexão essencial com a narrativa básica era um tema comum ou uma simples analogia.

Permitam-me sugerir que, na narrativa bíblica, ocorre repetidas vezes algo bastante semelhante, quando se justapõem materiais díspares que são decididamente ligados por motivo, tema, analogia e, às vezes, por uma personagem que serve de ponte entre dois blocos narrativos diferentes que, sob outros aspectos, estão separados com relação à trama e muitas vezes no tocante ao estilo, à perspectiva ou mesmo ao gênero. Evidentemente, na Bíblia, a proporção de tais inserções é bem diferente da que encontramos em Fielding, que faz uso delas apenas ocasionalmente. Na verdade, talvez não devamos falar de "inserções" no caso da Bíblia, já que a justaposição engenhosa de episódios aparentemente díspares é mais parecida com um procedimento básico de estruturação, uma característica especialmente evidente em *Números, Josué, Reis* e, sobretudo, nos *Juízes*, mas também discernível em outras obras. Isto, segundo parece, seria a expressão de uma atividade que, em anos recentes, tem sido chamada de arte de redação, mas, no que segue, falarei mais do escritor que do redator, no interesse tanto da precisão quanto da simplicidade, pois devemos lembrar-nos de que o redator, por mais cultuado que seja na cultura bíblica moderna, continua sendo uma entidade conjectural, e quanto mais minuciosamente se examina sua suposta obra, mais indistinta se torna a linha entre o redator e o escritor.

Em vez de tentar descrever o plano que engloba um livro inteiro ou uma seqüência de livros, um projeto que exigiria muito espaço para uma execução convincente, eu gostaria de demonstrar o princípio geral seguindo o texto bíblico num ponto onde parece haver uma interrupção na continuidade narrativa. De fato, o exemplo que escolhi envolve o que parece ser uma tríplice interrupção da narrativa circundante, mas tentarei mostrar que os três estágios da interrupção estão firmemente ligados entre si e entrançados tanto no contexto imediato da narrativa quanto no plano temático maior do *Gênesis* e dos livros subseqüentes de uma maneira tal que complica o fio do sentido.

Em *Gn* 17, Deus aparece a Abrão, que tinha então 99 anos, muda o seu nome para Abraão e o de Sarai para Sara numa confirmação da aliança, e de forma reboante anuncia uma descendência futura através de Sara – uma promessa tão improvável que faz Abraão rir com descrença. Na primeira metade do capítulo seguinte, temos a história dos três misteriosos visitantes que vêm até Abraão (pelo que se pode inferir, são o próprio Deus e dois de Seus mensageiros), um dos quais traz a boa nova de que, dentro de um ano, Sara dará à luz um filho. Dessa vez, é ela que, ouvindo por acaso a promessa por entre a abertura da tenda, ri com descrença, talvez até com sarcasmo. Críticos documentais apressaram-se a identificar essas duas histórias em seqüência como uma duplicação oriunda de duas fontes diferentes, S e depois J*. Se realmente a análise acadêmica conseguiu aqui "misturar a omelete", na frase notável de Sir Edmund Leach, é algo que não me atreverei a julgar. Mais essencial aos nossos propósitos é o fato de o escritor precisar de uma dupla versão da promessa de descendência, em parte pelo

---

* A pesquisa bíblica moderna argumenta que se podem distinguir, com base em vocabulário e estilo, quatro autores ou escolas de autores do *Pentateuco*: J – que denotaria o emprego do nome Divino *Jahweh* ou *Yahweh*; E (Elohista), do nome Divino *Elohim*; D – autor ou autores do *Deuteronômio*; S (*Priestly* ou Sacerdotal) – autor ou autores da maior parte do *Levítico* (N. T.).

mero efeito de uma forte ênfase, mas também porque ele necessita primeiramente de uma versão patriarcal e depois de uma matriarcal. No capítulo 17, apenas Abraão está presente diante de Deus; o estado de esterilidade de Sara aos noventa anos é mencionado apenas de passagem e numa posição sintática secundária depois de Abraão (versículo 17); e o que está em questão é muito mais a biologia masculina, na ênfase dada ao preceito recém-imposto da circuncisão (embora Abraão se comprometa a cumpri-lo em si próprio e em todos os seus futuros filhos, sua colocação na seqüência narrativa fá-lo parecer uma pré-condição da procriação do filho, assim como, analogamente, em *Êx* 4, na história do Esposo de Sangue, a circuncisão do filho é o meio necessário para a sua sobrevivência). Na primeira metade do capítulo 18, encontramos o primeiro exemplo da cena típica de anunciação. Como história convencional, é preeminentemente matriarcal, pois a boa nova sempre é dada à mulher, geralmente na ausência do marido. Aqui, no entanto, talvez devido à força da idéia de Abraão como pai fundador, existe um deslocamento parcial de ênfase matriarcal para a patriarcal, e o anjo fala a Abraão enquanto Sara ouve às escondidas a sua própria anunciação. De qualquer modo, é ela que ri, e é a sua biologia – o fato duas vezes mencionado de sua condição pós-climatérica – que está em discussão. Essa mudança do patriarca para a matriarca na segunda versão da promessa, mesmo que seja um tanto restrita, é decisiva, pois no que segue os temas mulheres e sexualidade, mulheres e propagação, serão centrais.

Ora, em todas as outras ocorrências da cena típica de anunciação[1], os dois primeiros motivos da seqüência convencional – a) a condição de esterilidade da mulher; b) a anunciação – são seguidos imediatamente pelo terceiro motivo de cumprimento (c), o nascimento do filho (cf. *Gn* 25, 19-25; *Jz* 13; *I Sm* 1; *2 Rs* 4, 8-17). Aqui, no entanto, existe uma longa interrupção antes do nascimento de Isaac no início de *Gn* 21. Primeiramente, Deus anuncia a Abraão a sua intenção de destruir Sodoma e Gomorra, e Abraão empreende seu memorável esforço de negociar com Deus a sobrevivência das cidades condenadas, começando com a possibilidade de haver cinqüenta homens justos nesses lugares e baixando pouco a pouco até chegar a dez (18, 17-33). A primeira metade do capítulo 19 conta a história da destruição de Sodoma, concluindo com o que parece ser um conto etiológico (para explicar uma singularidade geológica na região do Mar Morto) sobre a transformação da mulher de Lot numa estátua de sal. A segunda meta-

---

1. Examinei detalhadamente esta cena típica particular em "How Convention Helps Us Read: The Case of the Bible's Annunciation Type-Scene", *Prooftexts* 3:2 (Mai, 1983), 115-130. Propus pela primeira vez o conceito de cenas-tipo como um componente da narrativa bíblica no capítulo 3 de *The Art of Biblical Narrative* (New York, 1981).

de do capítulo é um tipo muito diferente de conto etiológico, que explica as origens de dois povos transjordanianos, os moabitas e os amonitas, pela copulação incestuosa de Lot e suas filhas. Todo o capítulo 20 é então dedicado à segunda das três versões da história da esposa-irmã: o patriarca num reino do Sul (no caso, Abraão em Gerar) proclama que sua mulher é sua irmã e, em conseqüência, quase a perde para o potentado local, mas no final parte com a esposa intacta e coberto de riquezas pelo pretenso violador. Uma vez que em nenhuma outra parte existem tais interrupções no cumprimento da anunciação, temos certamente o direito de perguntar o que tudo isso tem a ver com a promessa de progênie a Abraão. Permitam-me sugerir que, na visão do escritor bíblico, a descendência para o primeiro pai dos futuros israelitas envolvia todo um emaranhado de complicações de longo alcance, para cujo delineamento eram necessários esses três episódios intervenientes, e que Sodoma, longe de ser uma interrupção da saga da semente de Abraão, é um nexo temático importante da história maior[2].

Devemos observar, inicialmente, que o diálogo entre Abraão e Deus na segunda metade de *Gn* 18 estabelece uma conexão entre a promessa de aliança e a história de Sodoma, ao acrescentar um novo tema essencial à idéia de aliança. As duas enunciações anteriores da aliança, que ocupam os capítulos 15 e 17, são promessas sonoras de descendência e pouco mais: a tua semente, Deus assegura ao incrédulo Abraão, será tão inumerável quanto as estrelas no céu. A única condição insinuada é que Abraão continue sendo uma parte fiel da aliança, mas é digno de nota que não é dado nenhum *conteúdo* a esta fidelidade. É quase como se tivesse sido montada uma armadilha para o público, encorajando-o primeiramente a pensar que a promessa divina era uma dádiva gratuita, iniciada por um ritual solene (as partes que se referem ao sacrifício de animais no capítulo 15) e perpetuamente confirmada por mais um ritual (a circuncisão do capítulo 17). Agora, entretanto, quando Deus reafirma, no capítulo 18, a linguagem da bênção e o futuro da nação, ele acrescenta esta estipulação sobre Abraão e a sua posteridade: "Porque eu o escolhi [novo JPS*] para que ele ordene a seus filhos e à sua casa depois dele, para que guardem o caminho do Senhor, e *pratiquem a justiça e o direito*" (18, 19, grifos do autor). A sobrevivência e a propagação dependem, pois, da criação de uma sociedade justa. Essa idéia é retomada imediatamente quando Deus continua a advertir Abraão do seu propósito de destruir as cidades da planície, devido à sua maldade pervasiva. Abraão, aterrorizado ante a possibilidade de que os justos possam ser aniquilados juntamente com

---

2. J. P. Fokkelman apresenta uma excelente discussão da descendência e da sobrevivência como temas do *Gênesis* em seu artigo sobre este livro em *The Harvard Literature Guide to the Bible*, ed. Robert Alter e Frank Kermode (no prelo).

* *The Jewish Publication Society Torah Commentary* (N. T.).

os iníquos, lança de volta a mesma frase que Deus acabara de usar sobre as obrigações éticas do homem: "Não faria justiça o Juiz de toda a terra?" (18, 25) O eco do *schofet*, juiz, e da *mischpat*, justiça, ressoará então fortemente numa chacota que os habitantes de Sodoma fizeram sobre Lot, quando ele lhes implorou que desistissem de suas intenções violentas: "Como estrangeiro este indivíduo veio aqui habitar, e quer ser juiz em tudo" (19, 9). O verbo *schofet* também significa "governar", que pode ser seu sentido primário aqui, mas o jogo com "fazer justiça" do capítulo anterior é bastante evidente: Sodoma é uma sociedade sem juiz nem justiça, e dificilmente permitiria que um residente estrangeiro recém-chegado atuasse como *schofet*, qualquer que seja o sentido da palavra.

Como muitos comentadores observaram, a cena da hospitalidade entre Abraão e os visitantes divinos, no início de *Gn* 18, equipara-se à cena da hospitalidade entre Lot e os dois anjos, no início de *Gn* 19: equipara-se com uma pequena diferença, porque a linguagem de Lot com os anjos é mais premente, numa sucessão de verbos imperativos, menos atenciosamente respeitosa do que a linguagem de Abraão, e, no último caso, o narrador não nos oferece os detalhes do cardápio e da agitação dos preparativos para o banquete que nos são dados no cenário pastoral do capítulo anterior. A hospitalidade um tanto ansiosa de Lot – será que ele já está com medo do que poderia acontecer aos estranhos na sua cidade? – é, naturalmente, a única exceção à regra que vige em Sodoma. Essa história da cidade condenada é crucial não só para o *Gênesis* mas também para a temática moral da Bíblia como um todo (compare-se o uso de Sodoma em *Is* 1 e *Jz* 19), porque ela é a versão bíblica da anticivilização, mais ou menos como, em Homero, as ilhas dos monstros cíclopes onde os habitantes comem os estranhos em vez de dar-lhes as boas-vindas. Se há pouco quisemos saber o que Deus tinha em mente quando disse a Abraão que as abominações de Sodoma – literalmente, seu "clamor" – eram tão grandes que atingiam o próprio céu, vemos agora todos os habitantes do sexo masculino de Sodoma, do adolescente ao ancião, baterem à porta de Lot exigindo o direito de estuprar em grupo os dois estrangeiros. O narrador não tece nenhum comentário sobre o aspecto homossexual do ato ameaçado de violência, embora seja seguro supor que ele espere que nós também consideremos o fato abominável, mas, com relação ao lugar deste episódio na história maior da progênie de Abraão, é importante decerto que a homossexualidade é uma forma necessariamente estéril de relações sexuais, como se as tendências dos sodomitas correspondessem, biologicamente, à sua total indiferença pelos pré-requisitos morais da sobrevivência.

Nesse ponto ominoso, numa das declarações mais escandalosas que já proferiu qualquer personagem da literatura antiga, as filhas de

Lot, que não haviam sido mencionadas anteriormente, são introduzidas na história. Diz Lot aos assaltantes: "Ouvi, tenho duas filhas que ainda não conheceram um homem. Eu vo-las trarei, e fareis delas o que bem vos parecer; mas nada façais a estes homens porque entraram sob a sombra de meu teto" (19, 8). Alguns tentaram dar uma explicação natural para essa oferta ultrajante, argumentando que, no antigo Oriente Próximo, o vínculo entre o anfitrião e o visitante (alguém entrar sob a sombra do seu teto) era sagrado, envolvendo obrigações que excediam as de um homem para com suas filhas virgens. O impassível narrador, como é de seu hábito, não oferece qualquer orientação nessa questão, mas o desenrolar da história, e suas conexões contrastantes com a narrativa circundante, lançam dúvidas sobre a proposição segundo a qual Lot estava apenas representando o anfitrião perfeito do antigo Oriente Próximo em circunstâncias um tanto penosas. É importante, para o que acontece no final do capítulo, que as duas moças sejam virgens, e Lot claramente imagina estar oferecendo aos estupradores um brinde especial ao proclamar sua virgindade. O que não nos é dito, numa forma astuta de exposição protelada, é que ambas as moças estão comprometidas. Essa informação não é divulgada até o versículo 14, quando Lot, diante da insistência dos anjos, suplica aos seus prováveis futuros genros que se salvem da iminente destruição. A resposta deles é pensar que Lot deve estar brincando, *metsaheq*, o mesmo verbo "rir" que caracteriza as respostas de Abraão e Sara à promessa de descendência e que aqui, num contraste polar, torna-se um mecanismo de ceticismo que sela irrevogavelmente o destino dos dois homens. Ora, pelo menos de acordo com a lei bíblica posterior, o estupro de uma mulher comprometida é um crime punível com a morte (cf. *Dt* 22, 23-27), e é razoável inferir que Lot demonstra aqui uma presteza inquietante em servir de cúmplice na legalização múltipla de um crime capital dirigido contra suas próprias filhas. O julgamento implícito contra Lot é, depois, confirmado no incesto, no final do capítulo, ao qual voltaremos circunstancialmente.

Permitam-me, primeiramente, acrescentar um breve comentário sobre o tema da visão e da cegueira, que ajuda a estruturar a história tematicamente e também conecta-a com a narrativa em que ela se insere. A transição para Sodoma foi assinalada, em primeiro lugar, visualmente, quando Abraão acompanhou os dois visitantes em seu caminho, e eles "olharam para Sodoma, lá embaixo na planície do Mar Morto" (18, 16). A conclusão da destruição é indicada, simetricamente, em 19, 28, quando, na manhã seguinte, Abraão, no que equivale a uma tomada longa no cinema, "olha" (o mesmo verbo) para as cidades da planície e consegue distinguir colunas de fumaça que se elevam das ruínas distantes. Na história propriamente de Sodoma, os anjos ferem os agressores de cegueira, de maneira que são incapazes de encontrar a porta da casa de Lot. Então, antes de concluir a terrível devastação, os anjos advertem Lot a que não olhe para trás; e, como é conhecido, quando sua esposa faz exatamente isto, é transformada numa estátua de sal. Não pretendo saber exatamente o que este tabu – também atestado em outros lugares – de olhar para trás, ou de olhar para a destruição, significava na imaginação do povo antigo. Gostaria de observar, no entanto, que o tabu contra a visão tem associações sexuais regulares na Bíblia (como, é claro, também as tem em termos psicanalíticos). "Ver a nudez" de alguém é o eufemismo bíblico modelar para o incesto. *Gn* 19 não usa essa expressão, mas essa turba violenta, ferida de cegueira diante de uma porta fechada, está, no fim de contas, procurando relações sexuais proibidas, e a história termina com um relato de incesto.

Esse episódio (19, 29-38) é apresentado numa forma desordenada de descrição indiferente dos fatos, na qual o narrador não fornece qualquer indicação sobre a possibilidade de o duplo incesto ser de qualquer modo condenado. Pensar nesta história apenas como uma representação satírica das origens duvidosas de dois povos inimigos, os moabitas e os amonitas, seria reduzi-la melancolicamente, pois a sua função mais importante é amarrar as várias conexões tematicamente significativas com o contexto imediato e maior da narrativa bíblica. Lot, lembramos, fugiu com suas duas filhas para a cidade de Zoar, que, como uma concessão especial por seu próprio mérito, foi a única das cidades da planície a ser salva da destruição. Mas Lot tem medo de permanecer em Zoar, talvez porque tema mais uma onda de cataclismo ou o comportamento sodômico por parte dos zoaritas, e então ele foge mais uma vez com suas filhas, agora para a região rochosa das colinas acima da planície do Mar Morto, onde se refugiam numa caverna. As filhas desesperadas – que, devemos lembrar, desfrutavam de uma condição pré-nupcial quando as encontramos pela primeira vez – concluem que o país inteiro, ou mesmo toda a Terra ('*erets*), tornou-se um deserto e que não restou nenhum homem para deitar com elas. Por duas noites consecutivas, então, embriagam seu pai e, a primogênita sendo a primeira, revezam-se na cama com ele e são fecundadas por ele. Por duas vezes nos é dito que "ele não sabia quando ela se deitou e quando se levantou", um jogo deformado sobre o sentido sexual do verbo, pois ele conhece suas filhas muito bem no outro sentido, conhece-as sem "vê-las"*. Assim, o homem que precipitadamente ofereceu suas filhas prometidas em casamento para um estupro coletivo é agora levado por logro a deflorá-las ele próprio.

* As formas verbais "saber" e "conhecer" foram traduzidas do original hebraico *ladaat*, que na Bíblia tem geralmente o sentido de "coabitar" (N. T.).

Essa estranha história alude às conseqüências do dilúvio, e essa conexão, por sua vez, nos pode ajudar a ver a razão pela qual ela é colocada justamente aqui na narrativa de Abraão. A destruição das Cidades da Planície é um segundo Dilúvio: lá, a humanidade iníqua foi destruída pela água; aqui, pelo fogo. É provável que a escolha, pelo autor, de um verbo gráfico sugira um elo concreto entre os dois: "O Senhor *fez chover sobre* Sodoma e Gomorra enxofre e fogo desde o Senhor, desde os céus" (19, 24). A construção da sentença através da repetição do termo "o Senhor" nas suas duas extremidades, e a estranha intrusão sintática de "desde os céus" bem no final, reforça este senso do cataclismo que chove do céu para a terra (não é um terremoto), semelhante à devastação anterior, quando as comportas do céu se abriram com violência. Depois do Dilúvio, Noé planta uma vinha e logo em seguida se embriaga. É justamente nesse estado de embriaguez que seu filho Cam "vê a sua nudez" (a expressão idiomática implícita no texto alusivo está explícita no texto referido) e incorre na maldição de seu pai quando Noé desperta de sua letargia de ébrio e descobre o que aconteceu. (Existe uma longa tradição de opinião exegética, seja correta ou não, segundo a qual aconteceu mais do que o simples ver: muitos dizem um ato sexual, e, na opinião de alguns exegetas medievais, castração, o que rapidamente nos lembra fatos análogos no mito grego.) Curiosamente, os dois irmãos de Cam cobrem seu pai nu com um manto, andando de costas em direção à tenda, tomando o cuidado de nunca olhar para trás, em contraste simétrico com a infortunada sra. Lot (veja *Gn* 9, 20-27).

A conjunção Noé-Lot traz-nos de volta à idéia de que a sobrevivência física do grupo ou da espécie está condicionada ao desempenho moral. Abraão, o homem que nessa mesma seqüência demonstrou seu senso de justiça ousando chamar o próprio Deus ao padrão de justiça, tem um filho com sua concubina e logo terá um segundo filho com sua esposa legítima. Em contraste com esses, Lot tem duas filhas, as quais, como filhas, figuram, ai!, na imaginação do antigo Oriente Próximo, mais como condutos da semente masculina do que como a verdadeira progênie em si. Começando com o filho que nascerá naquele ano, dos lombos de Abraão um grande povo nascerá, destinado a ser uma bênção, como Deus repetidas vezes prometeu, para todas as nações da Terra. As filhas de Lot, imaginando que um segundo cataclismo devastou toda a Terra, concluem desesperadamente que a única maneira de "manter a semente viva" (19,32,34) é procurar aquele que as gerou. A propagação é realizada, mas os dois povos que derivam dela carregarão a sombra de suas origens incestuosas na etimologia (popular) de seus nomes, Moab, "saído do pai", e Benei Ammon, "filhos de meus parentes"; e talvez sejamos estimulados a inferir que, em seu destino histórico, esses povos ficarão de alguma forma presos em seu próprio circuito interno, serão uma maldição e não uma bênção para as nações da Terra, em consonância com sua primeira geração.

Nesse ponto, talvez fosse lógico que a narrativa retornasse ao cumprimento da promessa de descendência a Abraão. Em vez disso, interpõe-se um novo episódio que toma um capítulo inteiro. Pela segunda vez, Abraão vai a um reino do sul, neste caso Gerar no Neguev e não no Egito e, como antes, tendo anunciado que Sara é sua irmã, descobre que ela é levada ao harém do soberano local. Ora, a mim me parece que constitui um exemplo da moderna estupidez afirmar, como se faz comumente, que, já que Abraão aparentemente não aprendeu nada com o quase-desastre anterior no Egito (*Gn* 12, 10-20), devemos concluir que se trata de uma duplicação de fontes, e uma particularmente canhestra, ainda por cima. Não creio que os escritores bíblicos estivessem preocupados com a verossimilhança narrativa congruente, ou, de algum modo, tais preocupações poderiam ser anuladas pelas exigências do que denominarei lógica composicional. Permitam-me ressaltar que eu mesmo não me estou reportando à questão de saber se este relato contado três vezes originou-se de fontes diferentes, mas sim ao efeito composicional que o autor obtém ao recontá-lo da forma como o faz. (Deixarei de lado a terceira ocorrência da história na narrativa de Isaac, *Gn* 26, por ultrapassar o âmbito da presente discussão.) Para nossos propósitos, é importante observar que a história de Abraão e de Sara em Gerar é notavelmente diferente da história de Abraão e de Sara no Egito, tanto nos detalhes quanto na estratégia da exposição. A maioria dessas diferenças, como iremos ver, resulta diretamente do fato de a história de Gerar ter sido colocada logo após a destruição de Sodoma e antes do nascimento de Isaac.

Em *Gn* 20, nenhuma menção é feita à fome como o motivo da estada temporária do patriarca no sul. E, na verdade, uma fome nessa altura, logo após ter sido prometido a Abraão o nascimento iminente de um filho varão e depois da destruição das Cidades da Planície, tiraria o equilíbrio da narrativa, introduzindo mais uma catástrofe um momento antes do grande cumprimento. Aqui não há referência à beleza de Sara, muito enfatizada em *Gn* 12, em conjunção com a concupiscência claramente implícita dos egípcios. Isso se deve talvez à sua idade avançada, nessa altura da narrativa, embora eu não tenha a certeza de que este seja um motivo que preocupasse o escritor. De qualquer modo, parece haver um desejo de deixar de enfatizar a atratividade sexual de Sara, para ressaltar o simples fato de que a futura mãe de Isaac é evidentemente apropriada para ser levada a um harém. Nessa versão, Abraão não dá, de início, qualquer explicação para o seu estranho estratagema de fazer Sara passar por sua irmã ("temendo que me matassem por causa de minha mulher"); isso só vem num ponto ulterior da história, na sua tentativa nervosa de justificar-se perante o ofendido Abimelec. A este, por sua vez, é atribuído um papel muito mais elaborado que o do Faraó na versão anterior, e os termos deste papel têm muito a ver, creio eu, com a história imediatamente anterior de Sodoma. Quando Deus aparece a Abimelec num sonho e ameaça-o de morte por haver tomado uma mulher casada (nisso, também, em contraste com o Faraó, cuja única comunicação vinda do Senhor é através de sofrimento físico), o rei de Gerar responde com indignação moral: "Matarás também uma nação inocente?" (20, 4). O hebraico aqui é um pouco peculiar, por motivos estratégicos que têm a ver com os dois capítulos anteriores. A palavra que designa inocente, *tzadik*, também significa justo, e é mesmo termo que Abraão usou quando desafiou Deus: "Longe de ti fazeres tal coisa, matares o justo com o ímpio, como se o justo fosse igual ao ímpio; longe de ti. Não faria justiça o Juiz de toda a terra?" (18, 25). É por esse motivo que Abimelec é ameaçado de morte e o Faraó não, para que Abimelec possa, num brilhante giro irônico, retomar o próprio tema moral recém-declarado de Abraão. Abimelec protesta contra a possibilidade de que Deus possa matar um "povo" (*goy*) justo, referindo-se aparentemente a si próprio. Como expressão idiomática, o termo é bastante anômalo, no hebraico bíblico, para ter estimulado emendas do texto, mas é uma escolha verbal que faz perfeito sentido contra o pano de fundo de Sodoma, onde foi destruído um povo totalmente perverso. A história de Gerar apresenta um paralelo inicial com a história de Sodoma, que imediatamente muda para um contraste abrupto. Aqui também, dois estrangeiros vêm à cidade, e um deles é prontamente agarrado com o propósito de satisfação sexual – mas, afinal, Sara se tinha feito passar por uma mulher solteira. No momento em que descobre a condição real de Sara, Abimelec fala como se fosse um modelo de consciência, e escrupulosamente evita tocá-la. Deus identifica Abraão a um "profeta" com poderes de intercessão, o que parece bastante apropriado logo depois que Abraão fez o grande esforço de interceder em favor de Sodoma. No entanto, o escrupuloso Abimelec sente, com alguma razão, que Abraão comportou-se mal: "Tu me fizeste coisas que não se devem fazer" (20, 9). Quando Abraão finalmente responde (à primeira contestação do rei ele permanece silencioso como se lhe faltassem palavras), ele expressa seus temores na seguinte linguagem: "Porque eu dizia comigo: Certamente não há temor de Deus neste lugar, e eles me matarão por causa de minha mulher" (20, 11). Abraão, em outras palavras, admite que Gerar é outra Sodoma, ao passo que o comportamento de Abimelec demonstra que o contrário é que é a verdade. Vê-se aqui que a questão do juiz e da justiça, levantada inicialmente no capítulo 18, envolve uma interação móvel entre povos e desempenho, sendo que todos os exemplos de justiça não são dados de modo nenhum por Abraão e seus descendentes. Por essa razão, o gado e os escravos que Abraão adquire no Egito, ao que parece, lhe advêm quase sem qualquer intervenção, exceto a divina (*Gn* 12, 16), enquanto aqui testemunhamos Abimelec atuando e anunciando atos de generosidade e acrescentando, além do mais, ao gado e aos escravos mil moedas de prata.

Há um último aspecto no qual a história de Gerar diverge da história do Egito: ele ilustra de maneira mais vívida o grande cuidado com que esse último episódio foi inserido na configuração da narrativa circundante. Sobre o Faraó nos é dito que o Senhor o afligiu e à sua casa com "grandes pragas" (*nega'im*). A natureza dessas pragas não é especificada, mas seguramente o termo é usado para reforçar o efeito de prenúncio em *Gn* 12, que antecipa mais diretamente do que *Gn* 20 a época em que os descendentes de Abraão, uma vez mais ameaçados de fome, habitarão no Egito e necessitarão de que Deus cubra de pragas o Faraó e seu povo, a fim de obter sua libertação da escravidão. (É muito conveniente que esse prenúncio da permanência no Egito, extremamente explícito no texto, seja colocado no próprio início das narrativas patriarcais.) Em Gerar, por outro lado, primeiramente não nos falam de pragas, mas apenas de uma ameaça de morte por Deus – significativamente, uma ameaça não só a Abimelec, mas a toda sua casa, ou talvez a todo o seu povo – o que, como indiquei, alinha a história com a destruição de Sodoma. Depois, já no final do episódio, é revelado que Abimelec e todo o seu palácio têm sofrido de fato de uma aflição desde que Sara entrou para o harém, uma aflição de caráter específico: "Porque o Senhor havia fechado todas as madres na casa de Abimelec, por causa de Sara, mulher de Abraão" (20, 18). As palavras seguintes do texto – devemos ter em mente que, no rolo antigo, não havia indicação da divisão entre capítulos, introduzida por uma tradição muito posterior – são: "E o Senhor lembrou-se de Sara, como havia prometido". Na verdade, dados o tempo passado do verbo e a inversão da ordem usual predicado-sujeito, a verdadeira implicação da afirmação, dentro das limitações paratáticas do hebraico bíblico, é algo como: Mas, em contrapartida, Deus lembrou-se de Sara como havia prometido.

A procriação aparece no início do *Gênesis* como um imperativo divino para a humanidade. Mas, à medida que o entrecho moral da história humana rapidamente se condensa nas vicissitudes mais terríveis da violência e da perversão, torna-se cada vez mais claro que a propagação e a sobrevivência são questões incertas, condicionadas, na visão dos escritores hebreus, ao comportamento moral. Essa idéia se manifesta pela primeira vez em escala global no episódio do Dilúvio, e vimos por que o escritor sente que é importante evocar o Dilúvio em sua representação das conseqüências de Sodoma. Justamente porque o escritor bíblico sente que a história é uma arena repleta de perigos, seria simples demais, fácil demais, a narrativa do pai fundador prosseguir ininterruptamente desde a promessa divina até à iniciação do povo eleito através do nascimento de um filho. Sobre o meio de realização são lançadas sombras insólitas. A primeira delas é biológica: a idade avançada do patriarca e, especialmente, da matriarca, que não possui equivalente em qualquer das demais cenas típicas de anunciação. Além disso, os três episódios intervenientes – a destruição de Sodoma, o ato de incesto entre Lot e suas filhas e a estada em Gerar – transmitem-nos um novo e premente senso de risco na história, que é o prelúdio tematicamente necessário ao nascimento do filho de Abraão. Da maneira como a imaginação bíblica o concebe, nem a existência nacional nem o ato físico da própria propagação podem ser dados como garantidos. Uma sociedade que rejeita os laços morais da civilização em troca da recompensa imediata de impulsos soturnos pode ser varrida num instante; o desejo básico de sobrevivência num mundo aparentemente desolado pode levar as pessoas a utilizar meios desesperados, a uma espécie de paródia cruel do mandamento primevo do "crescei e multiplicai"; o próprio perigo de uma sexualidade ilícita pode definhar um reino com a esterilidade, até que o homem favorecido interceda, a quase violação da mulher estrangeira seja transformada numa reparação principesca e as intenções inocentes do homem atribulado sejam publicamente reconhecidas. A cena histórica em que Isaac está prestes a entrar é, na verdade, cheia de vicissitudes, e ele e sua semente terão seus próprios problemas e em número suficiente, tanto em relação ao desempenho moral quanto à sobrevivência física.

Quanto ao desígnio maior de desdobramento da literatura bíblica, Sodoma, firmemente localizada entre a enunciação da promessa de Aliança e o seu cumprimento, torna-se o grande modelo admonitório, o mito de um destino coletivo terrível, antitético ao de Israel. Os escritores bíblicos raramente perderão de vista a horrível possibilidade de que Israel possa tornar-se uma Sodoma. Quando Isaías, depois de começar a sua profecia chamando mordazmente Israel os "filhos" que traíram seu pai, continua a comparar o povo a Sodoma e Gomorra, creio que o que se pretende é trazer à nossa lembrança a grande tensão existente na interação entre *Gn* 19 (Sodoma) e *Gn* 17-18 (filhos). De maneira ainda mais chocante, quando deseja figurar nos Benjaminitas de Gibeá uma sociedade completamente depravada, o autor de *Jz* 19 adota uma estratégia de alusão elaborada, tomando emprestado não apenas a situação narrativa dos dois estrangeiros acolhidos pelo único habitante hospitaleiro de uma cidade violentamente hostil, mas também reproduzindo quase literalmente seqüências inteiras de frases e diálogos de narrador que aparecem em *Gn* 19. No caso, o anfitrião tem apenas uma filha virgem para oferecer à turba em lugar do visitante masculino exigido, e, assim, completa o grupo de duas mulheres ofertadas, acrescentando a concubina do visitante. Sendo essa uma versão de Sodoma sem a intervenção divina, o desenlace é mais impiedoso. O visitante não é um anjo em qualquer sentido do termo e, em vez de ferir os agressores de cegueira, tira sua concubina para a rua, onde ela é estuprada coletivamente a noite toda. Ao amanhecer, encontra-a agonizante na soleira da porta e, aliando o ato real de violência a um ato simbólico, retalha seu corpo em doze pedaços, que envia às tribos de Israel a fim de uni-las contra Benjamim. Como seria de esperar, o escritor extraiu do episódio de Sodoma não só o entrecho horrendo, mas também as suas principais ramificações temáticas. O episódio de Gibeá, como o de Sodoma[3], é precedido de dois outros de hospitalidade: a generosa e no final importuna hospitalidade do pai da concubina ao casal em desavença, e depois a hospitalidade malfadada do velho – que, como Lot, não é natural do lugar, mas um residente estrangeiro – em Gibeá. A depravação da cidade provoca a sua destruição, não através de meios sobrenaturais, mas numa guerra civil sangrenta (*Jz* 20). E aqui também o que está finalmente em questão é a sobrevivência do grupo. Assim, em *Jz* 21 temos a história peculiar em que as tribos de Israel fazem um juramento de não dar suas filhas em casamento aos benjaminitas, o que transforma os últimos em equivalentes masculinos das filhas de Lot, as quais temem "não haver sobre a Terra um homem que possa ter relações sexuais com elas". As tribos então arrependem-se de seu juramento, por temerem que "uma tribo seja cortada de Israel", e desse modo são forçadas a arquitetar dois estratagemas um tanto bizarros, o primeiro deles violento, a fim de prover noivas aos benjaminitas. Não se tem certeza se o próprio final da história de Lot, no qual uma copulação tabu gera uma descendência ambígua, é considerado uma parte do padrão de alusão. De qualquer modo, esse extraordinário exemplo de Sodoma em escala reduzida, onde uma corrupção difusa dá início a um processo de sublevação que põe em dúvida o futuro de um povo, fornece uma conclusão apropriada ao livro *Juízes*: um relato do período caótico em que "não havia rei em Israel, porém cada um fazia o que parecia reto aos seus olhos".

O que se pode inferir do exemplo de Sodoma sobre a forma como se ajustam as várias partes, pequenas ou grandes, da narrativa bíblica? A tendência de mais de um século de análise acadêmica tem sido fortemente atomística, encorajando-nos a imaginar que a Bíblia constitua uma grande miscelânea dos materiais mais díspares e às vezes contraditórios. Em termos estritamente literários, essa é uma conclusão que simplesmente não se mantém a uma análise acurada dos diversos textos e suas interconexões. Existem, evidentemente, elementos de superposição e de incongruência entre textos diferentes; mas não se

---

3. Por um astuto trabalho apresentado num seminário por Nitza Kreichman, fui alertado pela primeira vez para o fato de que o episódio da hospitalidade de *Gn* 18 é parte do padrão de alusão.

deve confundir toda alusão ou recorrência de uma convenção com o vacilar de uma transmissão antiga, e o que às vezes é chamado "contradição" pode revelar-se ou a imposição de normas provincialmente modernas de coerência ou, como no caso da história da noiva-irmã, pode ser uma incoerência que o escritor considera secundária ao interesse primário da composição temática. Na discussão anterior, evitei o termo "estrutura" porque pode sugerir uma solidez e uma simetria arquitetônicas não totalmente características da narrativa bíblica. *Tom Jones* é um livro que preeminentemente tem uma estrutura; duvido que se possa dizer o mesmo do *Gênesis*, sem falar da seqüência narrativa maior que se estende do *Gênesis* ao final dos *Reis*. Entretanto, o modo como o episódio de Sodoma se volta multifariamente até a narrativa de Abraão e, mais longe ainda, ao Dilúvio e basicamente até ao episódio da criação, e avança até à história futura de Israel sugere que exista um desígnio elaborado embora irregular neste grande complexo de histórias. Talvez fosse melhor pensar nele menos como uma estrutura do que como uma textura primorosamente concebida, na qual fragmentos aparentemente díspares são entretecidos, onde segmentos justapostos produzem entre si um padrão que será repetido em outros lugares com complicadas variações.

Talvez isso não pudesse ter ocorrido de maneira diferente para os escritores hebraicos. A realidade histórica e moral era, no sentido que eles tinham dela, demasiado prolixa, demasiado evasiva, mutável de maneira precipitada demais, para prestar-se ao esquemantismo de uma estrutura altamente definida. Ao mesmo tempo, não havia na realidade nada puramente fortuito, nada intrinsecamente episódico: tudo, por mais desconcertante que fosse, estava basicamente ligado a tudo o mais no grande movimento do propósito de Deus através do difícil veículo da história. Permitam-me sugerir que essa tensão entre a prolixidade desconcertante do desígnio aparente e do profundo é elaborada formalmente na própria textura da narrativa bíblica, no modo como cada uma de suas aparentes unidades descontínuas é ligada ao que aconteceu antes e ao que acontecerá depois. É muito fácil admirar a maestria da narrativa bíblica dentro dos limites de um episódio, e muita análise perspicaz foi dedicada, nos anos recentes, exatamente a essa tarefa. É igualmente importante, no entanto, ver como o episódio é propositadamente entretecido em padrões mais amplos de motivos, de símbolos e de temas, palavras-chave, frases-chave e entrechos, pois, de outro modo, somos capazes de ler de forma errada os episódios individuais e, na melhor das hipóteses, apreender de maneira imperfeita o horizonte mais amplo de sentido, em direção ao qual os escritores bíblicos pretendem conduzir-nos.

II. Escritores Judeus Modernos

1. Um Romance do Mundo Pós-Trágico

> *O romancista de hoje [...] não pode de modo nenhum acreditar em [...] seu mundo finito. Isto é, Buchenwald e Auschwitz, a curva populacional da China e a bomba de hidrogênio tornam improvável, inverídica, a existência de Highbury ou da Província de O.*
>
> MARY MCCARTHY, *The Humanist in the Bathtub*

É possível que alguém para quem os romances têm importância fique perturbado às vezes com o tipo de dúvida que Mary McCarthy levantou, alguns anos atrás, num de seus ensaios mais inteligentes e inquietantes, "The Fact in Fiction". Num século de atrocidades históricas quase inimagináveis, o que, afinal, se deve fazer com uma forma literária que possui um senso comum tão resoluto, preocupada como esteve tradicionalmente com a representação realista da experiência comum, com o potencial de revelação presente em trivialidades, com o aspecto bisbilhoteiro do relacionamento humano, com as pequenas frustrações, com a sordidez ou a mera banalidade de cenas locais e de relações pessoais? Mary McCarthy expõe com dolorosa agudeza esse dilema do romancista contemporâneo: "Se ele escreve sobre sua província, sente sua falta de verossimilhança; se ele tenta, por outro lado, escrever sobre pessoas que fazem abajures de pele humana, como a infame Ilse Koch, sente ainda mais a falta de verossimilhança do que está narrando".

A obra de S. I. Agnon oferece um exemplo particularmente instrutivo das dificuldades com que se depara a imaginação no romance em tratar da realidade histórica moderna, porque Agnon mantém com o século XX uma dualidade bastante peculiar e desconcertante.

Estilisticamente, é claro, ele empenhou-se em apartar-se de seu próprio tempo, insistindo num hebraico meticulosamente clássico, mesmo, por exemplo, na linguagem do membro de um *kibutz* ou no diálogo de um homem contemporâneo com sua amante: uma linguagem que remonta a muitos séculos, aos textos constitutivos da tradição rabínica. Tanto no início quanto no final de sua carreira, Agnon escolheu às vezes escrever sobre o que era, literalmente, a sua província (Galícia), antes que as suas formas familiares de vida judaica fossem obliteradas pela investida furiosa da história moderna. A Buczacz da virada do século continuou sendo um dos cenários favoritos de suas obras curtas, em seus anos de declínio, que ocasionalmente convidam à reminiscência piedosa; além disso, seu primeiro grande romance, *Hachnassát Kalá* (*O Pálio Nupcial*), transporta-nos de volta à Galícia do século XVIII. Não obstante, acredito que Agnon não poderia ter escrito nada sem que, de alguma forma, usasse sua obra para sondar os abismos da história moderna, pois a história moderna constituía um desafio impiedosamente intransigente à validade da linguagem, dos valores e das tradições a partir dos quais ele moldava a sua ficção.

Ironista e brilhante fabulista, Agnon preferiu enfrentar a ameaça da história recente de forma oblíqua, substituindo muitas vezes o terror bruto da experiência contemporânea por vários tipos de imagens simbólicas e insinuações em tom de parábolas, que poderiam ser mantidas a uma certa distância intelectual. Assim, o livro que me parece seu romance mais original e mais poderoso, *T'mol Shilshom* (*Ontem e Anteontem*), embora concebido e escrito enquanto roncavam os fornos crematórios, adotou por cenário o período histórico longínquo e comparativamente calmo da Palestina na primeira década do século. Entretanto, como argumentou Arnold Band, a visão totalmente fria do homem e de Deus que esse romance apresenta pode ser, afinal, uma resposta direta ao pesadelo dos anos hitleristas. A grotesca "morte de cão" do protagonista, descrita em horrendos detalhes, não é de modo nenhum um símbolo do destino da judiaria européia, mas acode ao espírito como uma analogia, despertando no leitor um sentimento de ultraje e consternação impotente, que seriam respostas apropriadas a uma catástrofe sem sentido que não é apenas individual, mas histórica. Agnon pode produzir esse duplo efeito muito mais facilmente, porque um dos estímulos centrais de *Ontem e Anteontem* é desmentir as teodicéias, e Deus enquanto objeto de crítica radical permanece convenientemente intertemporal. Quando uma mulher piedosa grita angustiada no final do livro: "Afinal, sabemos que são muitas as mercês do Sagrado, mas por que Ele não tem mercê de nós?", as suas palavras, pronunciadas num tempo ficcional, cerca de 1910, ressoam numa paisagem real de 1945, cinzenta das cinzas humanas e coalhada de sepulturas.

Um romance tão soturno e tão inflexível quanto *Ontem e Anteontem* dificilmente poderia ser chamado uma fuga, mas ocupa-se da história contemporânea apenas indiretamente, enquanto no primeiro plano focaliza os processos menos apocalípticos e mais manejáveis de declínio histórico: a decadência e petrificação do judaísmo ortodoxo, a erosão dos valores judaicos tradicionais no novo meio secularista, a desorientação mutilante de um indivíduo liberto das amarras do Velho Mundo e incapaz de encontrar-se no Novo. A Agnon restou tentar uma representação direta e extensa da Jerusalém contemporânea que ele conhecia, quando ela era dominada pela violência histórica que a cercava imediatamente e abalada pelas ondas de choque de um movimento de violência muito mais amplo que varreu a Europa de 1933 a 1945. Foi essa a principal tarefa que o ocupou – às vezes, somos tentados a dizer, como uma espécie de trabalho de Sísifo – nos últimos vinte anos de sua vida. Em 1949, quatro anos após a publicação de *Ontem e Anteontem*, apareceram no *Ha-aretz Yearbook* os primeiros capítulos de um novo romance de Agnon, *Shira*. De 1949 a 1955, cerca de duzentas páginas do romance apareceram no mesmo periódico anual. Depois disso, cessou a publicação de partes da obra em andamento, até que em 1966 apareceram mais dois capítulos. Durante todo esse período, como seria de imaginar, houve um zunzunzum contínuo no mundo literário israelense sobre a extensão do romance, sua direção final, sobre a suposição, insinuada vez por outra por Agnon a alguns visitantes, de que uma imensa *magnum opus* jazia acabada numa de suas gavetas, à espera de que o capricho do mestre a revelasse ao mundo. Segundo o testemunho da filha de Agnon, ele deixou de lado o manuscrito em meados dos anos 50 e voltou a trabalhar nele seriamente nos últimos anos de sua vida. Durante a sua doença final, deu instruções para a publicação do manuscrito, indicando alguns capítulos que deviam ser eliminados e outros a serem incluídos. Um ano depois de sua morte, *Shira*, seu romance mais longo e mais contemporâneo em termos de cenário e de personagens, foi finalmente publicado em Israel. O romance continua sem um final e em determinados pontos ainda necessita da edição do autor (particularmente, no excesso de digressões anedóticas); não obstante, mesmo com as suas imperfeições, é um livro constrangedor – às vezes, até obsessivo – que enfrenta de forma direta alguns problemas que em suas outras obras Agnon apenas mencionava.

A matéria de *Shira* se parece muito mais com a do romance europeu tradicional que a de qualquer outra obra longa da ficção de Agnon. O meio social em que se desenvolve a ação é o que mais se aproximava de uma burguesia ostentada por Jerusalém às vésperas da Segunda Guerra Mundial – a comunidade acadêmica extremamente germânica da Universidade Hebraica, com sua aguda consciência de classe e de posição social, seus rituais de convenções sociais, suas contendas e intrigas, seu constante rebuliço institucional, tudo isso visto aqui sob uma luz cáustica e satírica. A ação em si gira em torno do mais tradicional dos temas de romance, o adultério, embora, como tentarei mostrar, Agnon faça coisas bastante peculiares com esse tema. O protagonista, Manfred Herbst, um professor assistente de história bizantina, é um acadêmico capaz da mais desinteressada dedicação a seu trabalho, mas, embora acumule interminavelmente notas e referências e fichas de arquivo para aquele segundo grande livro, um estudo do enterro dos pobres em Bizâncio, o livro em si nunca se materializa e o cargo máximo de sua carreira permanece uma miragem distante. Herbst é decididamente uma figura outonal, como sugere o seu sobrenome alemão, com o espírito extenuado por anos de ramerrão acadêmico e doméstico: o leitor se surpreende quando sabe, quase no final do romance, que ele tem apenas 43 anos, o que quer dizer que tinha uns 40 quando tem início a ação. "Ação" é um termo um tanto quanto exagerado, uma vez que, quando vemos Herbst pela primeira vez, ele e sua esposa Henrietta modorram numa sala de espera de uma maternidade. Herbst observa sua esposa grávida cochilar entre as contrações, estudando suas feições murchas e distorcidas, e depois ele próprio cabeceia. É despertado pela entrada de uma enfermeira chamada Shira, "alta, masculina, usando óculos que se projetavam impudentemente à frente de seus olhos, fazendo ressaltar as sardas em suas faces cinzentas como se fossem cabeças de prego numa velha parede". Dificilmente alguém pensaria nela como uma atraente companheira de cama, mas dentro de algumas horas, enquanto Henrietta, presumivelmente, está dando à luz, Herbst encontrar-se-á sozinho com Shira no quarto dela, onde ela, vestida agora numa blusa fina e calças azuis apertadas, estranhamente se converte numa presença sexual poderosa e leva rapidamente o tímido acadêmico de um toque de carícia a um abraço nu. O sentimento de culpa que Herbst tem depois do encontro é previsível, e assim as suas subseqüentes visitas a Shira são intermitentes, ambivalentes, impulsivas. Ela, de seu lado, consente em manter relações sexuais com ele apenas mais duas ou três vezes, preferindo, por inescrutáveis razões, tantalizá-lo a satisfazê-lo. Vez por outra, Shira desaparece sem deixar vestígio, deixando-o com sua obsessão por ela, com seus sonhos violentamente eróticos, com a lembrança de um verso hebraico que se repete insistentemente em sua mente: "Uma carne como sua carne tão cedo não se esquecerá".

Essa exploração da pungência da experiência banal se conforma grandemente às tradições do romance realista, e o enredo em si – a tentativa fútil de escapar da aridez da vida burguesa por meio da busca de um fogo-fátuo de paixão – é virtualmente o entrecho arquetípico do romance europeu clássico. O que torna *Shira* crucialmente diferente é o fato de que esse drama doméstico familiar é representado contra o pano de fundo intruso de um mundo em chamas. Ao redor de Herbst e de seus livros, da esposa e da amante, os árabes estão matando judeus. (Eram dias sombrios, nos anos entre 1936 e 1939, em que bandos de árabes faziam ataques mortais contra a colonização judaica, durante os quais a Haganá seguia a política de *havlagah*, ou não-represália.) Um menino judeu assassinado pelos árabes é mencionado na primeira página do romance; mais tarde, o próprio Herbst é quase atingido por uma bala de um franco atirador, e lembranças dolorosas de matanças intermináveis são repetidas vezes impostas a ele de diversas maneiras. A uma distância geográfica maior, Hitler está preparando seus campos de morte. Jerusalém está literalmente inundada de refugiados, muitos deles alquebrados interiormente pela separação dolorosa e violenta de seu antigo modo de vida. Henrietta Herbst envelheceu prematuramente por causa do esforço frenético e inútil de correr de repartição em repartição para conseguir vistos de imigração para seus familiares, de outro modo condenados na Alemanha. Ironicamente, Herbst, o homem de cultura sedentária e paixão caprichosa, chefia um lar de ativistas: sua esposa tentando interceder junto às autoridades, uma filha adulta indo para um *kibutz*, a outra tornando-se terrorista, enquanto ele, como a maior parte do mundo sob a sombra do apocalipse, continua a ler, a escrever, a pensar, a meditar e a ansiar.

Chamei o enredo de *Shira* de "drama doméstico", mas, na realidade, Agnon esforça-se por enfatizar a extrema ausência de objetivo dos eventos narrados, destruindo assim, cuidadosamente, qualquer urgência dramática que possam gerar eventualmente. A história se decompõe numa série de volteios deliberadamente repetitivos, desorientados: Herbst sentado à sua mesa, vacilante em meio às suas pilhas de anotações; Herbst perambulando pelas ruas de Jerusalém, rodeando o apartamento de Shira, agora sempre trancado e vazio; Herbst repousando em sua mente a lembrança da carne macia que tão cedo não será esquecida. Evidentemente, essa qualidade de Herbst, a de se deixar levar, é função em parte do seu caráter indeciso, mas o próprio narrador conecta-a basicamente ao impacto geral da experiência pública sobre a vida particular numa era de atrocidades históricas: "Mesmo depois que as guerras começaram a surgir uma após outra, com matança em cima de matança em cima de assassinato, encolhendo o valor do homem, esgotou-se o poder das qualidades morais, embotou-se o ferrão do ódio, perdeu-se o gosto melífluo do amor, e tudo segue o impulso do momento". A abrangência desse catálogo é digna de nota. Todas as qualidades morais (*midot*), boas e más, perderam a sua premência; o ódio, como o amor, é insípido. A questão não é, como no clichê, que o homem se tornou um monstro, mas, antes, que sua vida moral não tem mais importância para ele numa era de massacres globais. Uma Emma

Bovary ou uma Ana Karênina poderiam acreditar apaixonadamente em suas ilusões e comprazer-se ardentemente nelas; Manfred Herbst vive num mundo em que os sonhos grandiosos são absurdos, e o pretenso indivíduo heróico já não é capaz de desafiar moralmente a ordem aceita das coisas erguendo contra ela uma visão intensa de satisfação pessoal. Em marcante contraste com o herói do romance tradicional, Herbst não tem quaisquer ilusões acerca de sua amante. Encontra-a por acaso, é atraído por ela inteiramente pelo "impulso do momento" (*yetzer ha-sha'ah*), e depois sente não amor, mas uma obsessão erótica amarga e perturbadora. Além disso, mesmo em seu sentimento de culpa, ele se pergunta se toda a aventura realmente significa algo, se as conseqüências morais não são unicamente uma questão de convenção social. O "gosto melífluo do amor" aparece uma vez no romance, retrospectivamente, quando Henrietta relembra o idílico banho que ela e Herbst tomaram nus na época de seu namoro em Berlim, quase um quarto de século atrás; mas tal amor edênico, evidentemente, não tem lugar nos "anos de guerra" que servem de cenário para a ação principal do romance.

Não obstante, peculiarmente, subsiste na experiência pessoal de Manfred Herbst, por mais circunscrita e frustrada que seja, um valor humano obstinado, algo que em curtos momentos parece quase precioso. A política para Herbst (e, presume-se, para Agnon) é um domínio de futilidade incontrolável, inimaginável, inumana. "Pela política", ele declara amargamente a uma jovem cujo pai foi assassinado pelos árabes, "morre-se e pela política se é assassinado, pela política se adoece e pela política se proferem discursos e se disparam tiros". Embora Herbst tenha dúvidas ocasionais sobre sua própria postura, a política simplesmente não é um domínio com que ele possa lidar; por maior que seja a insistência com que ela se choca contra ele, Herbst continua sendo uma pessoa completamente privada. O homem, mais enquanto criatura privada do que enquanto animal estritamente político, é impelido por três impulsos antiquíssimos: buscar conhecimento, produzir beleza e gratificar seus sentidos. Esses três impulsos são muito fortes em Herbst e é por meio de um discernimento da dinâmica da inter-relação que eles mantêm que Agnon consegue articular em *Shira* uma afirmação extremamente sugestiva sobre o lugar da ficção, e da arte, numa era de desastre endêmico.

À primeira vista, a busca do conhecimento – e, em sua maior parte, é o conhecimento da Antigüidade longínqua – nesse romance pode parecer apenas grotesca. Ocasionalmente, a sátira cruelmente sardônica é bastante explícita: "Wechsler está sentado como de hábito fazendo seu trabalho, classificando talismãs e selos e insígnias de família e colocando-os em saquinhos e deixando que Hitler mate e que os judeus se salvem". Ora, ao interpretarmos a crueldade aqui, é importante notar que Agnon distingue crucialmente entre a busca desinteressada do conhecimento e a exploração de um suposto conhecimento para propósitos egoísticos. A profissão acadêmica aqui, como tantas outras profissões, está cheia de carreiristas de propósito único, oportunistas e charlatães, jogando todos os velhos jogos acadêmicos com notas de rodapé adulteradas, apropriações não-autorizadas de colegas e estudantes, uso seletivo de documentos e hábeis reapresentações de idéias desgastadas. A lâmina afiada da sátira de Agnon é dirigida não contra o empreendimento acadêmico como tal, mas contra essas manifestações dela que são realmente uma espécie de vigarice e não uma busca de conhecimento. Wechsler, por exemplo – seu nome significa "cambista" ou "corretor" – fez uma brilhante carreira graças à descoberta e à pretensa decifração de um pedaço de couro antigo no qual aparecem três letras fragmentárias tão obscuras que não se tem certeza se devem ser lidas da direita para a esquerda ou da esquerda para a direita.

Em contrapartida, o livro faz repetidas alusões ao professor Neu, mestre de Herbst na Alemanha, tachando-o de modelo de uma mente de extrema percepção, inabalavelmente devotada à descoberta da verdade, e sente-se de modo nítido no romance que tal devoção é uma das atividades preeminentemente humanas, que se torna em seu estado puro uma realização moral por si só. Antes do ponto em que a narrativa se interrompe, Herbst encontra um médico pesquisador que se infectou voluntariamente com uma doença muito perigosa a fim de descobrir a sua cura. Profundamente perturbado, Herbst se pergunta se ele e seus colegas humanistas seriam capazes de tal sacrifício pelo conhecimento que buscam e conclui que existem homens raros como Neu que não seriam reprovados nem mesmo nesse teste. Para aqueles que podem levar a cabo o empreendimento acadêmico com tal espírito, a sua persistência nele, mesmo num momento de cataclismo histórico, não é um ato de particularismo egoísta, como o de Wechsler, mas a afirmação de um valor básico de civilização.

Agnon está preocupado, no entanto, em sugerir os últimos limites do conhecimento histórico, o que é muito diferente de satirizar os praticantes interesseiros de uma historiografia espúria. Uma das razões do fracasso de Herbst em concluir seu livro é seu senso altamente honesto do caráter tentativo de todo o nosso conhecimento do passado. Uma inteligência magistral como a de Neu pode, depois de pesquisas laboriosas e fatigantes, iluminar regiões inteiras do passado que até então estavam imersas na escuridão – será que Agnon tinha em mente seu amigo Gershom Scholem? – mas persistem dúvidas inoportunas sobre a necessidade ubíqua de trabalhar a partir de testemunhos em parte hipotéticos, de documentos incompletos, de cadeias de inferências e de hipóteses possivelmente falhas. Além disso, vê-se que a investigação histórica, mesmo quando é desinteressada, envolve um tipo especial de auto-absorção sem um legítimo autoconhecimento. Parece prometer, mas nunca realmente transmite, o tipo de verdade de que se precisa para viver num momento de mutilação universal. Isso é claramente sugerido pela própria longinqüidade dos materiais estudados por esses acadêmicos de Jerusalém (patrística, história bizantina, vestígios de literatura proto-sinaítica); a própria preocupação de Herbst com práticas antigas de sepultamento sugere obviamente que o passado disponível à pesquisa histórica está morto e enterrado literal e figurativamente.

Contra essa concepção ampla que vê nos limites da erudição uma fonte de verdade existencial, a literatura imaginativa é apresentada no romance de forma quase polêmica como uma alternativa à maneira acadêmica. Há aqui, mais do que em qualquer outra obra de Agnon, uma discussão direta do valor e da natureza da literatura. Em *Shira* abandona-se a característica de independência do *corpus* da literatura européia, simulada por Agnon: Goethe, Rilke, Stefan George, Strindberg, Balzac, Tolstói estão nos lábios e nas mentes dos personagens e do narrador; o próprio Herbst foi um preocupado estudioso da literatura clássica e é um ávido leitor da ficção e poesia contemporâneas. Mais de uma vez, o romance tece comentários irônicos sobre as multidões que lêem literatura por todos os motivos errados: para edificar-se moralmente, para absorver uma "mensagem" grandiosa, para entender os problemas sociais, pela revelação de mistérios eróticos, pela excitação do enredo, pela riqueza da linguagem ou simplesmente para passar o tempo. Para Herbst, por outro lado, "a essência de qualquer livro estava na força de sua poesia, no espírito vivo que ele incorporava, em seu poder imaginativo, em sua verdade". Não é por acidente que esta série deveria começar com poesia (*shira*) e terminar com verdade (*emet*), e podemos apreender algum indício do sentido concreto desses termos amplos e sonoros, se lembrarmos que são o equivalente do alemão *Dichtung und Wahrheit*. Esse é, naturalmente, o título da obra de velhice de Goethe, não uma afirmação teórica mas uma autobiografia, um experimento literário elaborado de autoconheci-mento, um estudo do fazer de um poeta que, incidentalmente, se divide em quatro partes, a exemplo do romance de Agnon. A história de Manfred Herbst também acaba sendo, de modo um tanto surpreendente, sobre o fazer de um poeta. Quase na metade do livro, o historiador diligente, refletindo sobre as intrigas da corte bizantina, é acometido da súbita percepção de que deve fazer delas não mais um artigo para os jornais científicos, mas uma tragédia. Comicamente, ele agarra um caderno e começa a rabiscar uma bibliografia sucinta sobre a tragédia: a *Poética* de Aristóteles, a *Antígona* de Sófocles, *Wilhem Meister,* Lessing, Herder, Schiller, Schlegel, Jean Paul. Já se pode adivinhar que Herbst nunca escreverá realmente a tragédia, embora os motivos de seu fracasso residam menos nos hábitos de seu trabalho acadêmico do que na reticência de sua imaginação moral.

Somente depois do seu envolvimento com Shira é que Herbst concebe a idéia de tornar-se um escritor imaginativo, e o leitor do romance dificilmente pode esquecer que o nome dela significa "poesia". Ainda assim, paradoxalmente, Shira é das "musas" a mais destituída de poesia, não apenas em sua maneira agressiva e sua aparência geralmente desleixada, mas no desprezo manifesto que revela pela literatura, pelos literatos e por todo e qualquer sublime esteticismo. Não fossem os pensamentos perturbadores sobre Shira, observa o narrador, Herbst seria capaz de escrever a sua tragédia (que é, naturalmente, outro tipo de *shira*, de poesia). Entretanto, é muito apropriado que essa amante cruel e elusiva use o nome de poesia, pois a relação excitante e exasperante que ela oferece a Herbst é a passagem para o difícil mundo da criação artística, um mundo de experiência imperiosa, apaixonada, de confrontação nua com o eu e o outro, fora das regras e restrições e estruturas de proteção da sociedade burguesa. *Shira* está preocupado mais abertamente com a sexualidade do que qualquer outro romance de Agnon, porque é um estudo da conexão íntima e intricada entre sexualidade e criatividade artística, e entre ambos esses termos e autoconhecimento.

Nesse contexto, é importante observar que a sexualidade que opera no relacionamento entre Herbst e Shira e se ramifica em vários sonhos e inclusões narrativas ao longo do romance é, segundo os padrões convencionais, distorcida. A masculinidade de Shira, como vimos, é notada no momento em que ela entra no romance, e Herbst percebe de imediato que ela o atrai exatamente porque personifica vividamente a ambigüidade radical dos papéis e identidade masculinos e femininos. Quando Shira troca seu uniforme de enfermeira por "roupas de homem" (as calças azuis), ele descobre que sua feminilidade de repente se realça. Mais tarde, em sonho e na vida real, Herbst encontrará outras mulheres que confundirá com homens. No extremo feminino do espectro, Lisbeth Neu, uma sobrinha do grande professor e a alternativa delicadamente idealizada de Shira nas fantasias de Herbst, desperta seu desejo por causa da sombra de buço em seu lábio superior. "Mulheres com um leve sinal de masculinidade", observa Herbst a respeito de Lisbeth, "podem levar-nos à loucura. Vejam Shira, ela parece meio-homem, mas, quando a conhecemos melhor, percebemos que ninguém é mais feminina do que ela". No grande sonho que conclui o Livro I do romance, os opostos masculino e feminino, erudição e poesia, Herbst e Shira, Shira e Lisbeth Neu, todos se fundem fantasmagoricamente. Shira, em suas calças azuis da primeira noite, aparece diante do acadêmico de uma forma tão ameaçadora que seus dentes começam a bater e ele exclama: "Se você insiste em viver a minha vida, você terá de transformar-se num homem". Herbst, ainda em sonho, encontra depois um colega dos tempos de estudante, um especialista nos clássicos, que "costumava corrigir as traduções das tragédias gregas feitas por Willamowitz". Os dois começam a conversar sobre "os determinativos dos gêneros na língua e, especialmente, sobre aquelas palavras que são masculinas numa língua e femininas noutra. Herbst queria mencionar a palavra *poeta* na interpretação de Neu". Na seqüência final do sonho, Herbst passa por uma série de frustrações grotescas e no final compra uma faca de prata para dar de presente no casamento de Shira com Lisbeth Neu.

Tudo isso, naturalmente, reflete as neuroses de Manfred Herbst, porém ainda mais interessante é o que sugere sobre a relação entre a experiência erótica e a arte. O domínio em que Shira introduz seu amante é um domínio em que são negados todos os papéis fixos. O meio burguês-acadêmico de Herbst, por contraste, é uma esfera em que os papéis pessoais e profissionais, sem falar da posição, são totalmente determinados e dificilmente devem ser questionados. A própria mente acadêmica tende a trabalhar com uma lógica de sala de aula que exclui a identidade paradoxal de antinomias. Assim, na gramática formal, masculino e feminino excluem-se um ao outro, embora a língua em si, refletindo realidades humanas mais complexas, apresente exceções anômalas às regras, e um estudioso da estatura de Neu é capaz de perceber que a palavra greco-romana que designa poeta ultrapassa crucialmente as demarcações comuns de gênero e de morfologia. O reino da poesia – no hebraico de Agnon, *piyut* (masculino) ou *shira* (feminino) – é um domínio da imaginação polimórfica e distorcida, que pode assumir um ou outro sexo, qualquer identidade, as mais sublimes e as mais degradantes das relações e das atividades. É uma esfera de existência muito mais perigosa, mais perturbadora do que o mundo quadrado do burguês estável, mas justamente por esse motivo ele pode abranger uma parte maior da verdade, embora também imponha exigências severas ao indivíduo que quer atingir essa verdade. No mundo de *shira-piyut*, o sexo é um mergulho no desconhecido. No acadêmico-burguês, é um ato utilitário de procriação biológica: Henrietta engravida nas duas ocasiões do romance em que Herbst manteve relações sexuais com ela; ele habitualmente chama-a de "mãe"; e quando, no meio do romance, ele se aperta contra ela na cama, gritando desesperadamente "mãe, mãe", percebemos que esse tipo de sexo é uma fuga da experiência e um retorno ao útero.

Um detalhe altamente significativo no sonho de Herbst que ainda não comentei é sua escolha de uma faca de prata como presente de casamento para Shira e Lisbeth Neu. Na vida interior reprimida desse acadêmico pacato, há uma associação progressivamente insistente entre sexo e violência. Não muito depois de seu primeiro encontro com

Herbst, Shira tem um encontro sadomasoquista com um certo engenheiro cortês, armado de um chicote requintadamente atraente. Quando Shira começa a relatar essa experiência a Herbst em detalhes langorosos, ela pudicamente o desafia: " 'E você, meu menininho querido, diga-me, você não é capaz de bater numa mulher?' Herbst, chocado, respondeu que não, sentindo que estava prestes a erguer sua mão e dar-lhe um tapa no rosto". Mais tarde, Herbst começará a ter pesadelos recorrentes sobre estupro e esquartejamento. Na sua versão mais significativa, Shira vai dar um passeio a pé pela praia com o engenheiro – agora um substituto de Herbst no sonho – que, privado de seu chicote, é forçado a fugir e observar de um esconderijo, enquanto Shira é apunhalada e estuprada por árabes, e a inesquecível "carne como sua carne" da poesia, relembrada no sonho, é reduzida a carne de açougueiro.

A implicação "política" dessa descida ao eu inferior é a mesma que emerge do retrato sexual de uma moça pacifista em *Sou Curioso*, embora o romance esteja totalmente isento do didatismo pesado do filme sueco. Herbst, inclinado ao pacifismo tanto por sua experiência anterior como por temperamento, foi envolvido perifericamente na Brit Shalom [Aliança da Paz], o movimento binacionalista pacifista dirigido por Martin Buber, Judah Magnes e outras figuras da Universidade Hebraica, mas ele se recorda de outros tempos, quando teve de "patinhar no sangue até os joelhos" como um soldado alemão na Primeira Guerra Mundial. Na realidade, o pacifismo para os judeus, numa época de ataques sangrentos contra judeus, é visto claramente como uma retirada suicida da história, no interesse de uma postura autocongratulatória de moral mais elevada. Entretanto, no romance, de qualquer modo, Agnon não está interessado em fazer uma declaração política programática, mas em penetrar na natureza humana numa época de uma política estonteantemente homicida. Herbst, o *homme moyen sensuel*, bem-intencionado e amante da paz, prova nas profundezas da violência sexual contida dentro dele que está profundamente implicado no mundo de "matança após matança após assassinato", que repugna a sua mente consciente. Assim, as energias psíquicas que fluem na carnificina global se fazem anunciar no romance, à medida que pulsam através de uma vida privada, e o discernimento da arte se torna a primeira condição para a imaginação realista da política.

O hiato que existe em Herbst entre o eu inconsciente e o consciente é o motivo mais essencial de seu fracasso em escrever a tragédia com que ele sonha. Se, como sugeri, a poesia é vista como o reino da imaginação distorcida e polimórfica, ela também requer, paradoxalmente, uma disciplina imaginativa e uma coragem permanente de visão, e estas qualidades estão além de Herbst. No início do romance, o acadêmico mostra com orgulho a um amigo uma cópia da primeira edição de *O Nascimento da Tragédia*, de Nietzsche, que ele descobriu num "sebo" em Jerusalém. A frustração da ambição de Herbst de tornar-se um escritor de tragédias pode ser explicada diretamente nos termos de Nietzsche; na verdade, muito de *Shira* pode ser encarado como variações ficcionais sobre temas de *O Nascimento da Tragédia*. (Em tudo isso, eu estaria inclinado a suspeitar de uma dívida de gratidão absoluta ao uso imaginativo de Nietzsche na ficção de Thomas Mann, embora Agnon nunca se refira a Mann e os dois escritores de modo geral não tenham sido associados pelos críticos hebraicos.) Para Nietzsche, lembramos, as raízes da tragédia estão na conexão que ela mantém com aquele caos da natureza humana e da existência que usualmente é mascarado pelas instituições e pela psicologia de vida na cultura. Herbst, em termos nietzschianos, não é nem um tipo apolínico nem dionisíaco, mas socrático, sendo a cultura "socrática" a cultura falsamente otimista dedicada mais à ciência que à sabedoria, ao acúmulo racionalizado de conhecimento. O impulso socrático, segundo Nietzsche, domina a Europa moderna, tornando-a a cultura antitrágica por excelência. A implicação básica da sátira de *Shira* sobre o mundo acadêmico é nietzschiana, pois, na visão trágica da vida, o sátiro barbado é o verdadeiro arquétipo do homem e, como Nietzsche escreve, "confrontado com ele, o homem de cultura atrofiou-se numa caricatura mendaz". A Shira real da carne e, mais ainda, a Shira protéica e ameaçadora da imaginação de Herbst introduzem o acadêmico no reino da experiência dionisíaca. Os diversos avatares de Shira parecem "sussurrar-nos", como diz Nietzsche sobre o mito trágico da esfinge, "que a sabedoria, e sobretudo a sabedoria dionisíaca, é uma abominação inatural; que aquele que por meio do seu conhecimento submerge a natureza no abismo da destruição deve também sofrer a dissolução da natureza em sua própria pessoa". Herbst, como um pretenso escritor de tragédias, deve ser capaz de conter essa dissolução em forma apolínica. (Sua filha envia-lhe um cartão postal da Grécia com a figura de Apolo e uma inscrição no braço da estátua, "saudações de Apolo"; mais de uma vez se menciona comicamente o poema nietzschiano de Tchernichovski, *Diante da Estátua de Apolo*, no qual se descobre que Apolo é também Dioniso.) Herbst, porém, não pode conter o que não pode enfrentar.

Quase no final do romance, o historiador chega à conclusão de que "os poetas modernos podem ser especialistas nos ingredientes da tragédia, alguns deles talvez mais do que foram os primeiros poetas, mas, porque os antigos eram crentes, foi-lhes concedida a criação da tragédia". A idéia, naturalmente, é familiar, mas vale a pena tentar ver os sentidos específicos que se atribuem a esse estado perdido de crença no contexto do romance. Nas tragédias de Ésquilo e de Sófocles, um princípio inexorável de *diké*, ou justiça divina, atua através do intermediário resistente que é a humanidade, tornando possível alguma reconciliação última no final da agonia trágica – em termos da forma literária, tornando possível o enredo trágico. Para os modernos, que viram "esgotar-se o poder das qualidades morais..." por uma onda de matanças uma após a outra, a justiça divina é a mais difícil de todas as crenças, e, assim, os escritores não podem imaginar a verdadeira tragédia, mas apenas, como Herbst o coloca, "a narração de acontecimentos trágicos". Mais especificamente, um intelectual moderno como Herbst não é mais capaz de absorver o impacto estilhaçante do retorno dionisíaco à unidade primordial que, segundo Nietzsche, era a base para a experiência trágica num culto afinado com as unidades primevas.

Desde que os detalhes fragmentários do plano de Herbst para sua peça trágica indicam ser ela uma projeção de sua obsessão por Shira, pode-se inferir que ele é incapaz de escrever a peça porque afinal está muito comprometido com o mundo da superfície de seu eu socrático para poder penetrar nas profundezas dionisíacas insinuadas por sua experiência com ela. Na tragédia projetada, o imperador de Bizâncio tem planos para uma jovem da nobreza que ele pretende realizar quando a imperatriz grávida entrar em trabalho de parto, deixando-o assim livre de sua vigilância. O paralelo com a história de Herbst é evidente, mas o dramaturgo tem um substituto ainda mais importante na peça, um escravo chamado Basileios, que é a única personagem inventada da tragédia e não extraída da história. Esse escravo está apaixonado pela mesma jovem que o imperador deseja – seu predicamento sugere a inatingibilidade de Shira para Herbst, a submissão abjeta que ela exige do acadêmico – mas ele contrai lepra e é colocado de quarentena fora das muralhas da cidade. Significativamente, o narrador do romance observa que foi um erro tático do dramaturgo transformar Basileios num leproso, uma vez que Herbst era um homem de sensibilidade delicada e não poderia imaginar concretamente a aparência física da lepra, "como os leprosos tratavam uns aos outros e como eram as suas práticas sexuais".

A diferença entre a ocorrência de doença aqui e na tragédia clássica é básica ao tema da "morte da tragédia" no romance. *Édipo Rei* começa com a iminência de uma epidemia em Tebas, enviada pelos deuses por causa dos pecados cometidos inconscientemente pelo rei. Quando o preço total do sofrimento trágico for reclamado, a epidemia será levantada, a cidade purgada. No mundo antitrágico de Herbst, por outro lado, a doença não é um instrumento de justiça divina, mas um correlativo da consciência culpada: ela não castiga ou purga, mas permanece, repulsiva. Herbst associa Shira (que é, naturalmente, uma enfermeira) à doença desde o início do romance. Ele tem uma alucinação recorrente de Shira envolta na carne poluída de um mendigo cego de Istambul. (Istambul, deve-se notar, localiza-se no local da antiga

Bizâncio.) Em certo momento, ele se convence de ter contraído de Shira uma doença venérea e vive vários dias com medo de infectar sua esposa e suas filhas. Nada pode ser resolvido através dessa doença, porque ela é a imagem de uma alma doentia, incapaz de encarar honestamente sua própria experiência. (Os paralelos com *Morte em Veneza*, de Mann, são sugestivos.) Herbst, portanto, não pode ser nem um participante nem um criador da experiência trágica. O que a arte do romance – uma arte essencialmente pós-trágica, Agnon parece insinuar – pode fazer é usar tais imagens para ilustrar a condição de figuras particulares como Herbst, comunicando um sentido único de coerência através do próprio ato de iluminação artística.

O romance oferece um notável paradigma marcante do modo de comunicação da arte, o sentido de sua "poesia e verdade", num momento histórico em que a doença tocou a natureza interior da realidade humana. Herbst, remexendo na sala do piso superior de uma livraria, dá de encontro com a reprodução de um grande quadro panorâmico, pintado por um artista "da escola de Breughel". O tema é horripilante e totalmente hipnotizador: um leproso, seus olhos e sua mão carcomidos pela doença, está tocando um sino para avisar às pessoas que se afastem dele. Herbst é acometido pela estranha convicção de que a infecção provém inteiramente do sino, nítido e reluzente bem no centro do quadro:

> Quem pintou esse quadro? Qual era o nome do artista magistral que fora capaz de infundir o espírito de vida num objeto inanimado? Os homens e as mulheres da cidade quase não podiam ser vistos, enquanto a imagem do homem doente, sua mão e o sino eram visíveis com grande clareza. Apesar disso, podia-se observar que tudo o mais na cidade, os homens e as mulheres, as casas, o mercado e o poço estavam quase inteiramente tranqüilos, sem a mais leve apreensão, mas o som do sino já havia começado a ressoar, retinindo e reverberando e movendo-se para fora da mão do homem doente, e um grande pavor se acercava. Herbst olhou novamente para o quadro, olhou para o leproso e sua mão, mas não para o sino, pois agora percebera que a doença não podia estar contida no sino. Durante todo o tempo, evitou tocar o quadro, como se sua forma tivesse sido maculada como a de um leproso vivo... Naquele momento, estava claro para Herbst que ele ouvira um som que provinha do sino na mão do homem doente, proclamando uma advertência, "Afaste-se, não me toque". Herbst obedeceu à voz de advertência e não tocou no quadro, mas olhou e olhou novamente para ele com os olhos cheios de terror e a alma ansiosa.

O quadro breugheliano – como alguns dos grandes romances modernos – combina uma intensa qualidade de visão apocalíptica com um realismo trabalhado, quase clínico, na transmissão de detalhes individuais contra um pano de fundo social. No centro da visão está o sino misterioso, um indício visível da habilidade verdadeira do artista em focalizar a realidade que ele representa, dar-lhe coerência formal e assim significação. O que o sino comunica quando sua presença se irradia para fora dos limites e além da cena não pode ser transmitido discursivamente, pois é o tipo de discernimento imediato da natureza das coisas que somente é acessível ao artista e apenas realizável no meio que ele escolheu. Naturalmente a imediatez correspondente de comunicação através da obra de arte consumada está clara na forma alucinatória pela qual o quadro se torna uma presença viva, falante para o seu observador. Os burgueses complacentes no segundo plano do quadro não expressam nenhuma reação a este centro ressonante da doença e ao terror iminente no âmago de seu mundo, porque sua surdez é por si só uma parte essencial e altamente realista do tema do artista. A mesma oposição entre confiança complacente numa falsa ordem e discernimento penetrante numa desordem radical é a oposição central desse romance, como o é de muitas obras sérias de ficção em nosso século. Acredito que Agnon não está sugerindo uma associação necessária entre a criatividade artística e a neurose (nisso, ele difere de Mann), mas, antes, entre a arte e a percepção da realidade humana – o que, via de regra, envolve neuroses e, em nossa era, muitas vezes coisas piores. (O médico pesquisador no final do romance pode ser uma alusão ao ideal do artista para Agnon: o homem saudável que tem a coragem de infectar-se com a doença a fim de descobrir uma verdade necessária.) Instrutivamente, os olhos de Herbst estão "cheios de terror", mas sua alma está "ansiosa" para entender o quadro, porque a alma tem avidez da realidade e o grande artista nos dá dela o quanto podemos suportar. Dentro em breve, Herbst aquietará sua agitação examinando algumas reproduções de Rembrandt com sua "tristeza interna, que traz consigo um descanso interior – o descanso que é chamado harmonia mas que eu chamo tornar-se sensato e conhecer".

O quadro da escola breugheliana, com suas pulsações silenciosas de desastre, é o mais caracteristicamente moderno, mas, por diferente que seja em sentimento, sua função enquanto obra de arte não é no final diferente da dos Rembrandt – para tornar possível, através da rigorosa tradução de discernimento em ordem formal, a verdadeira percepção da condição do homem. *Shira,* então, prova ser realmente o testamento pessoal de um artista, o que explica talvez por que Agnon teve tanta dificuldade em terminar o livro. Isso pode indicar também por que Agnon tanto hesitou em ter a obra inteira publicada durante sua vida, pois isso teria prejudicado a imagem enganosa que ele gostava de preservar, a de um escritor cujos pontos fundamentais de referência imaginativa eram Deus, a Torá e Israel. De qualquer modo, *Shira,* mesmo inacabado como está, consegue ser uma resposta sonora à perplexidade do escritor moderno acerca da improbabilidade de sua própria província num mundo de Ilse Kochs. O que Agnon fez foi dar a essa improbabilidade um corpo visível por meio de um estudo satírico romanceado das personagens e costumes da província, enquanto, no primeiro plano, sua representação da vida interior do protagonista sugere conexões subterrâneas entre a província e o âmago da escuridão histórica. Colocar a mão doente e o horrendo sino de advertência no centro, os habitantes da cidade apenas entrevistos no segundo plano, é inverter as proporções da maioria dos romances tradicionais; isso, porém, faz de *Shira* uma das poucas obras importantes de ficção desde a última guerra mundial que conseguem falar conscientemente das profundezas da história soturna do nosso século.

2. Ossip Mandelschtam: O Poeta como Testemunha

> *"Agora estou tranqüila"*, disse-me Akhmátova nos anos 60. *"Vimos como a poesia é duradoura."*
>
> NADEJDA MANDELSCHTAM,
> *Esperança contra Esperança*

> *As pessoas precisam da poesia que será*
> *o seu próprio segredo*
> *que as manterá despertas para sempre,*
> *e que as banhará na onda de cabelos claros*
> *de sua respiração.*
>
> OSSIP MANDELSCHTAM, *Cadernos de Voronezh*

> *Em memória de Yossef Haefrati, o talentoso literato,*
> *morto nas colinas de Golan, em 17 de abril de 1974.*

Existe alguma coisa de lendário na vida e na carreira póstuma de Ossip Mandelschtam, como se ele tivesse morrido em algum recesso sombrio de mistério medieval e não num campo de concentração soviético em 1938, com uma certidão de óbito emitida na forma devida pela burocracia totalitária. Somente agora Mandelschtam começa a ser reconhecido, no Ocidente, como um dos poetas mais importantes do século XX; muitos dos que podem lê-lo no original consideram-no um dos três ou quatro maiores poetas russos desde Púschkin; mas ele adquiriu essa proeminência somente através de uma misteriosa ressurreição, depois da tentativa de Stálin de enterrar com ele o seu legado poético. A sua poesia pôde sobreviver sobretudo graças aos esforços de sua extraordinária esposa, Nadejda. Grande parte dessa poesia subsistiu realmente numa "tradição oral", conservada, verso a verso inédita, na tenaz memória dessa mulher e na de alguns amigos leais. Sobre a vida e a morte de Mandelschtam existe uma tradição oral muito mais variada, grande parte dela contraditória. Uma das funções da sra. Mandelschtam como memorialista foi investigar esses diversos relatos, tentando separar o fato da ficção.

No final do primeiro de seus dois volumes de memórias, *Esperança contra Esperança*[1], um livro que certamente subsistirá como um dos grandes textos sobre a natureza do totalitarismo, Nadejda tenta furar a cortina que desceu entre ela e o marido, quando ele foi preso pela segunda e última vez, na noite de 1º de maio de 1938, por agentes do NKVD. Durante os anos que passou exilada na região mais oriental da Rússia européia e na Ásia Central e, mais tarde, após 1964, quando foi autorizada a residir novamente em Moscou, foi procurada por vários sobreviventes do Grande Terror que diziam ser testemunhas oculares dos últimos dias de seu marido nos transportes e nos campos. Ela, com o ceticismo arguto de um advogado criminal experiente, comparava esses depoimentos um com o outro e com a própria experiência que tinha da condição e dos hábitos de seu marido. Entre as histórias às quais parece dar crédito total, existe uma que lhe foi contada por um certo físico, que prefere permanecer no anonimato e que afirma ter estado no campo de trânsito de Vladivostok na mesma época em que Mandelschtam lá estivera. Em uma noite no campo, o físico – a sra. Mandelschtam chama-o L. – foi convidado por um prisioneiro não-político, isto é, um criminoso comum, a subir ao celeiro onde, juntamente com todo um bando de criminosos, L. poderia ouvir um pouco de poesia. Naquele celeiro iluminado à luz de velas, L. avistou um barril sobre o qual estava exposta uma lata aberta de comida e pão branco, iguarias inimagináveis no mundo da prisão, onde nenhuma refeição era mais que uma tigela de sopa aguada. "Sentado com os criminosos via-se um homem com um restolho de barba grisalha, vestindo um casaco de couro amarelo. Recitava versos que L. logo reconheceu. Era Mandelschtam. Os criminosos ofereceram-lhe do pão e da comida enlatada, e ele se serviu e comeu calmamente. [...] Ouviam-no em total silêncio, e muitas vezes pediam-lhe que repetisse algum poema."

Tenha ou não o incidente ocorrido tal como foi relatado, a própria existência da história e sua aceitação pela viúva do poeta devem sugerir que a poesia retém um sentido e um valor tão intensos na cultura russa que transcende qualquer papel que ela agora representa no Ocidente. (Seria possível imaginar uma história como essa contada sobre Yeats, Valéry ou Wallace Stevens, a fascinar uma platéia de compatriotas criminosos e a desfrutar de sua proteção?) Mesmo que se revele

1. Edição inglesa, *Hope against Hope*, trad. de Max Howard, Atheneum, 1970.

bastante fiel à realidade, o relato tem a qualidade de lenda, ao projetar numa forma vividamente dramatizada uma pressentida verdade interior do caráter do poeta e as aspirações de seu trabalho. Assemelha-se à antiga história sobre Iehudá Halevi, o grande poeta hebraico da Idade Média, que todos imaginam ter sido pisoteado até a morte por um cavaleiro árabe, depois de haver chegado finalmente aos portões de Jerusalém e declamado sua *Ode a Sião*. O bardo com a barba por fazer, que declama poesia diante de criminosos em troca de comida, num celeiro iluminado à luz de velas, é o mesmo Mandelschtam que, desde a sua juventude, acalentou a idéia de que as pessoas sempre seriam bondosas para com ele por causa de seus dons poéticos. Não era, no entanto, um homem ingênuo, e essa crença aparentemente infantil estava, como veremos, arraigada num conjunto de idéias, profundamente ponderadas, sobre a natureza da poesia e suas implicações ontológicas, espirituais e políticas.

Ossip Mandelschtam nascera em Varsóvia, em 1891, filho de um próspero judeu comerciante de couro. Ainda pequeno, sua família mudou-se para Petersburgo, um fato digno de nota em seu contexto histórico, uma vez que aos judeus não era permitido, nessa época, residir na cidade. Isso significa que Emil Mandelschtam conseguira obter a condição de "judeu privilegiado". Em 1904, Ossip foi mandado à prestigiosa Escola de Comércio Tenichev, em Petersburgo – uma década mais tarde, Vladimir Nabokov seria um de seus estudantes –, onde recebeu uma educação clássica (sua poesia se impregnaria da Antigüidade clássica) e, extracurricularmente, uma boa dose de marxismo sócio-revolucionário (que ele mais tarde deveria esquecer). Graduado na Escola Tenichev em 1907, Mandelschtam fez uma viagem pela Europa ocidental, quando passou algum tempo em Paris e em Heidelberg, estudou literatura francesa antiga e preparou-se conscientemente para a vocação de poeta que já sentia ser a sua grande realização no futuro. Em 1911, estudou por algum tempo filologia românica e alemã na Universidade de Petersburgo e, para escapar ao *numerus clausus* antijudaico da Universidade, converteu-se ao luteranismo. Segundo sua viúva, a conversão fora apenas *pro forma*, mas a relação de Mandelschtam com o cristianismo evoluiu de maneira incerta, questão a que deverei retornar proximamente.

Em 1912, Mandelschtam associou-se a um grupo importante de jovens poetas, que se denominavam acmeístas e que se rebelavam contra a escola simbolista que dominara a poesia russa por mais de uma década. Os acmeístas, como os caracteriza Clarence Brown em seu admirável estudo crítico de Mandelschtam, aproximavam-se notavelmente, em objetivos e em sensibilidade, dos imagistas anglo-americanos do mesmo período, tendo até mesmo uma genealogia literária comum através de Théophile Gautier e dos parnasianos franceses². Contrastando com a busca mística, através da linguagem poética, de um Além nebuloso que acena, os acmeístas cultivavam em sua poesia qualidades de clareza e dureza, procuravam criar, fora da concretude tátil e visual das coisas aqui e agora, uma nova poesia singela de precisão clássica. O primeiro volume de versos de Mandelschtam foi publicado em 1913, com o título adequadamente acmeísta *Pedra*. Mesmo na tradução podemos ver que Mandelschtam, mal saído da adolescência, era um poeta surpreendentemente equilibrado. Aqui está, por exemplo, um poema de sua fase inicial acmeísta, intensamente visual, polido até alcançar uma dureza lisa em sua unidade tátil e cinestésica e que afirma, de forma explícita, o sereno controle do artista. Mandelschtam tinha 18 anos de idade quando o escreveu:

No pálido esmalte azul
imaginável em abril
as bétulas elevavam seus ramos
e entardeciam imperceptíveis.

A frágil malha congelou
o pequeno e delicado padrão
qual o desenho sobre porcelana
– traçado com precisão
quando o amável artista o pinta
sobre o firmamento de vidro,
cônscio de seu poder fugaz,
da morte triste esquecido³.

Pedra seria seguido por apenas dois outros volumes de poesia durante a vida de Mandelschtam: *Tristia*, publicado em 1922, e *Poe-*

2. Clarence Brown, *Mandelschtam*, Cambridge University Press, 1973. Os leitores ingleses têm uma grande dívida de gratidão para com Brown, que tanto se esforçou para descobrir Mandelschtam e que traduziu, ele mesmo, com graça e clareza, a maior parte da prosa do poeta.
3. Clarence Brown fez a tradução desse poema, entre outros, para o inglês para seu livro crítico. O que se pode dizer dessas traduções é que são bastante utilizáveis por um leitor contemporâneo de inglês. Brown colaborou com W. S. Mervin em *Selected Poems of Osip Mandelschtam* (Atheneum, 1974). Muitas das traduções desse volume são poemas ingleses comoventes, maravilhosamente elegantes. Os mais notáveis são com certeza mais belos que a melhor produção poética razoavelmente impressionante de Mervin, se é que isso constitui uma indicação do poder dos originais. Não obstante, meu colega Simon Karlinsky, o eminente especialista em eslavo, indicou-me que as versões equilibradas que Mervin produziu dos poemas de Mandelschtam são como que representações monocromáticas de quadros ricamente coloridos, e que a construção do original feita por Brown, de modo geral precisa, é às vezes hesitante. A acreditar em todas as críticas, a poesia russa de Mandelschtam é uma constante *performance* pirotécnica de jogo de palavras, jogo de sons e alusividade em camadas, que usa caracteristicamente esquemas métricos e rimas tradicionais a fim de produzir uma musicalidade vibrante e expressiva. No entanto, o que acontece quando alguém que não é um poeta genial tenta vazar Mandelschtam em rimas inglesas ou reproduzir o seu

mas, em 1928, livro que incorporou os anteriores e acrescentou vinte novos poemas, escritos entre 1921 e 1925. Mandelschtam havia passado rapidamente da maneira acmeísta para um estilo associacional mais difícil, mais pessoal, mais meditativo e mais complicado. Ao mesmo tempo, em 1922, depois de testemunhar diretamente os horrores da Guerra Civil e os primeiros estágios improvisados do terror bolchevique, conseguira perceber as terríveis implicações da Revolução para tudo o que ele verdadeiramente valorizava. Seu senso de estranhamento da nova Rússia totalitária levou-o a um período de cinco anos de silêncio como poeta, no final da década de 1920. Cerca de 1929, quando estava claro que não iria e não poderia seguir as diretrizes do partido em sua poesia, Mandelschtam foi considerado *persona non grata* e sua poesia não era mais digna de publicação, não porque fosse contra-revolucionária, mas por insistir num domínio da imaginação que fugia ao controle da Revolução. Após alcançar uma sensação de liberdade interior ao vergastar num ensaio, "Quarta Prosa"[4], os literatos pagos pelas autoridades que o haviam sujeitado a uma campanha de degradação, Mandelschtam voltou a escrever poesia livremente, ditando, como sempre, à sua esposa, que escondeu da polícia secreta os preciosos cadernos quando o casal teve de mudar-se de um lado para o outro da Rússia. Foi preso pela primeira vez em Moscou em 1934, quando um informante entregou à Tcheka o texto de seu fulminante libelo poético contra Stálin. Embora o interrogatório a que foi submetido na Lubianka, a temida prisão central de Moscou, provocasse um surto psicótico após sua libertação, ele escapou "facilmente" com uma sentença de exílio nos Urais, e o fluxo extraordinário de atividade criadora, que começara em 1930, continuou mais ou menos ininterrupto até sua prisão final. A certidão de óbito passada a seu irmão em 1940 indica 27 de dezembro de 1938 como sendo a data de sua morte e tendo como causa: "insuficiência cardíaca".

jogo de palavras é ilustrado dolorosamente nas tentativas de Bernard Meare em *Modern Poetry in Translation* 17. As rimas soam e retinem de forma absurda, a dicção é fatiada com pequenos pedaços de poesia, e Stálin, num devastador ataque poético ao totalitarismo, é apresentado numa hábil maneira "disney" como o "gremlin no Kremlin". Um desastre na direção oposta acontece em *The Complete Poetry of Osip Emilevich Mandelschtam*, de Burton Raffel e Alla Burago (State University of New York Press, 1973). O melhor que se pode dizer a respeito dessa obra é que ela dá uma idéia grosseira dos conteúdos de todos os poemas que se conservaram, mas é muito difícil vivenciar essas traduções como poesia. Raffel tem um ouvido de lata; suas traduções não têm ritmo e muitas vezes não são idiomáticas e, tropeçando na orientação de seu informante nativo, ele consegue freqüentemente transformar em algaravia qualquer coisa que o original queira significar. Por enquanto, então, a obra em inglês que melhor se aproxima de Mandelschtam é seguramente a de Brown e Mervin; estarei citando, portanto, as suas versões, quando não houver outra indicação.

4. Em inglês "Fourth Prose", traduzido por Clarence Brown, in *Hudson Review*, Spring, 1970.

Uma boa parte da história subseqüente de Mandelschtam passou-se no outro lado do mundo. Em 1955, dois eminentes estudiosos *emigrés*, Gleb Struve e Boris Filipov, publicaram, em Nova York, uma edição em russo cuidadosamente comentada das obras coligidas de Mandelschtam; entre 1964 e 1971, essa obra foi reeditada em três volumes. Nadejda Mandelschtam nos conta que, depois dessa edição de Nova York, sentiu, pela primeira vez em 17 anos, que podia respirar livremente, sabendo que havia sido entregue o grande legado que fora até então a sua principal razão de continuar sozinha através de tanta desolação: a poesia subsistente de seu marido passaria à posteridade. No final dos anos 60, quando a política cultural na URSS se tornou novamente mais repressiva após o breve e ilusório interlúdio do Degelo, começou a florescer uma nova literatura subterrânea, ou *samizdat*, de obras proibidas que circulavam em folhas datilografadas, e logo Mandelschtam se tornou uma figura cultuada nesse mundo das letras russas clandestinas. Também era lido no *samizdat* com muita atenção o primeiro volume das memórias de sua esposa, enquanto sua publicação no exterior em 1970, seguida da edição de um segundo volume, *O Abandono da Esperança*[5], faz da postura exemplar do poeta contra o despotismo do regime revolucionário uma questão de registro público inesquecível para os leitores ocidentais. Depois do discurso antistalinista de Khruschev, no XX Congresso do Partido em 1956, foi concedida a Mandelschtam uma "reabilitação" qualificada e ambígua, mas a publicação de um volume de seus poemas escolhidos, anunciada primeiramente em 1959, foi sendo adiada de algum modo até 1974.

Constitui um milagre de feliz coincidência o fato de um poeta tão extraordinário ter tido por esposa uma testemunha tão notável. *Esperança contra Esperança* focaliza os quatro anos que decorreram desde o momento em que a batida à porta, naquela noite, introduziu os Mandelschtam diretamente nas realidades do mundo do campo de concentração (*univers concentrationnaire*). *O Abandono da Esperança* recua até os primeiros anos da relação entre o casal, começando em 1919, e avança até o exílio de Nadejda Mándelschtam na Ásia Central e seus esforços, depois de 1956, para reabilitar completamente o seu marido. O último volume ter-se-ia beneficiado se tivesse sofrido uma extensa poda: parte do argumento repete *Esperança contra Esperança*, ou mesmo se repete internamente; as abundantes dissertações sobre poesia e crítica raramente justificam a sua extensão, e existe talvez uma dose de certo "ajuste de contas" com figuras literárias russas maior do que se gostaria. Não obstante, *O Abandono da Esperança* nos fornece muito material biográfico fascinante e informação contextual sobre os poemas, e contém muitos trechos notáveis pelo

---

5. *Hope Abandoned*, tradução para o inglês de Max Hayward (Atheneum, 1973).

discernimento sobre o comportamento das pessoas nas circunstâncias históricas mais angustiantes.

O que torna a sra. Mandelschtam uma memorialista de qualidade é, acima de tudo, a clareza desprovida de sentimentalismo com que encara experiências que poderiam levar ao *pathos*, à autopiedade ou mesmo a uma intensa retórica do ultraje. É isso que a torna capaz, em *Esperança contra Esperança*, de revelar, numa concretude tão convincente, o teor de vida sob a arbitrariedade maníaca de um regime de terror; neste único aspecto, o Stálinismo foi pior do que o hitlerismo, pois mesmo o fato de ser membro leal do partido e de ter uma ascendência cristã pura não era uma garantia contra a denúncia anônima e suas terríveis conseqüências (a polícia secreta tinha de preencher quotas, assim como as fábricas, e no final o material humano não tinha muita importância). Essa mesma clareza acerada de visão está presente no segundo volume da sra. Mandelschtam, talvez de forma mais notável na sua resposta indignada a uma observação de Ana Akhmátova, uma amiga íntima dos Mandelschtam e ela própria uma das principais poetas russas das duas últimas gerações. Ana dizia que as pessoas no exterior tinham inveja do sofrimento das vítimas soviéticas. De acordo com o modo obstinado de pensar da sra. Mandelschtam, uma observação como essa não poderia deixar de ser senão mera pose. "Nada havia que se pudesse invejar. Não havia absolutamente nada de enaltecedor no nosso sofrimento. Não tem propósito procurar nele um lado de redenção; nele não havia nada além de medo animal e dor." E assim ela prossegue em três páginas memoráveis a descrever a verdadeira experiência do medo animal sob um reinado de terror, como o próprio tempo se coagula em momentos pesados intermináveis na consciência da vítima em potencial, que aguarda noite e dia que cheguem os agentes secretos.

Existe um aspecto da testemunha Nadejda Mandelschtam que dificulta enormemente a obtenção do ângulo adequado para descrever a figura contraditória de seu marido. É a evidente seriedade de sua crença cristã, explicitada de maneira particular no seu segundo volume. Como ele, ela nasceu judia; durante os intensos anos que viveram juntos, parecem ter compartilhado uma espécie de exploração privada da fé cristã; mas creio que há fundamentos para inferir que ela o superou nesse aspecto durante os anos de maturidade literária do marido. A relação existente entre eles, como ela deixa claro em *O Abandono da Esperança*, fora um mistura incomum de exuberância e profunda intimidade, marcada por certos laivos de tensão. Sob muitos aspectos Mandelschtam foi tirânico com sua mulher, insistiu em remoldá-la à sua própria imagem. De modo geral ela se submeteu, pensando sobre si mesma que era uma mocinha tola que precisava de instrução; no entanto, ela também tinha lampejos de rebeldia que de vez em quando se inflamavam, de modo que sou levado a suspeitar que em sua atual postura cristã existe algo do discípulo leal que vai além do mestre, ou diverge dele embora pareça seguir-lhe o caminho. Permitam-me ressaltar que isso não leva a memorialista a alguma deturpação explícita das lealdades de Mandelschtam, pois ela é totalmente cândida mesmo com relação àquelas lealdades judaicas do marido que ela não compreendia muito bem. No entanto, a mim me parece que o teor geral dos dois volumes pode ser um pouco enganador acerca do papel do cristianismo na obra do poeta.

A aguda lucidez da sra. Mandelschtam na discussão dos acontecimentos do último meio século impressiona tão imediatamente que o leitor terá de ler a maior parte de suas cem páginas para compreender que a visão da realidade que ela revela é soturnamente mística. Um pouco antes do final, ela fala de uma reunião no além com a alma do finado Ossip, e da suprema alegria que é morrer com o nome de Cristo nos lábios. Não disponho de meios de saber com certeza se o próprio Mandelschtam algum dia expressou interesse por essas crenças reconfortantes, mas nos seus momentos de extrema seriedade – ou seja, quando fazia poesia – a visão da existência humana que ele articulava era muito diferente desta, mesmo nos poemas em que fez uso de símbolos cristãos. Ele se acha muito mais próximo da concepção do homem expressa por Wallace Stevens, segundo a qual o homem vive "sem padrinho, livre" num "antigo caos do sol", do que de qualquer ponto de vista do cristianismo tradicional. Em nenhuma parte de sua poesia existe afinidade com o martírio, nem anseio por refúgios celestiais. Os versos transcritos abaixo, de um poema escrito em 1922, são perfeitamente condizentes com tudo o que escreveu, embora essa ênfase particular se torne mais forte e mais ressonante à medida que começa a perceber cada vez mais o espectro de sua própria morte:

> Os quentes excrementos de algumas galinhas
> e uma tépida confusão de carneiros.
> Por vida, por vida e desvelo, desistirei de tudo.
> Um jogo na cozinha me manteria aquecido.
>
> Veja, tudo o que tenho comigo é um pote de barro
> e o pipilar das estrelas em meus fracos ouvidos.
> Não posso deixar de amar através do pássaro implume
> o amarelo da grama, o calor da terra preta.

Foi em total consonância com esse sentido das coisas que Mandelschtam nunca se considerou um mártir depois que fora objeto de perseguição, nunca imaginou que seu destino fosse uma imitação de Cristo. Sua viúva, qualquer que tenha sido os seus compromissos de crença, é uma observadora demasiado sensível para não se recordar disso firmemente, e se refere à questão com uma concisão epigramática: "M. não tinha nenhum gosto pelo martírio, mas o preço que se tinha de pagar para viver era muito alto".

Terão as origens judaicas de Mandelschtam algo a ver com o caráter de sua obra de imaginação, com a postura que em última análise assumiu perante a realidade? Era ele um judeu vestigial, simplesmente um ex-judeu, ou um judeu produtivamente consciente de sua judaicidade? A segunda possibilidade nunca lhe esteve aberta, e creio poder dizer, com uma ligeira simplificação esquemática, que no decurso de seu amadurecimento ele passou visivelmente da primeira para a terceira posição, de uma identidade judaica vestigial a uma que estava integrada à sua própria vida imaginativa.

Já de início, sendo filho de pais burgueses russificados com aspirações literárias, ser judeu deve ter parecido mais um estorvo do que qualquer outra coisa, um obstáculo a impedi-lo de ingressar na plenitude da cultura russa. A falta de compunção de Mandelschtam, quando atravessou as formas de conversão para ser admitido na Universidade de Petersburgo, não é realmente surpreendente. Nos capítulos autobiográficos que escreveu em 1925 sob o título *O Ruído do Tempo*, as características judaicas da casa paterna constituem um domínio moribundo de rituais obsoletos e de objetos tradicionais em farrapos e frangalhos[6]. Nas estantes de seu pai "esclarecido", livros hebraicos que nunca foram lidos apanhavam poeira uma prateleira abaixo de Goethe e Schiller e duas prateleiras abaixo do Púschkin e do Lermontov de sua mãe. Seu pai, a exemplo de muitos burgueses judeus abastados da época, contratou um professor de hebraico para o menino, mas a língua com sua "escrita cheia de pontas" continuou-lhe estranha, impenetrável, e a criança sentia vividamente, quando viu seu jovem professor nacionalista de hebraico esconder seu orgulho de judeu ao sair à rua, que esse era um enigma sem sentido.

Numa visita que fez aos avós em Riga, Mandelschtam se recorda de seu avô colocando um pano preto e amarelo sobre seus ombros e fazendo-o murmurar algumas palavras hebraicas incompreensíveis. A lembrança parece, suspeitosamente, um misto de verdadeira reminiscência e de uma fantasia projetada, já que não existe a prática tradicional de colocar um *talit* dessa maneira numa criança a não ser na sinagoga na festa de *Simhat Torá**; mas a distorção é reveladora, porque revela uma sensação de estar sendo envolvido, enredado, nas vestimentas bolorentas de um judaísmo moribundo. O amarelo ligeiramente embaraçoso do tecido deve ser aquela cor amarelo-marrom fos-

---

6. Veja *The Prose of Osip Mandelschtam*, tradução de Clarence Brown (Princeton University Press, 1965).

**Talit*, manto de orações dos judeus. *Simhat Torá* é a festa em que se comemora o término da leitura do Pentateuco na sinagoga; literalmente a "alegria da Torá" (N. T.).

ca que a lã de um velho manto de orações adquire caracteristicamente. Na simbologia particular de sua poesia e sua prosa, Mandelschtam repetidas vezes usaria o amarelo e o preto como cores simbólicas do judaísmo, ressaltando algumas vezes através delas uma conotação do judaísmo em que ele pertence a um mundo dos mortos de cabeça para baixo, separado do aparato multicolorido da realidade russa. Num poema escrito em 1916, ele se vê nascido naquele mundo ancestral iluminado por um sol negro: "No portão de Jerusalém, / nasceu um sol preto. / O amarelo me assusta mais".

As imagens em que a judaicidade é considerada decadência e talvez sepultamento são complementadas paradoxalmente pela visão reiterada que tem dela, de novo em *O Ruído do Tempo*, em que ela é encarada como um reino de origens sem forma:

> Toda a elegante miragem de Petersburgo [evocada nos parágrafos anteriores] era apenas um sonho, uma capa brilhante jogada sobre o abismo, enquanto em volta alastrava-se o caos do judaísmo – não uma mãe-pátria, não uma casa, não um lar, mas exatamente um caos, o mundo-útero desconhecido de onde eu saíra, que eu temia, sobre o qual fiz vagas conjecturas e do qual eu fugia, eu fugia sempre.

A fuga desse mundo-útero desconhecido suscita uma conjectura psicológica, em particular desde que Mandelschtam estranhamente imaginava que seu casamento com uma judia era uma união em última análise incestuosa, idéia que ele enfatizou num poema de 1929 em que Nadejda figura como a Lia bíblica que, por sua vez – a refração de fontes é típica de Mandelschtam – se funde com as filhas de Lot.

Para o jovem Mandelschtam, em outras palavras, tornar-se predominantemente russo e, mais do que isso, europeu, era definir-se unindo-se ao que era manifestamente outro, e assim escapar da ameaça de uma fusão primeva com as suas origens. Clarence Brown observa argutamente que o oposto implícito do "caos judaico" era a ordem cristã, e o que atrai esse poeta devotado à criação de coerência arquitetônica na linguagem é o cristianismo, não enquanto *corpus* de crença, mas principalmente enquanto idéia estética, enquanto encarnação de uma ordem elaborada. O fascínio pela ordem aliava-se a uma concepção do cristianismo enquanto esfera de espiritualidade séria que contrastava com o racionalismo mundano insípido do lar judaico pós-tradicional de seus pais. Por algum tempo, ele alimentou a idéia de que a Igreja era o alicerce necessário da sociedade, mas, como sua viúva nos informa, já na década de 1920 havia abandonado completamente essa noção.

O que está por trás da teorização do jovem Mandelschtam acerca da necessidade do cristianismo é uma versão russa distintiva de um padrão moderno de família: o escritor de origem judaica que é compelido, pelo menos em parte, a negar ou denegrir a sua judaicidade a fim de participar plenamente da cultura literária de seu país. No plano mais grosseiro, mas também naquele que é compartilhado de modo mais universal, o fenômeno é perceptível no sentimento de tantos literatos nesta situação de que existe algo *indecoroso* no fato de ser judeu, algo que contraria o próprio caráter das letras cultas; e o jovem Mandelschtam parece de fato ser perturbado por esse gênero de sentimentos. Pode ser que para um escritor tal sensação de mal-estar, ou de inferioridade, não seja diferente daquela que sente alguém que sofre das ansiedades de pertencer a uma minoria cultural, mas o que complica a situação do escritor imaginativo é o modo profundo pelo qual qualquer literatura nacional constitui um sistema enormemente matizado, auto-alusivo, intimamente ligado a uma história particular e a um conjunto particular de tradições. Para alguém que faz parte de uma minoria, em outras palavras, ingressar no sistema e criar a partir de seu interior envolve um difícil processo de assimilação em profundidade, o que se transforma em muitos numa hiperaculturação.

O caráter cristão de boa parte da literatura européia, evidentemente, suscita problemas especiais para o escritor judeu que embarca na aventura da assimilação. No Ocidente, onde o aspecto cristão da cultura literária tendeu a ser um tanto difuso ou meramente residual durante os dois últimos séculos, para um escritor de origem judaica bastava apenas, de modo geral, transformar-se num fac-símile razoável de seus correlatos na cultura da maioria no que diz respeito a estilo, gosto, referência intelectual, mas não no concernente a credo: nos Estados Unidos, por exemplo, poder-se-ia elaborar uma lista substancial de tais poetas, críticos, romancistas conscientemente aculturados. Na Rússia, tanto quanto pode julgar um estrangeiro, parece que o caso foi um pouco diferente, pelo menos até muito recentemente. Os dois expoentes do romance russo do século XIX foram, evidentemente, cristãos profundamente sérios. O cenário intelectual russo da virada do século marcou-se por um interesse renovado no misticismo cristão, e os simbolistas, que foram os primeiros modelos de poeta para Mandelschtam, embora ele viesse a romper mais tarde com seus procedimentos poéticos, estiveram profundamente envolvidos em idéias religiosas cristãs – em marcante contraste com a maioria dos simbolistas franceses, dos quais eles supunham ter derivado.

A Rússia, então, torna-se um exemplo instrutivo extremo da problemática da assimilação literária, oferecendo em nosso século uma literatura com fortes laços com o cristianismo e ao mesmo tempo uma literatura na qual, como em nenhum outro lugar, os judeus alcançam a mais alta eminência artística. Suspeito que a identificação das coisas russas com a crença cristã é mais poderosa para alguém que é primacialmente um poeta do que para um prosador. Pasternak, que também nasceu judeu e com quem Mandelschtam manteve uma amizade cautelosa, abraçou entusiasticamente o cristianismo, e sua conversão estava ligada de alguma forma à sua aspiração altamente consciente de alcançar um lugar de honra na literatura russa. Por outro lado, Babel, o grande contista que Mandelschtam também conhecia e admirava, não foi tentado pelo cristianismo como tal, embora, ao estudar em sua ficção o caráter moral que atua na história, sua tendência à hiperculturação tenha assumido a forma de uma fascinação oscilante pelo exótico *ethos* cossaco de virilidade e violência.

O apogeu do romance de Mandelschtam com o cristianismo é talvez um ensaio de 1915, "Púschkin e Scriabin", do qual subsistiram apenas alguns fragmentos. A partir dos trechos que Clarence Brown incorpora a seu estudo crítico, pode-se ver prontamente a forçada união consangüínea entre a concepção pessoal da arte que tinha Mandelschtam e a sua tendência, naquele ponto inicial de sua carreira, de identificar arte com cristianismo. Uma vez que a redenção e o sacrifício já haviam sido feitos por Cristo, argumenta Mandelschtam, essas qualidades não tinham mais lugar na arte, que é, desse modo, deixada absolutamente livre, para constituir sua própria esfera de prazerosa jocosidade. Somente através do cristianismo, então, é que a arte se torna um reino de liberdade espontânea. É claro que a ingenuidade um tanto abstrata do argumento nada tem a ver com os fatos históricos do cristianismo e com a natureza da arte sob a dispensação cristã. Mandelschtam sempre se manteria fiel à noção de que a arte é jogo e liberdade, pela qual ele eventualmente morreria, mas na década de 20 rejeitou "Púschkin e Scriabin" como seu credo estético – pelo menos em parte, pode-se admitir, por causa de sua insistência programática no componente cristão da arte.

É revelador que a afirmação mais completa e mais original que já fez Mandelschtam sobre a natureza da poesia, "Falando de Dante"[7], consiga discutir o autor de *A Divina Comédia* por cerca de 16 mil palavras sem uma única vez considerá-lo um poeta cristão. Ele descreve o poema de Dante como um vasto "corpo estereométrico", uma maravilha policrômica de forma "cristalográfica", o máximo exemplo realizado da infinita transformabilidade do material poético, mas nunca diz que é uma afirmação da fé cristã, uma unidade poética possibilitada pela coerência sistemática da teologia cristã clássica. Nessa altura de sua vida, Mandelschtam estava seguro de que a idéia da ordem lúcida era um produto da cultura humanista, e de que não mais precisava associar essa idéia ao cristianismo. Tinha um senso profundo e permanente de ser herdeiro de uma tradição judaico-cristã, mas, como a sra. Mandelschtam observa em *O Abandono da Esperança*, ele associava essa tradição à helênica como parte de uma herança mediterrânica ge-

---

7. Escrito em 1933 e traduzido por Clarence Brown e Robert Hughes (*Delos* 6, 1971).

ral de valores de civilização; creio ser clara a inferência de que chegou a ver no cristianismo e no judaísmo indistintamente organismos de realização humanística, e não de imperativos teológicos. Depois de optar por essa perspectiva, conseguiu adotar uma atitude mais afirmativa para com a sua própria judaicidade, que agora podia ser encarada, com menos ambivalência, não como um obstáculo, mas como um ponto de partida valioso, autenticado pela história, para uma profunda participação numa cultura européia abrangente.

"Assim como um pedacinho de almíscar impregna uma casa inteira", observou Mandelschtam memoravelmente em *O Ruído do Tempo*, "assim a mínima influência do judaísmo inunda toda a vida de uma pessoa". No contexto, as implicações dessa afirmação são mais ambíguas do que poderiam parecer, porque o que se segue imediatamente é a passagem em que descreve o judaísmo de sua infância como um mundo moribundo, de modo que a visível pungência poderia ser, por inferência, um odor de decadência. O Mandelschtam mais jovem, na verdade, ostenta um elemento de constrangimento com suas origens judaicas: nos dias que antecederam a Revolução em Petersburgo, nunca convidou alguém à casa de sua família, raramente mencionava seus pais em conversa e negava com impaciência seu parentesco com outro Mandelschtam cujo caminho havia cruzado. No entanto, também resistiu à sugestão de adotar um sobrenome russo, como muitos escritores judeus haviam feito, o que revela que, no começo, o seu vago embaraço era contrabalançado em parte por algum resquício de orgulho judeu. O símile do pedacinho de almíscar tende a apresentar maior validade, com implicações mais positivas, para o Mandelschtam mais velho, conquanto devamos ter muito cuidado em não nos empolgar com o aforisma e usar a sua autoridade para insistir numa "explicação judaica" para a obra de Mandelschtam. O ponto essencial a ressaltar aqui talvez seja, não a questão discutível da validade objetiva da asserção, mas tão-somente o fato de ela ter uma certa validade psicológica para Mandelschtam. Ou seja, ele passou a associar alguns de seus valores e lealdades imaginativas mais básicas à sua judaicidade, quaisquer que possam ter sido os verdadeiros canais através dos quais ele chegou até eles. Se o judaísmo havia ameaçado o poeta como um mundo-útero desconhecido, poderia também, ocasionalmente, fornecer-lhe um mito organizador para a sua própria experiência.

Inelutavelmente, quase todos viam em Mandelschtam um judeu no mundo da poesia russa, que sua engenhosidade dominou rapidamente. Já no começo de sua carreira, depois de ter sido tomado por breve período sob a proteção do poeta simbolista Zinaida Gipius, muito mais velho, foi apelidado de "judeuzinho de Zinaida", talvez com uma certa jocosidade mas seguramente não sem um elemento de perversa hostilidade. Os ataques que sofreu no final dos anos 20 entremeavam-se algumas vezes de anti-semitismo, e isso aconteceu mesmo postumamente, quando em anos recentes certos nativistas russos o chamaram de "câncer judeu" no corpo da poesia russa. O Mandelschtam maduro, especialmente no último decênio de sua vida, tendeu cada vez mais a responder a essa reiterada imputação de ser um *outsider* judeu com a insistência em afirmar que a sua judaicidade era a maior fonte de sua visão poética, sua via distintiva de acesso à civilização européia superior. Demonstrou ávido interesse por tudo o que encontrava a respeito da cultura judaica, comenta sua viúva quando fala de sua amizade e entusiasmo pelo proeminente ator e diretor ídiche, Míkhoels (mais tarde assassinado por Stálin). À medida que se aprofundou a barbárie stalinista, Mandelschtam parece ter-se identificado imaginativamente ao sofrimento histórico dos judeus, afirmando ser um modelo inspirador para enfrentar a sua própria e terrível situação. Particularmente reveladora a esse respeito é a anedota com que respondeu a uma pergunta do comandante da GPU, em Voronezh, em 1935, quando foi desafiado a dizer qual era a sua atual ocupação. Não tendo um emprego regular, respondeu que no momento se dedicava ao estudo em espanhol da obra de um certo poeta judeu que passara muitos anos nas masmorras da Inquisição, compondo mentalmente um soneto por dia, libertado apenas para ser preso de novo e agrilhoado – e sempre continuou a fazer sonetos.

Em conjunto, a idéia de continuidade histórica assumia progressivamente uma importância central maior para Mandelschtam, e o fato de fazer parte de um povo acima de tudo historicamente perseguido, historicamente oprimido tornou-se nessa conexão um elemento dinâmico de consciência. "Sua convicção, informam-nos em *Esperança contra Esperança*, de que a cultura, assim como a graça, é outorgada por um processo de continuidade levou M. a encarar o Mediterrâneo como uma 'terra santa' ". O solo sagrado do Mediterrâneo compreendia para ele a Grécia e a Itália, bem como a Palestina, e, por uma associação de clima e da verdadeira contigüidade geográfica com o Mar Negro, sítio de uma cultura helênica, a Criméia e os Cáucasos, onde ele viajou com sua esposa e escreveu alguns de seus versos mais candentes. A própria sra. Mandelschtam se surpreende com essa afinidade confessa com a cultura mediterrânica, sugerindo que não faz nenhum sentido particular para um menino russo educado em Petersburgo imaginar que tinha uma ligação biológica com o mundo mediterrânico simplesmente por causa de sua ascendência judaica. O ponto a ressaltar aqui, evidentemente, não é que tal identificação com valores mediterrânicos precise ser necessariamente fundamentada em fatos de hereditariedade, mas apenas que ela se estabelece como um fato poderoso de consciência para o poeta. Embora Mandelschtam seja um poeta intensamente russo – alguns de seus poemas são tão cheios de alusões à poesia e à história russa anterior que se tornam impenetráveis a qualquer tentativa de tradução – ele necessitava urgentemente de uma ponte imaginativa fora de seu tempo e lugar, e sua autoconsciência de judeu deu-lhe um senso de distância interior, uma sensação de um estar-em-casa privilegiado no amplo *continuum* de valores culturais que remontavam a três milênios e que estavam agora ameaçados pelo reinado revolucionário da brutalidade burocratizada. O anseio pelo Mediterrâneo é um tema que tem amplo precedente na poesia russa do século XIX, mas Mandelschtam lhe confere uma pungência e urgência graças à consciência que tinha de suas origens judaicas. O comentário de sua viúva, em *O Abandono da Esperança*, sobre a presença de temas judaicos em sua poesia faz pleno sentido à luz dessa orientação geral: tais poemas não eram "numerosos – mas sempre profundamente significativos".

No final dos anos 20, o "caos judaico" do qual devia sempre escapar cedera lugar a uma idéia de que a judaicidade era uma antiga linhagem aristocrática. No começo de "Quarta Prosa", Mandelschtam reflete com satírica mordacidade sobre os judeus burgueses assimilados de Petersburgo, "descendentes de rabinos de sangue patrício", que terminavam por buscar as águas da salvação em spas turguenievianos e lermontovianos. Mais adiante em "Quarta Prosa", faz questão de assumir a postura de um judeu contra o bando voraz dos escritores assalariados incitados pelo partido (o "escritorado" soviético) que queriam destruí-lo: "Insisto em que o escritorado, tal como se desenvolveu na Europa e, sobretudo, na Rússia, é incompatível com o título honorário de judeu do qual me orgulho. Meu sangue, carregado com sua herança de criadores de ovelhas, de patriarcas e de reis, rebela-se contra a ciganice astuciosa da tribo dos escritores".

Dois anos mais tarde, em 1931, ele exploraria, em *Canzone*, um dos poemas mais marcantes de seu estilo maduro de alusões permutadas, a identificação com um antigo rei judeu como símbolo essencial de sua própria força poética. *Canzone* oferece uma perspectiva da paisagem armênia como um emblema óptico da visão poética. Armênia, a terra de Ararat e, como Mandelschtam a denominou, uma "irmã mais moça de Judéia", funde-se com a Sion bíblica, e o poeta de olhar penetrante, enriquecido com "o legado do Salmista a um vidente", imagina-se perscrutando com "exóticos binóculos Zeiss / o dote precioso do Rei Davi"[8]. Essas lentes visionárias dão uma definição exata a detalhes da paisagem, uma intensidade primária à cor num mundo onde tudo nefastamente desbotou. Assim, o poeta "mediterrânico", recordando uma Armênia que visitou recentemente já que escreve em Moscou,

---

8. O poema em inglês foi traduzido por Max Hayward em *O Abandono da Esperança*.

sonha realizar a sua antiga vocação, abandonando as regiões do norte "para banhar em visão a *finale* do destino / e dizer *selah* ao Chefe dos Judeus / por seu afago carmesim".

A sra. Mandelschtam dedica vários parágrafos intrigantes a esse afago carmesim, ligando-o ao quadro de Rubens, *O Filho Pródigo*, que está exposto no Hermitage de Leningrado, no qual a figura do pai que perdoa se banha numa aura avermelhada que se irradia de seu manto. A palavra que designa cor em russo, *malinovy* (somos informados por uma nota de Max Hayward), deriva de *malina*, framboesa, e traz consigo conotações de riqueza, doçura, calor. Para nossos propósitos, o que é mais importante é a associação de carmesim com realeza na figura do rei-poeta de Israel antigo, e o fato de que, ao identificar uma rica intensidade de cor com a herança judaica, Mandelschtam estava exatamente invertendo a sua versão anterior do judaísmo, na qual o descreve como amarelo desbotado e preto forte contra o esplendor policrômico do mundo russo. Em vez de um caos de origens, o passado judeu tornara-se um mito de origens vividamente imaginado.

Permitam-nos elucidar as últimas distinções. Ossip Mandelschtam não acreditava no judaísmo nem no cristianismo: ele acreditava na poesia. Por algum tempo, esteve inclinado a associar a poesia ao cristianismo por causa de suas noções de ordem cristã e da aparente seriedade espiritual do cristianismo. Eventualmente, enfatizou em vez disso a consciência histórica crucial a que ele como poeta tinha acesso pelo fato de ser judeu, e talvez a ênfase judaica fosse agora uma ênfase mais compatível exatamente porque envolvia não uma crença mas um senso de participação numa longa tradição cultural. Num manifesto de 1912, "A Manhã do Acmeísmo"[9], Mandelschtam fala da maneira como "um poeta eleva um fenômeno à potência dez", produzindo uma "realidade monstruosamente condensada". E essa realidade, ele continua, "é a palavra como tal".

Com o passar do tempo, Mandelschtam iria enriquecer e complicar a sua concepção da realidade gerada pela palavra como tal, mas, duas décadas mais tarde, em seu notável ensaio sobre Dante, ainda permanece fiel a essa concepção. A poesia, declara ele no início do ensaio, não é uma parte da natureza, nem, em qualquer sentido comum do termo, uma imitação da natureza, "mas é algo que, com surpreendente independência, se estabelece num novo campo extra-espacial de ação, não tanto narrando a natureza quanto representando-a por meio de seus instrumentos, que são chamados imagens". Essas imagens, naturalmente, são vazadas na linguagem, e assim interagem dinamicamente uma com a outra num poema, tanto com relação às suas pro-

---

9. No estudo crítico de Clarence Brown aparece uma tradução completa desse artigo.

priedades lingüísticas e fonéticas quanto no que se refere às visuais. Desse modo, Mandelschtam chega à conclusão de que, dentro do campo independente, extra-espacial em que opera, o material poético não é referencial mas gerado pela exploração incansável que o poema faz de seus próprios padrões, imagem gerando imagem através das armaduras complicadoras da múltipla associação e do som. A poesia é feita, naturalmente, de experiência humana, mas alcança a sua "realidade monstruosamente condensada" através de sua liberdade de seguir a sua própria lógica fantasticamente não-discursiva e assintática de imagens e sons.

Essa doutrina da linguagem e realidade tem pouco a ver com o judaísmo ou com o cristianismo, ou, nesse particular, com qualquer "tradição judaico-cristã", embora a noção judaica de revelação inesgotável através das palavras e de sua exegese possa ser mais compatível com tal estética do que a idéia cristã de Logos, a Palavra encarnada. O que a doutrina reflete é a relação pessoal de Mandelschtam com o Velho Testamento e com o Novo, com o *corpus* de Homero, de Ovídio, de Dante, de Villon, de Púschkin como padrões luminosos de linguagem. Uma vez que ele podia imaginar para si mesmo uma conexão com o judaísmo não através do embolor amento rememorado da casa paterna mas através das palavras – as de um poeta espanhol ou do Salmista, as do narrador bíblico que conta a história de seu homônimo José –, ele estava livre para conceber-se como um poeta judeu, guardião dos carmesins e azuis e dourados do Mediterrâneo na desolação de uma paisagem do Norte e de uma época sombria. Homero poderia ter sido a fonte imaginada de seu legado tão facilmente quanto Davi, e, na verdade, existem em sua poesia ricas e abundantes alusões a Homero, mas era-lhe mais natural moldar o seu mito pessoal da vocação poética segundo o Salmista e o Levita por causa de sua premente consciência de ser um judeu.

A liberdade interior da poesia de "condensar" a realidade era, na opinião de Mandelschtam, absolutamente indispensável à existência civilizada – as pessoas necessitavam dela assim como necessitam do ar, de pão e de luz, escreveria num poema posterior, "para mantê-las despertas para sempre" – e era exatamente essa liberdade que um regime totalitário não podia tolerar no mínimo grau. A decisão de Mandelschtam de escrever o "Epigrama de Stálin" em 1934 e de lê-lo a um grupo de amigos era uma decisão necessária para ele, mesmo sabendo que isso poderia provavelmente significar a sua morte. Tal como sua esposa observa com justeza em *O Abandono da Esperança*, ele precisava de um ato de desafio como esse e, como "Quarta Prosa" antes dele, "para quebrar a gaiola de vidro na qual estava preso e recuperar a sua liberdade", a fim de preservar sua própria voz poética que o mantinha vivo. "Não se pode escrever poesia dentro de uma gaiola de vidro"¹⁰, conclui a sra. Mandelschtam, "– não há ar". Existe uma lógica forçada na representação que faz de Stálin no poema fatal como uma espécie de antitipo mítico da poesia, o implacável emissor de "palavras como medidas de peso", que mata, que reclama toda linguagem para seus próprios propósitos homicidas e cerca-se de servidores servis que só podem grunhir e chiar como bestas.

Na magnífica poesia dos chamados *Cadernos de Voronezh*, os poemas que Mandelschtam escreveu em seu exílio na região do Don, entre 1935 a 1937, sente-se uma qualidade paradoxal em meio ao terror que Walter Benjamin certa vez associou a Kafka – uma radiante serenidade. É uma qualidade, creio eu, que deriva em grande parte da fé absoluta que Mandelschtam tinha na validade permanente, na indispensabilidade, do empreendimento poético, que ele estava agora vivenciando, escrevendo, até às últimas conseqüências. Na verdade, não estava totalmente livre de premonições deprimentes sobre o seu próprio destino iminente e, igualmente, do da humanidade. Há poemas, portanto, que insinuam ominosamente um apocalipse, como aquele em que observa as fileiras de prisioneiros cruzando "o peso batido das planícies" e imagina-se rastejando através dessas vastidões está "aquele cujo nome gritamos em nosso sono – / o Judas de nações não-nascidas". O que é notável é que a visão apocalíptica deveria receber uma ênfase secundária nos *Cadernos de Voronezh*. A celebração poética do aqui e agora feita por Mandelschtam nunca foi mais intensa, mais sensitivamente viva, do que nesses poemas. Seu mito mediterrânico particular fornece uma fonte imaginativa para essa celebração, despontando aqui e ali na imagética explícita da cerâmica cretense, das flautas gregas, da Itália de Dante, do mar que diz sim e, repetidas vezes, da ostentação do azul mediterrânico. No mais imediato, a verdadeira paisagem de Voronezh está presente em toda a sua particularidade multíplice, pungente – árvores verdes "explodindo" da lamacenta terra primaveril emoldurada no nevoeiro leitoso, os canais congelados de uma cena hibernal anfractuosa, a versão do mestre colorista para a Deep Saddle-Bow Mountain em amarelos e vermelhos, "framboesa e ouro puro". É bastante fácil aceitar, com base apenas nos poemas, a afirmação de Nadejda Mandelschtam de que, durante o período de Voronezh, o casal era tão feliz quanto os filhotes de animais, usufruindo ao máximo cada momento vivido.

A alegre intensidade com que Mandelschtam realiza essas condensações da realidade como um "escritor do mundo terreno" (*Dichter der irdischen Welt*) – uma frase cunhada por Erich Auerbach para caracterizar a aguda focalização poética de Dante sobre o reino terreno –

---

10. Meu colega Robert Hughes sugeriu-me que a tradução mais precisa do termo russo seria "redoma".

é complementada perfeitamente pela extrema convicção e dignidade dos poemas nos quais o poeta, com calma e tranqüilidade, desafia os seus perseguidores.

> Você tirou de mim todos os oceanos e todo o espaço.
> Você me deu o tamanho de meu sapato rodeado de grades.
> Aonde é que isso o conduziu? A lugar algum.
> Você me deixou os lábios, e eles moldam palavras,
> mesmo em silêncio.

Na suprema clareza imaginativa desses últimos poemas, Mandelschtam está além da origem ética ou das filiações de credo como uma luminosa testemunha da própria poesia – não seu mártir mas seu praticante exemplar, demonstrando o vigor vivificante do jogo transformacional do poeta com a linguagem mesmo na escuridão iminente do terror final. A história e a tradição literária continuavam funcionando em sua mente à medida que ele cristalizava o momento atual em seus versos, e ele pode muito bem ter pensado no seu vínculo com o povo que por dois milênios foi deixado apenas com suas palavras, seus lábios moventes, por seus opressores, e ainda assim ele fizera muita coisa, e sobrevivera. No cataclisma engolfante de sua própria era, Mandelschtam podia refletir sobre a teimosa durabilidade da ampla tradição literária multilingual que havia chegado até ele um tanto intacta através de suas vicissitudes históricas; e assim, com a confiança de um mestre em sua arte aperfeiçoada, ele poderia esperar no final que sua poesia também sobrevivesse à nova ordem assassina decidida a extirpá-la e tudo o que ela representava.

> Pilhas de cabeças humanas vagueiam na distância.
> Eu definho entre elas. Ninguém me vê. Mas em livros
> muito amados, e em jogos infantis eu me erguerei
> de dentre os mortos para dizer que o sol está brilhando.

1974

III. O Romance e a Teoria Literária

1. O Espelho da Cavalaria e o Mundo dos Espelhos

> *Por que nos perturba que D. Quixote seja um leitor de D. Quixote e Hamlet, um espectador de Hamlet? Essas inversões sugerem que, se as personagens de uma obra de ficção podem ser leitores ou espectadores, nós, seus leitores ou espectadores, podemos ser fictícios.*
>
> J. L. BORGES, "Partial Magic in the *Quixote*"

Uma das qualidades mais essenciais e mais inquietantes da cultura moderna é a sua crescente disseminação em progressão geométrica. Desde os dias de Gutenberg, quando a tecnologia interveio pela primeira vez de modo decisivo na reprodução de artefatos, a rápida expansão e desenvolvimento da cultura ocidental acentuaram progressivamente uma ambigüidade básica. O artista, de posse de novos meios de disseminação e novos veículos de implementação, podia imaginar novas e imensas possibilidades de poder no exercício de sua arte. Ao mesmo tempo, as condições de reprodução mecânica fizeram com que o artista individual nadasse necessariamente contra um vasto fluxo de entulho literário, desproporcional a tudo o que existira antes na história cultural, e o próprio objeto de arte reproduzido, em sua acessibilidade universal, podia ser barateado, banalizado, privado de sua unicidade, despojado de quaisquer pretensões que pudesse ter de ser uma norma de valor ou uma fonte de verdade[1]. A transmissão de palavras ordenadas com engenhosidade ocorre, cronologicamente, do vér-

---

[1]. Para uma brilhante análise desse processo, ver Walter Benjamim, "The Work of Art in the Age of Its Mechanical Reproduction", *Illuminations,* New York, Hartcourt, Brace and World, 1968.

tice em direção à base numérica ampla de uma pirâmide, desde a recitação oral do bardo tradicional, que comunicava uma sabedoria imemorial, ou inspirada, a um pequeno círculo de ouvintes reunidos em seu redor; à palavra manuscrita inscrita num pergaminho ou numa tabuinha, que ainda era considerada muitas vezes mágica ou sagrada, disseminada entre uma elite letrada; ao texto impresso, que se tornou facilmente acessível em milhares e milhares de cópias, o que, na melhor das hipóteses, preserva de seus antecedentes literários uma sensação vaga e intermitente de que o que ele diz *deve* ser verdade, porque está escrito num livro. Ademais, o desenvolvimento de meios ainda mais fáceis de proliferação dissipa até mesmo o senso vestigial da autoridade da palavra escrita: hoje qualquer pessoa, indo ao serviço de fotocópia mais próximo e investindo muitas vezes bem menos que o preço do editor, pode "fazer" seu próprio livro a partir de uma cópia emprestada, e, com essa conveniência, a distância qualitativa, nas mentes de muitas pessoas, entre o livro e o texto datilografado ou mimeografado se reduz a uma questão de impressão mais nítida e de margens justificadas.

O romance como gênero proporciona uma medida especialmente instrutiva de uma cultura apanhada na dinâmica de seus próprios instrumentos tecnológicos, porque é o único gênero importante que surge após a invenção da imprensa, e cujo próprio desenvolvimento – tanto estrutural ou temático quanto econômico – está intimamente ligado à imprensa. Não pretendo cair no erro de certos teóricos em moda que afirmam que *todas* as mudanças culturais importantes são decorrentes de modificações nos meios de comunicação. Ao contrário, eu admitiria como auto-evidente que todas as revoluções sociais, políticas e econômicas, desde a virada do século XVII até o presente, com as transformações concomitantes em crença e visão de mundo, não só se refletem no romance como também determinaram significativamente a natureza desse gênero literário. Toda a boa crítica, marxista e não-marxista, que liga o surgimento do romance ao crescimento da burguesia não está certamente longe da verdade – só que ela aborda a questão a partir de um viés, insistindo em que o "realismo" é a meta inerente do romance e, assim, ignorando muita coisa que merece um cuidadoso exame.

O romance começa a partir de uma erosão da crença na autoridade da palavra escrita e começa com Cervantes. Adota adequadamente como alvo inicial de sua crítica literária o primeiro gênero que desfrutou de sucesso popular por causa da prensa de impressão: o romance de cavalaria do Renascimento. Os romancistas não foram de modo algum os primeiros escritores a reconhecer claramente o *status* ficcional das obras de ficção, mas, a meu ver, foram os primeiros – e Cervantes, é claro, o primeiro de todos – a ver na mera ficcionalidade das obras de ficção a chave para o predicamento de toda uma cultura e a usar essa consciência no centro da criação de novas ficções próprias. Para muitos romancistas, com efeito, a crise da crença na palavra escrita a que me refiro nada mais foi que um substrato cultural comum desconsiderado para o seu trabalho, embora em nenhuma parte eles o explorem conscientemente nas realidades ficcionais aparentemente sólidas que criam. Do ponto de vista numérico, os romancistas que escrevem deliberadamente por um ceticismo indisfarçado sobre o *status* das ficções constituem, sem dúvida, uma tradição menor que a dos realistas, mas é uma brilhante tradição, não obstante, e que lança uma boa dose de luz sobre a natureza do romance como gênero. Uma medida da genialidade de Cervantes é o fato de ter sido ele o iniciador de ambas as tradições do romance: a sua justaposição das fantasias literárias extravagantes à realidade larvar aponta o caminho aos realistas, a sua manipulação saborosamente ostentosa do artifício que ele constrói estabelece um precedente para todos os futuros romancistas autoconscientes[2].

Particularmente porque tantas gerações de leitores cantaram loas a D. Quixote como uma imagem eterna da humanidade, pode valer a pena enfatizar que ele existe simultaneamente em dois planos muito diferentes de existência. De um lado, o cavaleiro macilento sobre seu matungo descarnado cavalga nos olhos da mente pelas planícies de uma La Mancha muito real, parecendo uma figura tão possível embora bizarra de seu tempo e lugar que de fato consegue tornar-se uma imagem geral da humanidade em toda a obstinação de seu idealismo e na futilidade desesperançada de suas cegas desorientações. Cervantes, por outro lado, esforça-se por nos conscientizar de que o cavaleiro é apenas um modelo natural de papel machê, um entrecho de palavras, imagens, gestos inventados e ações, que existe entre as capas de um livro de Miguel de Cervantes[3]. Existe um perfeito a-propósito no fato de que, ao final das aventuras de D. Quixote, quando ele chega a Barcelona, acaba entrando numa oficina de impressão onde testemunha os processos de composição, de tiragem de prova, de revisão, e é obsequiado com uma dissertação sobre os problemas econômicos da edição e venda de livros (2:62). O efeito não é muito diferente do artifício cinematográfico que tem sido utilizado recentemente com tanta freqüência e das mais diversas formas, pelo qual são introduzidos à força na cena filmada câmeras, luzes de Klieg, roupagens e outros acessórios. Num

---

2. Harry Levin, em seu produtivo ensaio "The Example of Cervantes" (in *Contexts of Criticism*, Cambridge, Harvard University Press, 1957), considera Cervantes um romancista paradigmático.

3. Pouco depois de escrever isso, descobri o mesmo argumento, embora feito a partir de uma orientação diferente e elaborado em termos freudianos, em Marthe Robert, "Toujours Don Quichotte", in *Sur le papier* (Paris, Grasset, 1967). A autora, de forma interessante, considera a tensão entre a ficcionalidade manifesta e a realidade aparente como um dilema genérico do romance até dentro dos séculos XIX e XX.

momento como esse mal podemos esquecer que o próprio D. Quixote não passa do produto desses mesmos processos que ele observa, um amontoado de palavras ordenadas tipograficamente, impressas em prova, corrigidas e reimpressas, encadernadas e vendidas por tantos *reales* o exemplar. Além disso, Cervantes nos lembra repetidamente que, sem a rápida atividade das prensas, como as que imprimiram a primeira parte das aventuras de seu herói, a maioria das aventuras da segunda parte nunca poderiam ter ocorrido.

Não é apenas na mente do fidalgo desequilibrado que se mesclam desesperançadamente a realidade dos livros e a realidade da experiência do dia-a-dia. As aventuras de D. Quixote começam, é claro, numa biblioteca e movem-se freqüentemente, em pensamento ou em palavras, e mais de uma vez em ação, em torno dos conteúdos dessa biblioteca; mas é igualmente notável que o mundo para o qual ele sai em excursão esteja cheio de manuscritos e de impressos. A presença sempre cativante de Sancho nos lembra que ainda existe uma classe enraizada de analfabetos cuja cultura verbal é totalmente – e pungentemente – oral; entretanto, ele às vezes dá a impressão de que toda a humanidade é constituída de duas classes superpostas: leitores e escritores. É como se, por trás de cada arbusto da beira da estrada e de cada colina coberta de bosques, outro autor estivesse esperando para irromper, tendo nas mãos um punhado de versos; mesmo um condenado perigoso está ocupado em planejar a segunda parte de sua autobiografia, enquanto caminha para as galés; e os prazeres inesperados que um viajante encontra na mansarda de sua estalagem podem ser tanto um baú cheio de livros quanto os abraços de uma hospitaleira serviçal.

Este romance, como tantos outros depois dele, apresenta-nos um mundo de representações, em que as linhas divisórias entre o papel e a identidade são muitas vezes indistintas, e quase toda personagem aprende as deixas de seu papel na literatura que leu. D. Quixote não poderia ter contagiado de quixotismo com tanto sucesso o mundo humano à sua volta se os romances de cavalaria não tivessem alcançado um público tão amplo de leitores (de novo, a invenção da prensa tipográfica parece ser uma pré-condição das suas aventuras): ele repetidas vezes se depara com pessoas que podem representar os papéis complementares porque são quase tão versados quanto ele na linguagem, nas convenções e nas ações da literatura cavaleiresca. Mesmo um indivíduo tão improvável quanto o estalajadeiro manteado revela-se um leitor tão entusiasta dos romances de cavalaria que a perspicaz Dorotéia é levada a observar: "Temos aqui o segundo D. Quixote" (1:32)[4]. Se

---

4. Todas as citações de *D. Quixote* em inglês são da tradução de Samuel Putnam (New York, Viking,1949). [Em português, foi utilizada a tradução de Aquilino Ribeiro (São Paulo, Difusão Européia do Livro, 1963).]

começamos a imaginar onde termina a literatura e começa a "realidade" num mundo tão profuso em seu arremedo da página impressa, o próprio Cervantes faz questão de aumentar a nossa confusão. D. Quixote na oficina de impressão pode fazer-nos hesitar, porém, mais adiante no romance, quando conversa com Dom Álvaro Tarfe, uma personagem da espúria continuação de *D. Quixote* de autoria de Alonso de Avellaneda, quase nos induz a uma vertigem ontológica: uma personagem de ficção de uma crônica de ficção "verdadeira" confrontando uma personagem de ficção de uma crônica falsa a fim de estabelecer sem sombra de dúvida sua própria e exclusiva autenticidade.

As personagens de ficção, propriamente falando, não têm dimensões, porque as dimensões pertencem à existência espacial e a ficção existe no pensamento, não no mundo da extensão. No entanto, temos o hábito de aplicar o termo "tridimensional" metaforicamente àquelas personagens que nos parecem convincentes e reais, um costume que pode refletir algo da ambigüidade com que usualmente tratamos as personagens de ficção. Cervantes, antes mesmo do uso geral da metáfora, tinha bastante consciência da ambigüidade, e ele o ilustra bem no começo de seu romance, quando significativamente reduz – ou talvez devamos dizer eleva – seus protagonistas a um plano bidimensional. No final do capítulo VIII, no clímax de uma aventura, quando D. Quixote encontra corpo a corpo o seu primeiro adversário armado – o terrível biscainho, cavalgando sua mula, a espada para o alto e uma almofada a servir-lhe de escudo –, Cervantes de repente congela a ação, deixando os antagonistas sanguinários com as espadas suspensas no ar, enquanto explica que o "autor dessa história" não conseguiu encontrar nenhum outro documento referente às façanhas de D. Quixote. O capítulo termina nesse estado de suspensão, e um novo capítulo começa com o narrador ("o segundo autor desta obra") mudando subitamente para a primeira pessoa do singular, a fim de relatar, de forma anedótica e descontraída, como certa vez, no mercado de Toledo, encontrou uma série de cadernos escritos em caracteres árabes, que não eram senão a *História de D. Quixote de la Mancha, Composta por Cide Hamete Benengeli, Historiador Arábigo.* (A intervenção de Cide Hamete é, em si mesma, uma questão complicada e intrigante à qual retornaremos mais adiante.) O primeiro caderno contém, muito convenientemente, uma ilustração, cuidadosamente desenhada, do momento exato em que foi interrompida a narrativa anterior. A coincidência é de pasmar; somente o artífice que concebeu tanto o primeiro quanto o segundo autor dessa história, bem como o industrioso historiador arábigo, poderia ser responsável por uma sincronização tão perfeita de duas narrativas isoladas e dois veículos diferentes. Assim é descrita a ilustração:

No primeiro caderno via-se, pintado muito ao natural, o duelo de D. Quixote com o biscainho, precisamente surpreendidos na postura em que a narrativa os deixa, de espada ao alto, um coberto com a rodela, o outro com a almofada, e a mula do escudeiro tão ao vivo que se reconhecia à légua ser de alquiler. Por baixo do biscainho um listel dizia: *D. Sancho de Azpeitia*, que tal devia ser o seu nome; por baixo de Rocinante outro: *D. Quixote*. O Rocinante estava maravilhosamente figurado, comprido e na estica, descarnado e fraco, a tal ponto na espinha que, notoriamente hético, bem mostrava com quanto acerto e propriedade merecia o nome. Junto dele estava Sancho Pança, que segurava o asno pelo cabresto, com outro rótulo que dizia: *Sancho Zancas*, apelido que lhe valeram, segundo denotava a estampa, a barriga grande, o tronco atarracado, as coxas largas, donde lhe viria a alcunha de Pança e ainda de Zancas com que por vezes o designavam. Outras particularidades haveria de frisar; todas são porém de pouca importância, e nem acrescentam nem empanam verdadeiramente ao desenvolvimento da narração, que prima antes de tudo por ser exata e fidedigna.

A ambigüidade equilibrada com que Cervantes concebe a representação da realidade indica aqui por que ele está no início de uma revolução copernicana na prática e na teoria da mimese. O trecho todo, na verdade, é uma representação dentro de uma representação dentro de uma representação daquilo que afinal se hesita em chamar realidade – uma ilustração dentro de um livro dentro de uma crônica da autoria do "segundo autor dessa obra". Seu efeito assemelha-se ao de um espelho dentro de um quadro refletindo o tema da pintura, ou ao desenrolar de fotografias estáticas dentro de um filme: através de um súbito vislumbre das múltiplas possibilidades de representação, somos instruídos insuficientemente e, assim, induzidos a refletir sobre a natureza da representação e a presença do engenhoso intérprete.

Eu sugeriria que D. Quixote é impelido às suas aventuras por um senso inoportuno da irrealidade de sua própria existência enfadonha na Idade do Ferro. Seja como for, ele estabelece claramente uma identidade entre o existir real e o existir registrado na literatura. Na primeira parte do romance, ele se prepara para toda e qualquer aventura com aguda consciência do "sábio que escreverá no futuro a história" de suas façanhas, pois somente através do escrito é que ele pode ter certeza de que se tornou tão real quanto Amadis, Don Belianis, Felixmarte e todos os outros. O herói épico tradicional, naturalmente, também deseja que sua glória seja cantada após ele pelos filhos dos homens, mas D. Quixote, um homem apegado aos livros, quer na verdade tornar-se um livro. É esclarecedor que, na Segunda Parte, quando a ambição de D. Quixote é abruptamente realizada e ele é perseguido em toda a parte pelo conhecimento de que já está num livro, ele comece a suspeitar que seu cronista pode não ser um sábio afinal, mas, antes, um dos feiticeiros obstinados que o estão perseguindo. Nesse ponto inicial do romance, entretanto, nos é dada uma imagem literalmente gráfica do cavaleiro com sua ambição já realizada, mas a realidade que atingiu é um tecido ilusório de contradições.

Os detalhes da ilustração são dados a fim de confirmar a autenticidade da narrativa anterior: se duas fontes independentes, o anônimo "primeiro autor desta história" e Cide Hamete Benengeli, não oferecem retratos idênticos, este deve ser então o "verdadeiro" D. Quixote. Não obstante, a autenticação é realmente um truque de prestidigitação transparente, pois, quando a ilustração é descrita como "muito ao natural", o que isso significa com efeito é que ela é muito parecida com a figura no final da narrativa que concluiu o capítulo anterior: a coerência interna é calmamente substituída por verossimilhança, embora não tão calmamente que não reflitamos por um momento sobre a substituição. (Peculiarmente, um pequeno detalhe aqui não está de acordo com a narrativa subseqüente. Sancho não é chamado "Panza y Zancas", ou "pança e canelas", uma série de vezes na crônica de Cide Hamete. Será isto um dos conhecidos descuidos de Cervantes, ou um estratagema para lançar uma leve sombra de dúvida sobre a confiabilidade dos cadernos arábigos, ou de seu tradutor?) De qualquer modo, quando nos informam, no final do trecho, que foram relatados apenas os detalhes que têm relação com a verdade da história, podemos ser levados a suspeitar que não mais sabemos o que significa a verdade da história, e um objetivo do trecho pode ser justamente levantar tal dúvida.

Quanto a D. Quixote, com suas aspirações a serem traduzidas na esfera da realidade literária, onde o deixa toda essa representação gráfica? Fixado para sempre num texto, transformado no tema de uma nova iconografia, ele realizou tudo e quase nada. Ele e Sancho mal se puseram a caminho; todas as "façanhas" das quais temos consciência até agora como leitores são um punhado de desorientações hilariantes do cavaleiro, e assim o conteúdo de sua imortalidade parecia ser o mero fato de estar registrado numa página impressa. Na verdade, nesta conjuntura particular, a página ainda não está impressa, uma vez que a crônica de Cide Hamete está escrita em vários cadernos. A ilustração que a acompanha, então, e que parece mais uma gravura teria de ser um desenho a bico-de-pena. Assim, um caderno com croquis é imperceptivelmente metamorfoseado num livro ilustrado, e tornamo-nos conscientes de quão tentativa é a questão da imortalidade do cavaleiro, do quanto toda a realidade do romance é o produto de um *trompe l'oeil* do artista.

A nova realidade romanesca que Cervantes criou tem em muitos aspectos importantes uma aparência real, embora confessadamente arbitrária, e um estratagema principal para transmitir uma consciência desse duplo caráter, aqui e ao longo de todo o romance, é o jogo manifesto na atribuição dos nomes. Inventar e dar nomes é a paixão predominante de D. Quixote. Como um corolário da crença de que ser real significa estar registrado na literatura, ele está convencido de que nenhuma identidade pode ser real até que se lhe atribua um nome apropriado. Não obstante, como vários críticos observaram, ele escolhe conscientemente nomes que, embora eufonicamente adequados aos novos papéis da Idade do Ouro, são revelações transparentes das identidades da Idade do Ferro, a exemplo de Rocinante, que era um cavalo comum (*rocín*) antes (*ante*) e agora é considerado o primeiro de todos os cavalos do mundo[5]. Uma duplicidade conexa de perspectiva é sugerida de forma diferente na ilustração, na qual cada uma das três figuras humanas é cuidadosamente rotulada com uma rubrica embaixo, e o narrador tece comentários sobre a adequação gráfica dos nomes inventados "Rocinante" e "Panza y Zancas". Tais rubricas, naturalmente, foram usadas com freqüência nas ilustrações renascentistas e servem aqui, pelo menos ostensivamente, como prova da veracidade da narrativa, sendo a cada personagem atribuído escrupulosamente o seu nome correto. (Evidentemente, Cide Hamete tem mais material documental à disposição do que o Primeiro Autor, já que é capaz de nos dar o nome completo do até então anônimo biscainho.) Ao mesmo tempo, nada podia ser mais nitidamente um artifício formal, uma invenção convencional, do que representar personagens com suas identidades claramente rotuladas sob seus pés, e isso por sua vez pode levar-nos a refletir sobre a pura arbitrariedade da atribuição de nomes na obra literária, sobre os processos puramente verbais da criação autoral através da qual as personagens adquirem existência. Na cultura primitiva, a palavra é mágica, exercendo poder sobre o mundo físico; na tradição bíblica, ela é sagrada, plena de sentido divino impenetrável. Para Cervantes, a palavra ao mesmo tempo ressoa com sua antiga qualidade mágica e volta-se sobre si mesma, expondo sua própria vacuidade como um construto arbitrário ou convencional. A crítica francesa Marthe Robert, em seu brilhante ensaio sobre D. Quixote, oferece uma formulação elegante e precisa: "A palavra quixotesca [*la verbe donquichottesque*]... é invocação e crítica, conjuração e investigação radical, tanto uma quanto a outra com seus riscos e perigos"[6].

Essa duplicidade ontológica da linguagem em Cervantes reflete-se no novo tipo de estrutura narrativa que ele ideou: o mundo ficcional converte-se repetidas vezes numa recorrência múltipla de imitações que chamam a atenção de várias maneiras para seu próprio *status* de imitações. O paradigma para esta estrutura é mais evidente no episódio de Mestre Pedro e seus fantoches (2:26). O assistente de Mestre Pedro está em pé na frente do palco, narrando a ação enquanto seu empregador manipula as marionetes por trás da cena. Incrustados na

---

5. Ver Leo Spitzer, "Perspectivism in the *Quijote*", in *Linguistics and Literary History*, Princeton, Princeton University Press, 1948.

6. *L'Ancient et le nouveau: de Don Quichotte à Kafka*, Paris, Petite Bibliothèque Payot, 1963, p. 25, nota.

narrativa manifestamente ficcional do rapaz – que por sua vez está contida, evidentemente, na versão dada pelo Segundo Autor de uma narrativa de Cide Hamete Benengeli – estão versos de antigas baladas, isto é, fragmentos de um outro corpo de literatura preexistente. D. Quixote, como principal membro da platéia, interrompe repetidas vezes a narrativa do rapaz para apontar inadequações na direção de seu artifício, e em cada caso Mestre Pedro responde de trás da cena, ou para confirmar o julgamento dado ou para discordar dele. Assim, quando o rapaz explica a prisão e o castigo de uma das personagens referindo-se a uma prática legal dos mouros, D. Quixote o repreende: "Menino, menino! anda lá com a história ao direito e não te percas em rodeios e circunlóquios", e Mestre Pedro interrompe a conversa, mudando a metáfora: "Rapaz... atende ao que este senhor te diz, que está certo. Segue com a sanfonina, e não tanjas em altas que dás fífias". Em outras palavras, a ilusão ficcional transparente da narrativa do espetáculo de fantoches é rompida muitas vezes pela crítica literária do mundo "real". Além disso, ambos os críticos estão mascarados, embora por razões diferentes: Alonso Quixano, o Bom, vestido numa armadura e disfarçado de cavaleiro medieval; o prisioneiro evadido com pendor literário, Ginés de Passamonte, no disfarce de um titeriteiro itinerante.

A crítica literária, cabe observar, é intrínseca ao mundo ficcional de D. Quixote e de todos os romances autoconscientes criados depois dele. Tal crítica está presente não apenas na exposição parodística dos absurdos dos romances de cavalaria e nas extensas discussões de questões literárias que ocorrem entre os protagonistas várias vezes no romance, mas é também, tomando uma figura de Mestre Pedro, um contraponto reiterado ao cantochão da narrativa por todo o livro, com a interrupção do espetáculo de títeres ilustra com clareza esquemática. Neste modo autoconsciente de ficção, a crítica literária não é, como pode às vezes parecer, uma interpolação, mas um momento essencial no ato de imaginação, um ato que é ao mesmo tempo "conjuração e investigação radical".

Assim, por exemplo, a crônica de Cide Hamete é acompanhada dos julgamentos de três comentadores. O mais proeminente deles é naturalmente o anônimo Segundo Autor, que tem muita coisa a dizer sobre a veracidade de Cide Hamete, sua dedicação como historiador, o "fio rastelado, torcido e aspeado do enredo de Benengeli" (1:28)* , e assim por diante. Então, o próprio historiador arábigo intervém, ou diretamente ou através do relatório do autor espanhol, maravilhando-se com os eventos que relata, questionando a autenticidade da experiência de D. Quixote na Cova de Montesinhos, queixando-se da mo-

---

* Na tradução para o português utilizada, essa sentença foi omitida. A citação é da tradução de Visconde de Castilho e Azevedo (São Paulo, Abril, 1978) (N. T.).

notonia das aventuras de D. Quixote com Sancho, e defendendo assim a prática de contos interpolados contra as críticas feitas na Primeira Parte. Até mesmo o tradutor mouro, claramente subordinado, entra na representação, tecendo comentários ocasionais sobre Cide Hamete e proclamando a apocrifia de um dos capítulos, porque nele a fala de Sancho parece-lhe incompatível com o que sabemos do escudeiro. Finalmente, várias personagens criticam os contos inseridos na narrativa principal, questionando a sua probabilidade, a motivação de suas personagens, a adequação da linguagem usada neles. Um dos exemplos mais marcantes desse processo, novamente um em que se entretecem representação e crítica literária, é a aventura romanesca dentro de uma peça dentro do romance, tal como é contada e comentada pelo mordomo do duque fantasiado de Condessa Trifaldi (2:38). No curso do romance que inventa sobre si mesma, a condessa cita alguns versos cantados por um amante e então faz uma observação contundente sobre o estilo deles: "Se eu fora a boa aia que devia ser, não me haviam de sensibilizar os seus tresnoitados conceitos nem havia de tomar à letra modilhos deste quilate: vivo morrendo, ardo em gelo, tirito ao lume, espero sem esperança, parto e fico, com outras afetações desta índole, de que estão repletas as suas composições".

Retornaremos rapidamente ao espetáculo de fantoches de Mestre Pedro, pois ainda não consideramos o que é seguramente a coisa mais notável acerca daquele episódio – o modo como D. Quixote o leva a terminar abruptamente, ao saltar de súbito para o palco e golpear as marionetes com sua espada, enquanto Mestre Pedro exclama consternado: "Repare que esses que para aí está a derrubar, a destroçar, a matar não são mouros verdadeiros. São bonecos de pasta". No nível da sátira farsesca, o objetivo desse desenlace é óbvio: o botão inevitável que está conectado diretamente à *idée fixe* do cavaleiro louco foi de novo pressionado, e ele reage como um boneco cômico, mais uma vez erguendo seu valente braço direito para acudir aos desafortunados de um mundo imaginário de aventuras. É digno de nota, no entanto, que essa explosão de loucura cavaleiresca seja imediatamente precedida de um de seus momentos mais lúcidos na discussão crítica da mimese. Quando soam os sinos das torres das mesquitas na peça, D. Quixote interrompe para objetar que isso é um total contra-senso, porque os mouros não usam sinos. Mestre Pedro retruca que se trata de uma objeção sem valor, porque inumeráveis peças – como as de Lope, imagina-se – estão repletas de imprecisões muito mais evidentes, e D. Quixote aceita o argumento, aparentemente disposto a conceder que, em alguns casos de imitação da realidade, não é necessária uma verossimilhança tão coerente. Então, no momento seguinte, o cavaleiro salta, com a espada em riste, do mais claro reconhecimento do espetáculo de títeres como um artifício para uma total aceitação dele como realidade. O melhor meio de definir a "loucura lúcida" que lhe é atribuída às vezes pelo narrador é talvez dizer que D. Quixote repetidamente polariza dentro de si mesmo atitudes opostas em relação a ficções que a maioria de nós conservamos numa espécie de suspensão. O momento em que o impulso de consciência dissipara de um pólo ao outro é um momento esclarecedor, porque Cervantes compreende que existe uma tensão fundamentalmente séria entre o reconhecimento de obras de ficção como ficções e a aceitação delas como realidade, por mais que nos pareça fácil manter essas duas consciências ao mesmo tempo. Saber que uma obra de ficção é, apesar de tudo, apenas uma ficção subverte potencialmente toda e qualquer realidade significativa que poderia ser atribuída à obra de ficção, enquanto concordar imaginativamente com a realidade de uma ação representada é uma etapa num processo que podia minar ou confundir o que costumamos considerar como nosso senso de realidade. O romance de Cervantes podia ser descrito como um desempenho cômico das implicações básicas, tanto morais quanto ontológicas, dessa tensão de atitudes.

Se D. Quixote questiona o *status* das obras de ficção e o seu próprio como ficção, também afirma um novo senso da autonomia do artista que o concebeu. Propus o termo *trompe l'oeil* quando falei do quadro de D. Quixote e o biscainho, e talvez seja útil imaginar todo o romance por um momento como uma série de painéis *trompe l'oeil* que se abrem consecutivamente para revelar o autor irrompendo no final da série. A História do Cativo, que ocupa tantas páginas na Primeira Parte, fornece um exemplo claro de como funciona essa estruturação engenhosa. O Cativo introduz sua história, no final do capítulo 38, ao anunciar aos seus ouvintes que eles "vão ouvir uma história verdadeira que deixa a perder de vista todas essas que se inventam com laborioso e cuidado artifício". Ele, no entanto, começa imediatamente sua história com a introdução mais claramente convencional do conto popular: o pai que divide sua herança igualmente entre seus três filhos, enviando um deles à Igreja, outro ao mar e o terceiro à carreira das armas. No final da história (1:42), Cervantes está pronto a apontar esta convencionalidade ao leitor. Assim, o cura observa: "Lembro-me... ter-me contado o passo que se deu entre seu pai e os irmãos. Se não fora o homem verdadeiro que era, iria dizer que se tratava de uma das histórias que as velhas contam à lareira nas noites de inverno"; e o irmão do Cativo, ele próprio um dos protagonistas do começo da história, admite que isso pode parecer "ser um conto de fadas".

No meio dessa história, que pretende ser real em conteúdo e se assemelha, em sua forma, a um conto de fadas, é que o narrador menciona outro soldado espanhol que foi feito prisioneiro com ele na África do Norte, um certo Saavedra (1:40). Este é, naturalmente, Miguel de Cervantes Saavedra, o criador do Cativo e de sua história e de todos e demais narradores óbvios e dissimulados desse romance. O Cativo faz algumas afirmações breves sobre o cativeiro real de Cervantes, e então, com acentuada modéstia, Cervantes fá-lo concluir: "Se o tempo mo permitisse, contar-lhes-ia algumas das aventuras deste soldado, com que ficariam muito admirados e que lhes serviria de entretenimento muito mais que a história da minha vida".

Muitas teorias influentes de ficção, como a de Ortega y Gasset em *Notas sobre o Romance*, afirmaram que o "mundo" de um romance deve ser selado hermeticamente, pois qualquer penetração de materiais não-elaborados do mundo exterior a ele apenas estilhaçaria a sua imperiosa mas frágil ilusão de realidade. A meu ver, a teoria não dá ao romance bastante crédito por sua capacidade de enfrentar *formalmente* o ceticismo radical do período histórico conturbado em que o gênero se desenvolveu. Na verdade, é irônico que Ortega se tenha tornado um dos divulgadores dessa teoria; uma década antes, em suas *Meditações sobre o Quixote*, ele revela um senso apurado da dualidade ontológica do gênero, e em especial seus comentários sobre o espetáculo de marionetes de Mestre Pedro na Nona e Décima Meditação continuam enormemente sugestivos.

O próprio Cervantes, como vemos nesse exemplo, não hesitou em abrir uma brecha na realidade ficcional, através da qual se pode ver a manifesta realidade autobiográfica do escritor. (Em outras partes, é claro, ele se apresenta através de referências a suas outras obras, e num certo ponto [1:47], o cura conjectura que a anônima *Novela do Curioso Impertinente* – uma história "fictícia", porque é descoberta dentro da narrativa básica do romance – poderia ser obra do mesmo autor de *Rinconete e Cortadilho*, uma das *Novelas Exemplares* de Cervantes, que ainda não havia sido publicada quando aparece na Primeira Parte de *D. Quixote*.) O fato de Saavedra aparecer na narrativa de uma personagem de ficção inventada por Saavedra é o meio de o autor afirmar seu direito de propriedade absoluta sobre o mundo ficcional que ele criou. Se ele quisesse, poderia relatar suas próprias aventuras de soldado e prisioneiro em vez das do Cativo, pois o ato de ficção depende puramente da opção do autor; ele pode assemelhar-se de várias formas à experiência real, mas não é compelido, no sentido aristotélico do termo, a imitar, não é o escravo daquilo que o senso comum confusamente chama "realidade".

É perfeitamente conveniente, então, que a relação entre o escritor e o leitor em muitas conjunturas seja uma relação vexatória. O breve aparecimento de Cervantes no romance como soldado prisioneiro antecipa o estratagema de Vladimir Nabokov, um dos mais astutos romancistas, que, ao final de seu *Fogo Pálido**, faz seu herói homos-

---

* Ed. bras.: *Fogo Pálido*, trad. de Jório Dauster e Sérgio Duarte, Rio de Janeiro, Editora Guanabara Dois, 1985, p. 252 (N. T.).

sexual e louco afirmar que continuará existindo sob outra forma: "Continuarei a existir. Talvez assuma outros disfarces, outras formas, mas tentarei continuar a existir. Talvez ainda apareça, em outra universidade, como um velho russo, feliz, saudável e heterossexual, escritor exilado, sem fama, sem futuro, sem público, sem nada além de sua arte". Este é, evidentemente, um retrato de Nabokov, embora auto-irônico em seu eco da fala das Idades do Homem em *As You Like It*. De qualquer modo, o aparecimento momentâneo do autor em sua própria obra tem a mesma implicação básica que em Cervantes; com efeito, ela nos diz: esses materiais ficcionais, por mais naturais que sejam, por mais absorventes, foram reunidos na imaginação do escritor, que tem a liberdade de recompô-los novamente da várias formas, ou deixá-los de lado e contar sua própria história diretamente, e os materiais ficcionais não existem sem o escritor.

A intuição de vida que, a partir de Cervantes, se cristalizou no romance é profundamente paradoxal: o romancista reconhece com lucidez de que maneira um homem pode ser dolorosamente frustrado e vitimizado num mundo sem ideais ou valores fixos, sem nem mesmo um senso seguro do que é real e do que não é, embora, não obstante, através do exercício de uma arte autônoma, o escritor afirme audaciosamente a própria liberdade de consciência. A imaginação é, então, alternadamente, ou mesmo simultaneamente, o supremo instrumento de realização humana e a eterna cilada de ilusão de uma criatura condenada à futilidade.

A extraordinária complexidade com que Cervantes mantém uma total consciência de ambos os lados do paradoxo merece outras considerações. Ela é mais facilmente perceptível na maneira como ele, o artista responsável pelo romance, se relaciona com o seu protagonista, D. Quixote, e com seu autor substituto, Cide Hamete. Muitos leitores consideram gratuito, e talvez até algo prejudicial, o artifício do historiador arábigo, embora eu suspeite de que só recentemente tenha sido mais bem entendida a total propriedade de Cide Hamete como intermediário. Benengeli é o demiurgo do mundo que Cervantes criou e, a exemplo do demiurgo da teologia gnóstica, é um intermediário um tanto ambíguo. O Segundo Autor repetidamente enaltece suas virtudes de historiador fiel e, numa ocasião (2:40), dirige-lhe um tributo rapsódico numa apóstrofe formal. No entanto, Cide Hamete nos é apresentado primeiramente como membro de uma nação de mentirosos; ele mesmo admite ter introduzido os contos interpolados da Primeira Parte porque o tema principal o entediava e a fim de dar à sua pena total liberdade para escrever o que quisesse, e expressa ocasionalmente juízos contraditórios ou faz observações algo enigmáticas. Se começa um capítulo (2:8) de forma adequada a um mouro, exclamando três vezes "Bendito seja o poderoso Alá!", não é avesso a começar outro capítulo (2:27) com a expressão: "Juro como cristão católico". O Segundo Autor não tece nenhum comentário sobre essa anomalia, mas o tradutor oferece uma estranha explicação que é esclarecedora em sua maneira peculiar: "À margem comenta o tradutor que jurar como cristão, sendo mouro dos pés à cabeça, não queria significar outra coisa senão que, assim como o cristão quando presta juramento diz ou promete dizer a verdade, assim ele juraria quanto ao que se propunha escrever sobre D. Quixote". Se tudo isso confirma realmente a veracidade de Cide Hamete ou a questiona, é um problema que o leitor pode dar tratos à bola para solucionar. De qualquer modo, a explicação do tradutor ilustra uma tendência partilhada com o protagonista do romance por vários de seus narradores, que é tomar comparações metafóricas por equações literais. Essa estranha prática é apenas a redução ao nível microscópico – palavras e objetos individuais em vez de ações e idéias – da confusão quixotesca entre ficção e fato. Do mesmo modo, D. Quixote pode transmutar um bacalhau seco em carne de vitela e de cabrito ao tecer uma série de símiles (1:2), e o Primeiro Autor pode casualmente substituir mulas por dromedários ao soltar as rédeas da imaginação na comparação (1:8). Quem, o leitor começa a perguntar-se, é um narrador confiável aqui, ou é intrinsecamente não-confiável a própria linguagem, com sua constante necessidade de ampliar seu âmbito expressivo através da metáfora?

Se as comparações figurativas assumem sua própria vida independente, também o fazem, evidentemente, as ficções, tanto aos olhos do historiador dedicado quanto aos do protagonista maluco. Quando a falsa condessa Trifaldi é apresentada pela primeira vez (2:38), são feitas duas observações com relação a seu nome: "Compreenderam todos que provinha o nome da Condessa Trifaldi, como se dissessem a Condessa das Três Fraldas. Esta interpretação fundamenta-se no testemunho de Benengeli que acrescenta ser Lobuna o nome próprio da condessa, por serem muito sobejas as alcatéias de lobos no seu condado". Isso obviamente parodia a devoção de um verdadeiro cronista épico a uma nomenclatura precisa, mas ainda assim é peculiar. Nessa altura da narrativa, quase todo leitor veria, mesmo aqui no início do episódio, que a condessa e seu séquito com suas estranhas vestimentas são falsos, apenas mais uma encenação na série de peças elaboradas concebidas pelo duque e pela duquesa. Cide Hamete sabe disso evidentemente, na verdade sabe que o papel da condessa está sendo representado por um homem, pois é ele o cronista do resto do capítulo, não obstante seja relatado que ele determina gravemente o nome "correto" da condessa graças à sua familiaridade com a fauna do país inexistente dela! Cide Hamete, o historiador que tanto acompanha quanto controla o seu material, também pode tornar-se prisioneiro dele, deslizando para dentro da estrutura do mundo de máscaras e logros que descreve. O efeito no momento em que a ficção começa assim a assumir autonomia é o oposto complementar do *trompe l'oeil*, que se assemelha ao tipo de transição entre planos de realidade registrados no conto chinês em que o arquiteto imperial, fugindo da ira de seu imperador, abre a porta no desenho que fez do palácio e desaparece por ela.

A hispanista Ruth El Saffar sugeriu recentemente que Cide Hamete é o meio engenhoso pelo qual Cervantes interpõe uma distância necessária entre ele mesmo e a sua obra. Isso me parece correto, embora se pudesse acrescentar que Cide Hamete serve ao mesmo tempo de reflexo paródístico da relação ambígua de Cervantes com sua obra. De qualquer modo, El Saffar observa competentemente o efeito que a presença paradoxal do historiador arábigo provoca sobre nós: à medida que o ponto de vista narrativo de Benengeli vacila entre seguir os protagonistas e recuar a um exame geral da onisciência retrospectiva, "o leitor é sucessivamente atraído ao suspense e interesse que as próprias personagens fornecem e é arrebatado para longe delas e levado a uma consciência da pena que as controla"[7]. Esse efeito contraditório é exatamente o produzido por quase todos os romances autoconscientes, a partir de Cervantes. Vale a pena observar que o principal meio de Cervantes conseguir o efeito é dividir-se num alter ego ficcional, o cronista mouro que é supostamente o verdadeiro autor da história; o próprio D. Quixote é outro tipo de substituto para o romancista, já que é manifesto entre as personagens do romance que ele é um autor falho que é impelido a representar o impulso literário no mundo das ações, ser ao mesmo tempo o criador e o protagonista de suas próprias ficções.

Outros duplos, como iremos ver, aparecem novamente nos desenvolvimentos posteriores da autoconsciência romanesca. Isso não é muito surpreendente num tipo de ficção que reiteradamente se preocupou tanto com o caráter instrutivo das similitudes quanto com a sua natureza enganosa, com a ambigüidade entre identidade e personagem ficcional e, sobretudo, com a relação do autor com sua obra. A propósito da última dessas preocupações, Marthe Robert faz uma observação perspicaz sobre *D. Quixote:* "Uma vez que as múltiplas oposições incorporadas no par herói-autor estão longe de poder ser sempre superpostas, o jogo de antíteses se repete através de todas as personagens da narrativa, que, por este motivo, está literalmente povoada de

---

[7]. "The Function of the Fictional Narrator in *Don Quijote*", *Modern Language Notes*, March, 1968, pp. 167. Uma descrição mais ampla e persuasiva das várias funções de Cide Hamete é apresentada no inteligente livro de Mia I. Gerhardt, *Don Quijote: La Vie et les livres* (Amsterdam, Holandsche Uita, Mig., 1953). Ela vê no historiador mouro o principal meio de Cervantes para esclarecer que o autor "não é ludibriado por sua própria ficção" e para criar entre o escritor e o leitor perceptivo "uma prazerosa cumplicidade em torno dessa fraude sutil que é o romance" (p. 16).

duplos"[8]. Essa observação é imensamente sugestiva, embora um tanto críptica. Ela quer dizer, a meu ver, que o romance é, tanto estrutural quanto tematicamente, uma dialética instável, que opera com uma série de oposições parcialmente superpostas que poderiam ser conceituadas através de termos como arte e natureza, ficção e realidade, ideal e fato, papel e identidade, passado e presente, eternidade e temporalidade, crença e ceticismo. Sendo a dialética inerentemente instável, nenhuma oposição pode produzir a resolução de uma síntese, e assim cada par de antíteses, seja incorporado às personagens do romance ou à sua estrutura narrativa, tende à invenção de outras antíteses. No curso do tempo, essa dialética dentro da forma romance produz em modernos escritores experimentais, como Alain Robbe-Grillet e Raymond Queneau, mundos ficcionais onde cada acontecimento é representado como pura hipótese a ser desmontada e reagrupada de novas maneiras, tendo um elemento de instabilidade a dominar o todo.

Já observamos como Cervantes projeta segmentos de si próprio como escritor em dois duplos muito diferentes, Cide Hamete e D. Quixote, o primeiro atuando como intermediário entre ele mesmo e o último. D. Quixote, naturalmente, passa a fazer par com o seu oposto, Sancho, e os dois entram na dialética mais famosa do romance, na qual o cavaleiro quixotiza o escudeiro e o escudeiro sanchifica o cavaleiro. Ao mesmo tempo, D. Quixote tende a converter aqueles que encontra em duplos divertidamente distorcidos e opostos de si mesmo, começando, externamente, com o biscainho galante e culminando no bacharel Sansão Carrasco, que, como reflexo de D. Quixote, assume apropriadamente o apelido Cavaleiro dos Espelhos. Ademais, as histórias interpoladas exibem uma predileção pela formação de pares antitéticos de personagens – amigos, rivais, amantes –, muitos dos quais compartilhando relações interessantes de oposição e paralelismo com figuras da narrativa central. Como sempre, Cervantes tem um instinto infalível para parodiar seus próprios procedimentos e, num determinado ponto (2:12), deu-se ao trabalho de nos lembrar que chegou mesmo a estender o princípio de *dédoublement* do gênero humano para o reino animal. Rocinante e o burro cinza são, evidentemente, uma duplicação do par Quixote-Sancho, e Cervantes chama a nossa atenção aqui para o fato ao dedicar uma página à sublime amizade entre os dois animais, comparando-os a Niso e Euríalo, a Orestes e Pílades.

A proliferação de duplos nesse arquétipo do romance como gênero autoconsciente pode também ser explicada de outra maneira. Um duplo é, naturalmente, um reflexo ou imitação, e muitas vezes uma imitação dissimuladamente parodística que expõe aspectos ocultos do original. (Assim, no uso folclorístico mais familiar do motivo do du-

---

8. *L'Ancien et le nouveau*, p. 22.

plo, um indivíduo ostensivamente respeitável é confrontado com a imagem de seu outro eu demoníaco.) Uma forma de ficção, portanto, centrada na natureza da imitação e em suas implicações estéticas ou ontológicas pode muito bem achar que os duplos são de grande utilidade. Ademais, dever-se-ia enfatizar que o romancista autoconsciente utiliza o duplo com uma qualidade consciente de brincadeira intelectual, em contraste marcante com escritores como Poe, Dostoiévski e Conrad, que tentam dar ao duplo sua ressonância mítica plena enquanto incorporação do Outro Lado escuro do eu.

Em *D. Quixote*, essa utilidade dos duplos como experimento de imitação e como crítica das obras de ficção talvez seja mais fácil de observar em duplicações de enredo do que nas de personagem. Assim, a incursão de D. Quixote à Cova de Montesinhos é, antes de tudo, uma paródia da descida portentosa ao submundo que faz o herói épico tradicional num ponto decisivo de sua jornada; tanto Sancho quanto Cide Hamete expressam um considerável ceticismo sobre a experiência toda, enquanto mesmo o cavaleiro é levado a indagar-se se tudo não terá passado de um sonho. Essa aventura questionável é, por sua vez, parodisticamente duplicada nas fantásticas visões aéreas de Sancho montado no cavalo de pau, Cravilenho, uma ascensão imaginária que faz par com a descida imaginária anterior, como o próprio D. Quixote esclarece em suas palavras finais a Sancho sobre o assunto: "Sancho, se quereis que se vos acredite o que vistes no céu, tendes de acreditar o que eu vi na Cova de Montesinhos. E não ponho mais na carta..." (2:41). Não satisfeito com esta paródia de uma paródia de uma descida ao submundo, Cervantes mais tarde faz Sancho experimentar outra duplicação, mais realista, da mesma experiência, quando o escudeiro cai num buraco e se vê preso numa caverna subterrânea (2:55). Novamente, o escritor chama a nossa atenção para o paralelismo entre os episódios, fazendo Sancho, que pode imaginar que nesse submundo só existam buracos traiçoeiros, exclamar: "Isto, que para mim é mala-ventura, fora melhor aventuras para meu senhor D. Quixote. Ele, sim, tomaria estas profundezas e espeluncas por jardins floridos e palácios de Galiana". (O jogo de palavras é evidente. Isto é, basta uma torcida no parafuso da imaginação, tão pequena mas crucial quanto a mudança de um prefixo, para transformar *mala-ventura* em *aventura*, para transformar toda a essência do que nos parece ter sido impingido como realidade. Ainda assim, ao chocar-se com as rochas duras de uma prisão subterrânea muito palpável, Sancho deve também suspeitar que tais transformações são meras ficções, tão arbitrárias e ineficientes quanto a mudança de uma palavra para seu antônimo, no reino abstrato da linguagem, através da mudança de uma letra ou duas.) Finalmente, perto do final do romance, é-nos apresentada uma *terceira* repetição parodística da mesma descida duvidosa de D. Quixote ao submundo, quando a dama de companhia Altisidora, que desempenhou o papel de morta, forja um relato de sua experiência no inferno que é, na verdade, uma mistificação flamejante da visão forjada de Sancho montado sobre Cravilenho e do romance sintético do cavaleiro na Cova de Montesinhos (2:70). O inferno de Altisidora, no qual se intersectam planos de realidade literária, é um submundo literário num sentido diferente do de D. Quixote: nele, demônios vestidos na última moda jogam péla utilizando como bolas livros "cheios de vento e de folhelho", entre os quais um "todo pimpão e muito bem encadernado, que não é outro senão a continuação falsificada de *D. Quixote*".

O mundo, nessa multiplicação de paródias internas, torna-se uma montagem de espelhos – a armadura de Sansão Carrasco, recoberta de pequenos espelhos, poderia servir como seu símbolo – mas, sendo a paródia justamente a forma literária que funde a criação e a crítica, os espelhos têm suas imagens distorcidas em graus variados, de modo que as personagens desfilam através de um grande salão de parque de diversões, onde mesmo as figuras mais cativantes podem de repente, inflando-se, transformar-se em monstruosidades ou, encolhendo, converter-se em coisas absurdas. (A conjunção da verossimilhança marcadamente delineada com a fantasia será característica de toda a tradição autoconsciente do romance.) Quase tudo, então, é composto, feito de imagens fragmentadas, de refrações e de reflexos de outras coisas, o que significa que quase tudo é mediado pela literatura, seja o corpo de obras e convenções literárias externo a esse romance, sejam as várias invenções literárias geradas dentro do próprio livro. O romance cria um mundo ao mesmo tempo maravilhoso e crível, mas as evocações mais esplêndidas de caráter ou ação carregam dentro de si mesmas a visível carga explosiva de sua própria negação parodística.

Essa instabilidade de realidades ficcionais é mais evidente na criação suprema de D. Quixote, Dulcinéia. Como muitos comentaristas têm observado, D. Quixote tem plena consciência do fato de ser Dulcinéia sua própria invenção e, ainda assim, leva totalmente a sério sua inabalável devoção à ficção ideal que criou para si. Uma de suas primeiras evocações dela ilustra habilmente o novo tipo de relação entre a literatura e a realidade que há nesse romance:

[...] seu nome é Dulcinéia, sua terra natal Toboso, aldeia da Mancha, sua qualidade é a de ser princesa visto que rainha e minha senhora já o é. Quanto a formosura, de sobre-humano se pode tachar, pois que nela se tornam reais todos os impossíveis e quiméricos qualificativos de beleza que os poetas atribuem a suas damas. Seus cabelos são ouro puro; sua fronte campos elísios; as suas sobrancelhas arco-íris; os seus olhos sóis; sua faces rosas; seus lábios corais; pérolas os seus dentes; de alabastro o seu colo; de mármore o seu peito; marfim as suas mãos; a sua brancura de neve e as partes que a honestidade encobriu aos olhos dos homens são tais, segundo eu penso e presumo, que só um meticuloso exame poderia encarecer-lhes as excelências, mas sem encontrar termos de comparação. [1:13]

D. Quixote parte de uma cidade em La Mancha, onde, é claro, não existem princesas, mas passa imediatamente a afirmar a condição principesca de Dulcinéia, pois as necessidades da convenção literária da qual ela deriva ditam de forma absoluta o que ele entende pelos fatos de sua realidade. O que se segue é essencialmente um catálogo de clichês poéticos, virtualmente anunciado como tal, que evidencia que Dulcinéia é uma criatura totalmente heterogênea, composta dos materiais desgastados de tradições literárias antiquadas. O efeito do trecho não é, entretanto, o de uma recitação cansativa de convenções exauridas. Ao contrário, sente-se que D. Quixote faz de Dulcinéia um poema ardente, por mais sintética que seja a poesia, e o fato de Dulcinéia ser composta de materiais puramente literários é precisamente o que a dota de prestígio para ele. (Em espanhol, o trecho tem um *élan* lírico maior, parece um pouco menos com um catálogo, por causa das ênfases rítmicas controladas e da variação da longa série com inversões poéticas elegantes.) Se Dulcinéia é demasiado heterogênea para fazer-se imediatamente presente aos olhos do leitor, a aura de sua presença na imaginação do cavaleiro cintila durante todo o trecho, e vemos assim como uma evidente ficção pode tornar-se uma realidade na imaginação de seu espectador, mesmo quando ele reconhece os materiais dos quais foi composta a ficção.

A divertida descensão da sentença final – no original, a oração final de uma única e longa sentença e, assim, continua sintaticamente a série de clichês poéticos – é esclarecedora de outra maneira. O mais casto dos amantes esgueira-se, embora com decoro, das faces róseas e lábios de coral para os genitais incomparáveis, objetos de lisonja amorosa que estão decididamente fora das convenções literárias cortesãs que ele adotou. A sua violação de sua própria estrutura convencional para pintar Dulcinéia "por inteiro" insinua implicações contraditórias que se instigam uma contra a outra numa precária oposição. De um lado, Dulcinéia é tão real para D. Quixote que ela transcende a estrutura de convenção literária em que ele a criou. De outro, essa inteireza fisiológica incongruente do retrato que faz dela sugere que ele mesmo existe num mundo de carne e osso, frente ao qual a divina Dulcinéia, destilada como é de hipérboles poéticas familiares, deve começar a parecer uma invenção puramente verbal.

Talvez se possa ver melhor em perspectiva a ousada inovação de Cervantes no manuseio das ficções se compararmos esse trecho com outro compósito de imagens literárias do ideal do século XVII, a evocação do Jardim do Éden que Milton faz no *Paraíso Perdido* (4:106-107). A exemplo de muitos escritores renascentistas, também Milton tem consciência de que existe uma tensão entre a arte e a natureza. O primeiro paraíso é o estado natural absoluto, no qual as belezas são "não como esmerada a arte as regula [...] porém como a singela Natureza as derramou com multidão profusa". O poeta, então, deve enfrentar o paradoxo de representar na arte o que transcende o âmbito meramente humano da arte: ele aspira a "narrar-se a perspectiva (se tanto podem os esforços da arte)", implicando que na verdade ela não pode. A solução de Milton para essa dificuldade é alardear o paradoxo, enfatizando os meios de arte que emprega quando transforma a natureza antes da Queda num artefato brilhante com fontes de safira, areias de ouro e frutos brunidos com casca de ouro, pedregulhos de pérola oriental, ribeiros quais espelhos de cristal. Depois, invoca toda uma série de maravilhosos jardins de delícias da literatura da Antigüidade, apenas para sugerir que todos eles nada mais são que imagens sombrias imperfeitas e oscilantes do verdadeiro Éden. Como D. Quixote, Milton representa o ideal através de uma síntese grandiloqüente da imagética de uma tradição literária – nesse caso, a tradição pastoral –, embora, é claro, ele orquestre brilhantemente as expressivas possibilidades da tradição, em vez de simplesmente alinhar juntas fórmulas tradicionais. Quando D. Quixote, louvando a beleza de Dulcinéia, diz que "nela se tornam reais todos os impossíveis e quiméricos qualificativos de beleza que os poetas atribuem a suas damas", suas palavras chamam nossa atenção para a sua condição de ficção, para o fato de que ela é entretecida com aqueles atributos impossíveis e quiméricos por uma mente letrada que passa a acreditar na possibilidade de sua existência literal. Quando Milton escreve: "Quanto as Hespérias fábulas divulgam", o efeito é realmente o oposto. Pode-se duvidar da verdade da arte, não porque a arte é mera invenção, mas porque a arte (ou a imaginação humana), por suas limitações inerentes, pode oferecer apenas uma insinuação da verdade fulgurante da natureza criada por Deus.

    Milton é talvez o último grande momento numa tradição de mimese que teve início, na literatura ocidental, com Homero e a Bíblia. Seu poema representa memoravelmente aquele aspecto do Renascimento que é a culminação consciente de um contínuo desenvolvimento cultural por dois milênios e meio. O romance de Cervantes, por outro lado, é uma das realizações supremas daquele impulso renascentista que já se movia rumo ao horizonte conturbado da modernidade. Cervantes não pode compartilhar a confiança humanista-cristã de Milton no poder da linguagem e da tradição literária para adumbrar a glória da natureza de Deus. Apesar de tudo, a revelação continua sendo o alicerce da visão de Milton; e, uma vez que a revelação ocorre através da linguagem – precisamente nas Escrituras, através de tipos indistintos na literatura clássica –, ela garante a possibilidade de alguma correspondência real entre a arte literária e a natureza divinamente elaborada. Para Cervantes, por outro lado, um cético fundamentalmente profano (não obstante a conversão de seu herói em seu leito de morte), a arte é evidentemente questionável porque é entendida como absolutamente arbitrária, ao passo que a natureza é ainda mais problemática porque está tão emaranhada com a arte, tão universalmente mediada pela arte, moldada pelos hábitos de visão peculiares da arte, que se torna difícil saber o que pode ser – se é que é alguma coisa – a natureza em si mesma e de si mesma. Daí por diante, a criatividade cultural desenvolver-se-ia cada vez mais através de uma crítica recapitulativa de seu próprio passado, e uma importante linha de ficção seria confessadamente dúplice, convertendo o paradoxo de sua duplicidade magicamente real num de seus principais temas. Nesses aspectos, Cervantes não apenas antecipa uma forma posterior de criação, como também realiza amplamente suas possibilidades; escritores subseqüentes apenas explorariam de ângulos diferentes as potencialidades imaginativas de um tipo de ficção que ele concebeu com autoridade. Nesse aspecto, como em outros, *D. Quixote* é o romance arquetípico que parece abranger a extensão de tudo o que seria escrito posteriormente. Alcançando, com ironia, o sonho de um mundo medieval através das produções literárias do Renascimento, ele continua sendo um dos romances mais profundamente modernos.

2. A Mimese e o Motivo para a Ficção

> *Se você apresentar algum motivo recente e engenhoso para duvidar do fato de que um autor não quis dizer o que disse, ou que aquilo que ele disse estava destituído do tipo mais remoto de verdade, você ganha dez pontos pelas regras do jogo da crítica moderna; perde dez pontos se você sugerir que ele o disse porque quis dizer; e vinte pontos se você sugerir que ele o disse porque era verdade.*
>
> GEORGE WATSON[1]

O termo "mimese", que por muito tempo pareceu ser a própria pedra de toque da empresa literária ocidental, e que há apenas uma geração serviu de título grandiosamente ressoante para uma das obras-primas da crítica desse século, aparentemente caiu em desgraça. As objeções correntes à idéia de que as obras literárias poderiam representar o mundo real foram formuladas pela primeira vez de modo geral, com extraordinária sutileza dialética, na França, nos meados da década de 60. No final do decênio, o estruturalismo e seus vários desvios metafísicos e psicanalíticos passaram a dominar o discurso literário na França, com fortes ondas de influência que se irradiavam para os países vizinhos e atravessavam o Canal até a Inglaterra. Nos Estados Unidos, a maré do estruturalismo começou a subir no início dos anos 70, acompanhada rapidamente por uma seqüela metafísica mais radical, e seria temerário predizer quando essa maré irá baixar. Ditados tanto pelas dificuldades intrínsecas dos textos primários quanto pelo

---

1. George Watson, "Literary Research: Thoughts for an Agenda", *Times Literary Supplement*, 25 fev. 1977.

monolingüismo da maioria dos literatos norte-americanos, novos manuais são publicados a cada mês para explicar o movimento; novas revistas de semiótica brotam como cogumelos; e é difícil encontrar, atualmente, uma tese de doutorado em estudos literários que não esteja inçada de Roland Barthes, Gérard Genette, Jacques Lacan, Michel Foucault, Tzvetan Todorov, Jacques Derrida e seus confrades.

A crítica, como qualquer outra atividade cultural, tem seus contextos políticos e sociais. Creio, portanto, que podemos explicar um pouco a atual voga da nova crítica francesa nos EstadosUnidos se examinarmos o que estava acontecendo nesse país nos anos 60, com o legado confuso da geração anterior da crítica norte-americana. Podemos considerar que a década de 40, com alguma superposição sobre o decênio anterior e sobre o subseqüente, é a nossa Idade de Ouro da crítica. Contudo, é importante ter em mente que a maioria dos críticos influentes desse período estavam divididos, *grosso modo*, em dois grupos de tendências opostas. Os "novos críticos" eram política e culturalmente conservadores e agrários em *background* e em lealdade. Caracteristicamente, devotaram sua arguta atenção ao poema lírico, que tenderam a conceber como um mundo em si mesmo destacado da história, uma intricada estrutura de paradoxo e ironia ao mesmo tempo incomensuravelmente mais densa e mais fina em substância do que a matéria bruta da realidade extraliterária. Do outro lado da divisão cultural, nessa época de pequenas revistas, estavam os críticos da *Partisan Review*, cujos valores eram urbanos e cosmopolitas e cuja política estendia-se da esquerda liberal ao trotskismo. Estavam ansiosamente preocupados em saber de que maneira a literatura imaginativa refletia as forças históricas ou fornecia uma perspectiva crítica sobre elas e, portanto, escolheram o romance como o gênero predileto de sua discussão, dando ênfase particular ao século XIX e ao começo do século XX.

Tudo isso é bastante familiar, mas o que eu gostaria de resaltar é que os novos críticos forneceram um método, enquanto os críticos de Nova York sugeriram uma postura, e essa diferença teve grandes conseqüências no tipo de influência que cada um dos dois grupos exerceu. Lionel Trilling, Philip Rahv, Irving Howe, Alfred Kazin e outros do círculo de Nova York projetaram uma imagem do crítico em que ele se dedica com audácia e discernimento aos grandes problemas sociais e políticos através de um compromisso intelectualmente forte com a literatura. Ao fazer isso, inspiraram numa geração inteira de estudantes de literatura a idéia do crítico comprometido, mas além dessa idéia não ofereceram nenhum sistema ou conjunto de operações que pudesse ser aceito por seus seguidores, e à medida que o humor político norte-americano passava da tranqüilidade dos anos de Eisenhower ao ativismo militante da década de 60, a própria idéia começou a afigurar-se cada vez mais difícil de emular. De qualquer modo, quando ela chegou a imitar uma postura, quem não fosse Trilling, com sua sutileza natural e sua amplitude intelectual, poderia ser facilmente reduzido a uma inadvertida paródia dos maneirismos de Trilling, e tais desempenhos vazios tornaram-se, com o passar do tempo, cada vez menos defensáveis. Os críticos da *Partisan Review*, então, raramente tiveram discípulos significativos. Em compensação, Cleanth Brooks e Robert Penn Warren sozinhos ensinaram duas gerações a ler poesia, porque a sua abordagem tipo nova crítica era, acima de tudo, um método altamente ensinável de leitura acurada. A minha suposição é que mesmo agora a maioria das aulas de inglês nas universidades americanas, com exceção daquelas dadas em instituições conscientemente prestigiosas e que estão sob o influxo da mudança intelectual, ainda usam basicamente um método novo-crítico na apresentação de textos literários aos alunos.

Contra todo esse pano de fundo, o *campus* protesta e as vigorosas energias de politização do final dos anos 60 tiveram um efeito particularmente disruptivo sobre a moral profissional. Pareceu dolorosamente insípido – ou, para usar o jargão daqueles anos, irrelevante – acompanhar as engenhosas mudanças de estilo numa lírica como a de Donne ou os padrões sonoros em Hopkins, numa época em que os aviões norte-americanos lançavam napalm sobre os campos asiáticos e as universidades faziam parte de uma rede de conspiração do complexo industrial-militar. Muitos jovens estudiosos de literatura tornaram-se militantes marxistas, enquantos outros chegaram a propor que as aulas de literatura se convertessem em sessões de treinamento para a agitação ou exercícios na análise antagônica dos *jingles* de propaganda e de outros exemplos do discurso capitalista. Aqui e ali, alguns membros dessa geração, não descobrindo nenhum modo verossímil de conciliar a sua atividade acadêmica com o universo perturbador da história no fazer, simplesmente abandonaram a profissão.

No início dos anos 70, evidentemente, a turbulência política havia declinado de modo geral, e a maioria dos estudiosos de literatura que se haviam envolvido de alguma forma nessa experiência sentiram-se agora encalhados, recebendo seus contracheques da universidade mas sem muito senso de propósito no que estavam fazendo. Foi então que o estruturalismo, ou o que quer que pudesse ter respingado dele a partir da imensa distância cultural de um ponto de observação norte-americano, pareceu a muitos abrir novas perspectivas. A despeito do marxismo ou maoísmo de alguns de seus defensores franceses, ele estava tão descomprometido com a história quanto o estivera o New Criticism (nova crítica), embora muito mais em bases "científicas" que esteticistas; assim, proporcionou um atraente afastamento da história depois dos envolvimentos desorientadores da época Vietnã. Ao reivindicar, além disso, um lugar para os estudos literários entre as "ciências humanas", preocupadas com as funções estruturadoras da mente e com os sistemas entrelaçados de comunicação que constituem a cultura, parecia que ele estava oferecendo à disciplina seriamente desafiada uma base objetiva. Concentrando-se numa série de complexas operações taxonômicas e na definição de relações formais dentro das obras literárias e no *corpus* do discurso literário, tomando a lingüística como modelo, ele varreu todas as preocupações "ensaísticas" dos críticos de Nova York – a política, a história, a ética e mesmo a psicologia (excetuando de algum modo a lacaniana, metafisicalizada, que em vez das personagens individuais discute os sistemas abstratos).

Essa abordagem geral, pelo próprio fato de ser tão estranha aos costumeiros hábitos anglo-americanos de pensar a literatura, parece ter exercido uma atração magnética em muitos intelectuais americanos nesse momento da história. Desapontados com as noções de literatura que lhes foram legadas, em que a literatura constitui apenas e tão-somente um discurso privilegiado ou a expressão profunda dos valores morais e sociais, eles são bafejados pelo espírito cartesiano dos novos críticos franceses. Existe algo de estimulante na idéia de que a literatura, para a qual se fizeram tais reivindicações excessivas, pode ser baixada ao nível de todas as outras formas de discurso; e, até mais importante, a perspectiva de um estudo da literatura destituído de valor tem um consolo positivo depois do aparente fracasso de fazer da crítica engajada um ideal. Além disso, o formidável aparato intelectual do estruturalismo confere-lhe uma atração particularmente poderosa como método de estudar a literatura sem os velhos e embaraçosos problemas de valor. Isso porque ele oferece à *intelligentsia* literária o que qualquer casta profissional ou sacerdotal necessita para preservar a sua própria coerência e disposição de ânimo: uma linguagem esotérica, um conjunto de procedimentos elaborados que só podem ser executados pelo iniciado, e a convicção de que os rituais especializados da casta possuem uma eficácia universal ou, pelo menos, uma aplicabilidade universal.

Se o estruturalismo e seus desdobramentos, tal como são compreendidos nos Estados Unidos, proporcionam uma solução maravilhosa para o mal-estar profissional dos estudos de literatura, também podem ser, numa perspectiva histórica mais ampla, a resposta adequada às necessidades de um novo tipo de leitor. Tais juízos estão destinados a ser altamente conjecturais, mas se pode indagar se não existiria um número crescente de leitores, pelo menos nas nossas universidades, que preferem que sua leitura seja tão isenta quanto possível de envolvimento emocional com o material lido. Para eles o romance não seria, como colocou Stendhal certa vez numa brilhante metáfora, um violino cuja caixa de ressonância é a alma do leitor, mas antes um elaborado jogo ou quebra-cabeças com que o escritor enfrenta o leitor.

Isso explicaria em parte a popularidade de certos jogadores ficcionais que são, num duplo sentido, escritores "tíbios" (*cool*), como Donald Barthelme e John Barth. Poderia ser também mais uma razão para o fascínio do estruturalismo como forma de falar de literatura. Evidentemente, alguma teoria estruturalista percebe agudamente como as emoções do leitor são manipuladas pelos textos literários, mas o *discurso* estruturalista sobre literatura é, pelas necessidades de sua natureza ou por uma questão de princípio, peculiarmente desapaixonado. Uma análise semiótica de uma anedota ou de uma mudança desastrosa de fortuna pode explicar todas as suas funções na economia narrativa, mas com uma estrita dissociação dos verdadeiros sentimentos que o material narrativo supostamente traz à tona. É possível que essa disjunção entre análise e sentimento seja exatamente o que atrai muitos leitores.

A direção básica de todo esse movimento me foi passada notavelmente, alguns anos atrás, numa conversa amigável com um jovem estudioso que se firmou como um dos principais defensores do estruturalismo na América. Tendo acabado de ler um de meus textos críticos, ele comentou: "Sua argumentação possui uma certa elegância, mas o problema é que você baseia a sua avaliação dos romances na *experiência*, e nós demonstramos que não existe tal coisa". Acredito que agora compreendo melhor a sua observação do que fiz na época, e vale a pena refletir sobre ela; isso porque o ataque à mimese depende fundamentalmente de definir a experiência fora da existência, e isso, por sua vez, conduz, como deverei demonstrar, a uma incompreensão de todas as categorias das obras literárias.

Do ponto de vista estruturalista, o *homo sapiens* é efetivamente substituído pelo que Jonathan Culler denominou com propriedade "*homo significans*, fazedor e leitor de signos"[2]. A mudança epistemológica é crucial: nessa abordagem, não existem "objetos" de conhecimento discerníveis na experiência humana, apenas sinais a interpretar, e por conseguinte o homem não pode mais ser definido como o conhecedor. A consequência imediata dessa suposição é uma expansão global do conceito de *texto*. Onde epistemologias anteriores falavam de dados da experiência ou de objetos de conhecimento, o estruturalista, onde quer que olhe, nada encontra a não ser textos. Desde os verdadeiros textos escritos colocados na grade elaborada das convenções literárias até as modas no vestuário, nos menus dos restaurantes, nos costumes sociais e nos gestos mais impensados do intercurso social, toda a vida na cultura é uma série interminável de sentidos codificados que necessitam de constante decodificação.

---

2. Jonathan Culler, *Structuralist Poetics*, Ithaca, N. Y., Cornell University Press, 1975, p. 130.

Se os textos são ubíquos, a intertextualidade torna-se o aspecto essencial da existência, ou, melhor, da comunicação, para todos os textos. No caso de textos literários, isso significa primeiro que tudo uma consciência acentuada de como qualquer texto dado pode operar numa inter-relação complexa e dinâmica com vários ou muitos textos que o precederam e com as normas genéricas que eles incorporam. Esse sentido da intertextualidade foi extensamente explorado por alguns críticos norte-americanos antes do advento do estruturalismo – de modo mais impetuoso por Northrop Frye, de maneira mais sensível por Harry Levin –, mas a perspectiva estruturalista implica uma nova e aguda consciência dos artifícios que impregnam a escrita e a leitura, e essa é a sua principal contribuição ao entendimento da literatura, assim como o cultivo das habilidades de uma leitura acurada foi a única contribuição notável da nova crítica. Muitos estruturalistas, porém, estão inclinados a estender o conceito de intertextualidade para além do reino da alusão e do gênero, usando-o para substituir o conceito antiquado de verossimilhança. Isso porque, se o mundo real é de modo geral algo que construímos, uma constelação mutável de textos que decodificamos, então a relação, por exemplo, de *The Rape of the Lock* com o universo da sociedade inglesa do século XVIII, no qual se passa a ação do poema, é virtualmente tão intertextual quanto a relação de *The Rape of the Lock* com a *Ilíada*.

Essa extensão absolutista da intertextualidade parece-me basicamente um casuísmo ingênuo, na medida em que violenta consideravelmente tanto as nossas percepções de leitores quanto o nosso entendimento da qualidade diferencial dos diferentes modos de experiência, literária e extraliterária. É possível afirmar que a carícia íntima de um amante não é menos "semiótica" que um farol de tráfego ou uma imagem de um soneto de Baudelaire, visto que cada um é um significante que devemos relacionar com um significado, mas, em termos de fato experiencial, fazemos agudas distinções qualitativas entre os três. Quando, por exemplo, uma carícia é evocada num poema erótico do poeta hebreu medieval Iehuda Halevi, através da referência a um verso do *Cântico dos Cânticos* (6, 2) – "minhas mãos foram apascentar em seu jardim" –, o leitor clara e automaticamente distingue entre a relação do verso de Halevi com sua fonte bíblica, que é exatamente intertextual, e sua relação com o toque terno do verdadeiro amante, que é algo conhecido a partir de uma experiência extraliterária e percebido como o objeto referencial da imagem poética.

Parece haver duas estratégias complementares para dissolver a conexão entre literatura e o mundo real. Uma, como acabamos de observar, consiste em exorcizar a presença não-literária do mundo real reduzindo tudo ao texto. A outra é enfatizar a idéia de que o texto literário é, por natureza, um arranjo de signos lingüísticos arbitrários que só podem ser reunidos com base em princípios internos de coerência, mesmo quando dão a impressão de serem determinados por objetos externos a eles próprios a que supostamente se referem. Nessa concepção, a realidade, o que quer que ela possa ser, é inacessível ao texto literário por causa da própria constituição do texto. É como Gérard Genette discute o caso no seu influente ensaio "Vraisemblance et motivation":

> O signo lingüístico é também arbitrário no sentido de que é justificado exclusivamente por sua função, e é muito bem sabido que, do ponto de vista lingüístico, a motivação do signo, e particularmente da "palavra", é um caso típico de ilusão realista. O termo motivação (*motivacija*), então, foi felizmente introduzido na teoria literária moderna pelos formalistas russos para designar o modo pelo qual a funcionalidade [puramente interna] dos elementos narrativos mascara-se sob uma fachada de determinismo causal: assim, o "conteúdo" [de qualquer narrativa] só pode ser uma motivação, isto é, uma justificação *a posteriori* da forma que de fato a determina[3].

Em outras palavras, se a Princesa de Clèves confessa ao seu marido que outro homem está apaixonado por ela, seríamos ingênuos se perguntássemos, como muitos críticos franceses fizeram no passado, se uma tal mulher faria realmente uma declaração como essa ao seu marido. A sra. de Clèves, afinal, é apenas uma configuração arbitrária de signos lingüísticos arbitrários, e a sua confissão é ditada na verdade por considerações dramáticas do momento narrativo e por necessidades estruturais mais amplas do enredo como um todo, e esses determinantes da funcionalidade interna são "motivados" por aquilo que é apenas uma ilusória correspondência a alguma coisa externa ao romance.

A rigidez "ou-ou" dessa formulação é um tanto desconcertante, especialmente da parte de um crítico tão perspicaz como Genette. Isso porque não está absolutamente claro por que a escolha de detalhes numa narrativa de ficção não pode ser ditada ao mesmo tempo por princípios de coerência interna e pelo senso que o escritor demonstra de uma correspondência justa e plausível aos fatos sociais, morais e psicológicos da existência real tal como ele os entende. Na verdade, é exatamente o que acontece na maioria dos grandes romances realistas, porque parecem ao mesmo tempo totalidades narrativas artisticamente satisfatórias e visões sondantes de seu tempo e lugar. O próprio Genette admite a existência de uma sobredeterminação interna dos dados narrativos (várias considerações diferentes da forma narrativa podem levar um escritor a introduzir o mesmo detalhe isolado), mas se mostra relutante em assegurar a possibilidade de que os detalhes da narrativa

---

3. Gérard Genette, *Figures II*, Paris, Editions Seuil, 1960, pp. 71-99.

possam ser sobredeterminados em outro sentido, tanto pelas necessidades formais da narrativa quanto pela natureza do mundo que ela representa. Suspeito que essa visão unilateral da questão seja um resultado do modo como ele coloca a analogia entre língua e literatura. Essa analogia merece ser investigada por um momento, porque aquilo que podemos denominar a falácia lingüística – como mesmo um expositor simpático, Jonathan Culler, procurou mostrar – acha-se na raiz de certas confusões do pensamento estruturalista sobre a literatura.

Retomemos o exemplo de Genette da palavra individual (*mot*). É sem dúvida verdadeiro que a relação entre a palavra "tigre", por exemplo, e a fera real de pele listrada que vive na selva é puramente convencional e, portanto, arbitrária. Sabemos, contudo, que existem tigres reais, os quais não estão nos textos, embora referências a eles possam ser manipuladas em textos. Quando um escritor se serve do signo convencionado "tigre" numa história, ou poema ou peça, a relação entre a referência verbal e a fera referida não é mais completamente arbitrária: com a informação objetiva que possuímos a respeito de tigres extraverbais, julgamos que espécie de afirmação está sendo feita. Entendemos imediatamente que uma narrativa que começasse com a frase "O tigre voava acima da lua" não seria uma narrativa realista. Poderia estar tratando a matéria da realidade com uma arbitrariedade fantasiosa; poderia ter talvez uma lógica não-realista própria como parte, por exemplo, de uma canção de ninar da Malásia. Por outro lado, se deparássemos com uma narrativa cujo início fosse: "O tigre deitou-se na moita de bambu", reconheceríamos uma tentativa de fazer com que o construto verbal concordasse com o que sabemos da realidade zoológica. Cada aspecto da sentença poderia também ser formalmente determinado pelo que vem depois dela na história, mas o esforço de mostrar fidelidade ao mundo real seria palpável na escolha do verbo para o sujeito e da frase adverbial para modificar esse verbo – em cada detalhe que a sentença apresentou.

No grande poema de Jorge Luis Borges, *O Outro Tigre*, o poeta reconhece, como os estruturalistas advertem muitas vezes, que ao nomear o tigre ele o está convertendo continuamente num "tigre de símbolos [...] uma cadeia de tropos trabalhados", mas ele faz com que seu meio de expressão se esforce, numa febre de mimese, por apreender algo da beleza graciosa e mortal da fera que é uma presença real fora dali, tantalizando o poeta no esforço de representação: "Entre as listras dos bambus vislumbro / as suas listras e pressinto-lhe a ossatura / Sob a pele esplêndida que tremula"[4]. Tais versos são brilhantemente evocativos, não apenas porque são perfeitamente justificados pelas

---

4. "Entre las rayas del bambú descrifo / Sus rayas y presiento la osatura / Bajo la piel esplendida que vibra."

necessidades formais do poema, mas porque existe uma perfeita correspondência entre as imagens, o cenário, o movimento rítmico da linguagem, a perspectiva visual do observador e o nosso conhecimento e as imagens que temos da vida e da aparência de um tigre real.

É claro que o meu amigo estruturalista que duvidava da experiência objetaria que tudo isso está baseado em premissas epistemológicas inaceitavelmente simplistas. Faz algum sentido falar em tigre real? Mesmo que vamos ao jardim zoológico para ver um, não podemos ter a "experiência" do tigre diretamente. Acontece antes: de uma grande quantidade de impressões sensórias, selecionamos certos padrões de cor, de textura, de contorno, de dimensão etc., e esses por sua vez são transmitidos da retina ao cérebro, são aí classificados, correlacionados com vários tipos de informação armazenada e interpretados. O que por convenção chamamos ver o tigre é na verdade decodificá-lo e, como tal, não é diferente do que faríamos quando confrontados com os sinais que indicam um tigre numa pintura, num filme, numa história ou num poema. Na verdade, poder-se-ia até dizer que qualquer afirmação que fazemos sobre o tigre que vimos é, iniludivelmente, uma narrativa (*récit*), e não, como ingenuamente imaginamos, uma descrição factual.

O defeito desse argumento é a sua crença de que a presença de um denominador comum em atividades diferentes implica uma equivalência virtual entre elas. Toda percepção é mediada naturalmente pelo aparato físico e pelos processos cognitivos com que percebemos, mas isso dificilmente conduz a uma conclusão necessária de que não existe uma diferença qualitativa fundamental entre nossa percepção de um tigre pintado e de um tigre no zoológico. Qualquer que seja o grau de sofisticação que tenhamos alcançado em cognição, o indispensável senso comum nos diz que o tigre real existe – de modo bastante terrífico, como o poeta sabe – fora de nossa cognição. Temos liberdade para descentrar, descontruir, decodificar, recodificar um tigre num texto, mas mesmo o mais ousado estruturalista não entraria na jaula da besta fera, cujas garras e mandíbulas, afinal, são mais do que um padrão semiótico.

A tendência a ver a literatura mais como uma *poesis* de circuito fechado do que uma mimese leva a conseqüências particularmente problemáticas quando o gênero estudado é o romance. Nenhuma outra forma na história da literatura ocidental serviu com tanta freqüência e tão bem de veículo do leitor para uma experiência vicária. Desde os leitores embaraçosamente ingênuos do tipo ficcionalmente representado em Emma Bovary até os mais refinados intelectuais, temos persistido irresistivelmente, do século XVIII até o atual, a "penetrar" na experiência das personagens de ficção de milhares de romances, trocando vidas com elas, experimentando nossas percepções da realidade contra os detalhes absorventes de seus mundos inventados. Essa predileção pode revelar muita coisa sobre os dilemas psicológicos e as situações sociológicas de leitores modernos, mas também sugere com certeza que geralmente percebemos um alto grau de mimese efetiva nos romances, ou não estaríamos prontos a aceitar o mundo romanesco como um equivalente verossímil do nosso próprio mundo.

Leituras estruturalistas de romances, por outro lado, sobretudo em suas recentes destilações norte-americanas, invertem a experiência real comum dos leitores de romance, ao sustentar, livro após livro, que o romance é um sistema auto-referencial de signos, cujo verdadeiro interesse reside na maneira como a linguagem chama a atenção para os seus próprios mecanismos internos, tornando-nos conscientes do eterno hiato entre o significante e o significado. Pode-se admitir como verdadeiro que essa ênfase tem a vantagem de alertar-nos para uma importante dimensão de muitas obras de ficção que no passado foi ignorada pelos críticos anglo-americanos; mas também tende a fazer com que todos os romances, de *Eugénie Grandet* a *Cem Anos de Solidão*, se assemelhem tediosamente, e não explica de maneira adequada outros aspectos dos romances que parecem atrair um grande número de leitores.

Contra essa concepção, eu afirmaria que todos os romances são de fato miméticos, embora exibam, falando francamente, dois modos basicamente diferentes de mimese. Palavras e coisas, na verdade, são radicalmente diferentes em espécie e, assim, a mimese nunca é uma reprodução direta da realidade, mas, antes, uma maneira de trazer à mente do leitor – através de complexas cadeias de indicadores verbais – a ilusão de pessoas, de lugares, de situações, de eventos e de instituições convincentemente semelhantes àqueles que encontramos fora da esfera da leitura. O processo mimético foi descrito sucintamente com uma bela precisão por E. H. Gombrich, ao discutir uma pintura ilusionista de Cuyp que retratava uma paisagem rasgada por um raio: "[É] não uma cópia evidentemente [...] mas uma configuração que, no contexto, se tornou um criptograma válido daquele clarão inapreensível pelo pintor"[5]. Não, deveríamos observar, o criptograma de si mesmo, ou o criptograma de outro criptograma, mas o criptograma de um clarão inapreensível pelo pintor e que vimos no mundo real, em comparação com o qual julgamos a validade do esforço mimético.

Existem pouquíssimos romances que realmente abandonam a incumbência de criar através de configurações lingüísticas – usando de esquemas verbais herdados da mesma maneira que, segundo Gombrich, os pintores devem servir-se de esquemas visuais – criptogramas válidos de coisas fora delas mesmas. Propus em outro local que se conce-

---

5. H. Gombrich, *Art and Illusion*, New York, Pantheon, 1960, pp. 319-320.

besse a história do romance como uma dialética entre duas tradições: uma autoconsciente e a outra realista[6]. Alguns críticos, respirando o ar capitoso do clima intelectual corrente, apossaram-se dessa noção de autoconsciência com um entusiasmo que eu não teria previsto e questionaram a minha dubiedade, querendo saber por que eu não havia dito apenas que o romance era um gênero autoconsciente. Ainda me parece importante manter a distinção entre os dois tipos de romance se quisermos dispor de algum meio que nos permita distinguir o tipo de experiência a que somos submetidos quando lemos, por exemplo, de um lado *A Mulher do Tenente Francês* e de outro *Nana*.

Um romance autoconsciente é aquele que alardeia sistematicamente a sua condição necessária de artifício e que, ao fazê-lo, investiga a relação problemática entre artifício auto-aparente e realidade. Nos termos de Gombrich, o romancista autoconsciente tem aguda consciência de que está manipulando esquemas, ideando engenhosos criptogramas e inventando constantemente estratégias narrativas para partilhar essa consciência conosco, de tal modo que, simultaneamente, ou alternadamente, cria a ilusão de realidade e a estilhaça. O romance realista, ao contrário, procura manter uma ilusão de realidade relativamente coerente. Assim, os romances epistolares de Richardson, com sua forma pseudodocumentária, contribuíram claramente para o estabelecimento de uma tradição realista na Inglaterra, enquanto os romances de Fielding, com suas invenções alardeadas de enredo e de nomenclatura, com seus narradores timidamente obstrutivos, com suas digressões exploratórias da teoria da ficção, são eminentemente autoconscientes. Naturalmente, nem todos os romances são tão fáceis de classificar. Alguns são, deliberadamente, ricas misturas dos dois tipos – *Ulisses* é talvez o exemplo mais memorável desse tipo – e, ao longo de um amplo espectro que vai do autoconsciente ao realista, deve haver alguns romances no ambíguo setor mediano acerca dos quais os leitores podem não concordar. Não obstante, acho que os dois termos designam proveitosamente dois modos perceptivelmente distintos de ficção, cada um constituindo uma tradição discernível. Àqueles que se sentem desconfortáveis diante de um rótulo tão problemático quanto realista, eu sugeriria que os dois tipos de ficção fossem designados também de intermitentemente ilusionista e sistematicamente ilusionista.

Permitam-me discutir rapidamente essa intermitência, porque ela ilustra quão central e duradoura continua sendo a função mimética do romance. O romance autoconsciente, que se tornou moda e às vezes é fluente na prática de escritores contemporâneos, nunca foi considerado um abandono da mimese, mas, ao contrário, uma sua enorme com-

---

6. Robert Alter, *Partial Magic: The Novel as a Self-Conscious Genre*, Berkeley, University of California Press, 1975.

plicação e sofisticação: a mimese é legalizada à medida que se discute a sua natureza problemática. *Tristram Shandy*, sob muitos aspectos o romance autoconsciente supremo e certamente o seu paradigma, fornece a mais vívida ilustração desse ponto essencial. Ele manifesta continuamente, no tocante à representação da realidade na ficção, uma atitude típica da formação em três camadas: em primeiro lugar, uma hiperconsciência da pura arbitrariedade e convencionalidade de todos os meios literários, desde a tipografia e divisão em capítulos às personagens e ao enredo; ao mesmo tempo uma demonstração paradoxal, talvez manifesta particularmente nas brilhantes improvisações estilísticas de Sterne, do poder ilusionista das representações ficcionais da realidade; e, finalmente, um constante envolvimento do leitor nas arbitrárias funções estruturadoras da mente, as quais, por sua vez, enquanto registro de nossa experiência mental mais íntima, tornam-se parte da realidade representada no romance. Veremos que a terceira camada é apenas o anverso mimético da exposição crítica da mimese observável na primeira. Na qualidade de leitores modernos, estamos, evidentemente, bastante afinados com todas as engenhosas convoluções da autoconsciência ficcional de Sterne, mas devemos ter em mente que o seu romance granjeou considerável popularidade em toda a era do realismo no século XIX – em que as suas indecências sexuais não chocavam – por causa da mimese convincente que produz através de seu dédalo de artifício alardeado (o caráter tocante e bizarro dos dois irmãos Shandy, as ternas sensibilidades de Trim, as vívidas imagens cômicas da vida doméstica e provinciana etc.).

A fim de tornar mais clara a validade dessas duas categorias de ficção e demonstrar o poder persistente da mimese mesmo numa escrita "pós-moderna", eu gostaria de justapor dois notáveis romances do início dos anos 70, ambos envolvendo um artifício elaborado, mas sendo um deles claramente uma ficção autoconsciente e o outro, uma realista. Os dois romances que tenho em mente são *Coisas Transparentes* (1972), de Nabokov, e o terceiro romance do talentoso escritor argentino Manuel Puig, *The Buenos Aires Affair* (1973).

Coisas Transparentes é uma novela belamente arquitetada, na qual Nabokov desenvolve novas modalidades de autoconsciência para novos propósitos expressivos – exatamente o oposto do que ocorre em seu livro seguinte, *Look at the Harlequins* (1974), onde ele tende a fazer aquilo de que seus detratores muitas vezes o acusam: uma tímida autocitação e uma complacente repetição de velhos temas, situações e expedientes. O modo autoconsciente é difuso e sistemático, desde o próprio título do romance até a forma de nomear os personagens e os lugares, na técnica narrativa que constantemente discute a si mesma e no emprego de ficções dentro de ficções. As coisas tornam-se transparentes à medida que vão sendo objetos do "ato de atenção" do narrador:

a consciência dissolve a aparente solidez das superfícies e a limitada determinação dos objetos, mergulhando na história das coisas, na sua transformação através do tempo, nos milhares de filamentos de causação, analogia e metonímia que vinculam qualquer objeto dado a um enxame de outros objetos. O título, então, explicado por uma brilhante composição interposta (*set piece*) nos dois primeiros capítulos, introduz-nos de imediato numa dificuldade prática e epistemológica ligada à mimese: como pode alguém *narrar* de maneira verossímil e eficaz alguma coisa que parece real, quando tudo, em virtude de ser um objeto de consciência, corre o risco de ser infinitamente instável, infinitamente associado a outras coisas para as quais não há espaço na narrativa?

O protagonista de *Coisas Transparentes* chama-se Hugh Person (que outra personagem pronuncia "You Person" – Você Pessoa), e essa designação obviamente apresenta-o como uma espécie de hipótese ficcional convencional com que se tem de trabalhar – não uma personagem verossímil com um nome que poderia constar do registro civil, mas Hugh/You, essa Pessoa, o foco de certas suposições contratuais entre o escritor e o leitor em torno das quais pode ser construída uma narrativa. Não obstante, um dos paradoxos fundamentais do livro é que a Hugh Person é dada uma especificidade mimética convincente na forma de um tipo desengonçado da Nova Inglaterra – talvez até com uma alusão paródística a certas figuras masculinas de Henry James – cujo caráter reflete seus antecedentes de classe e de família e seus desvios culturais, que tem suas próprias neuroses plausíveis, suas próprias dificuladades sexuais etc.

As 104 páginas do romance oferecem um repertório abarrotado de estratagemas autoconscientes. O enredo incorpora exercícios de revisão de provas que chamam a nossa atenção para as convenções tipográficas do meio de expressão. Vladimir Nabokov, no efeito Hitchcock tão conhecido em seus romances, faz breves aparições estratégicas: primeiro, num auto-retrato satiricamente deformado, na pele do romancista Barão R., um escritor de língua inglesa de moral dúbia, que reside na Suíça e é conhecido por seu "estilo luxuriante e bastardo [...] e nos seus melhores momentos [...] diabolicamente evocativo"[7], depois, numa assinatura anagramática, como Adam von Librikov, uma personagem menor de um romance do Barão R. A maioria dos recursos ilusionistas autoconscientes do livro têm o duplo efeito, como o proceder de Hugh Person, de revelar o artifício e ao mesmo tempo usar o artifício para criar um senso intensificado de mimese. O estilo, por exemplo, que tende a ser mais ironicamente adstringente, menos luxuriante, do que o dos primeiros romances de Nabokov, consegue de fato

---

7. Vladimir Nabokov, *Transparent Things*, New York, McGraw-Hill, 1972, p. 75.

ser "diabolicamente evocativo", mesmo quando repetidas vezes nos torna conscientes de que ele é, como toda linguagem literária, apenas um novo desenvolvimento de convenções lingüísticas. Eis um exemplo muito simples que ilustra o princípio que opera também em passagens mais elaboradas: "Hugh refez seus passos, o que foi um dia uma elegante metáfora". A segunda metade da frase não nos instrui muito, chamando a atenção para o clichê que foi usado e movendo-nos, assim, numa orientação antimimética, do evento narrado para o próprio meio verbal de expressão. No entanto, ao revivificar a metáfora morta e enterrada no clichê, a segunda frase também nos obriga a fazer uma espécie de tomada dupla, de volta ao evento narrado, e vemos de maneira vívida a personagem não apenas andando à roda mas literalmente "refazendo" os seus passos. Na verdade, o segmento de conclusão do entrecho todo está implícito nessa ação curiosamente superfocalizada, porque Hugh Person tentará recuperar o passado repetindo-o literalmente passo por passo, voltando ao hotel suíço onde estivera, oito anos atrás, com sua falecida esposa, hospedando-se no mesmo quarto, seguindo a mesma seqüência de ações. Essa coerência interna entre afirmação local e estrutura narrativa é simultaneamente justificada – e não apenas arbitrariamente "motivada" – por considerações de verossimilhança psicológica, pois a presença de tal compulsão à repetição é o que poderíamos esperar plausivelmente de uma tal pessoa – com *p* minúsculo agora – real.

Até agora, observamos as duas primeiras daquelas três "camadas" constitutivas da abordagem autoconsciente da representação literária da experiência. A terceira camada, no entanto, é a mais decisiva do ponto de vista temático em *Coisas Transparentes*. O narrador, através de sua constante atenção aos meios pelos quais a mente transforma o que contempla, envolve-nos na vida da consciência e nas ansiedades epistemológicas da vida da consciência, que é a nossa realidade humana mais imediata. A mimese aqui é focada não num objeto, num lugar ou num tipo de pessoa, mas num conjunto de processos cognitivos, na relação mental do eu temporal com o outro. Um pouco antes da fatal conclusão do que se chamou a "peregrinação" de Hugh Person ao seu passado conjugal, o narrador é levado, através de uma reflexão sobre as limitações semânticas dos tipos gráficos e dos sinais de pontuação convencionais, a fazer uma observação sobre os livros infantis e, através disso, a uma discussão geral da condição humana:

> Pode-se comparar a vida humana a uma pessoa que dança de várias formas em torno de seu próprio eu: assim, os vegetais de nosso primeiro livro de figuras circundavam um menino em seu sonho – pepino verde, berinjela azul, beterraba vermelha, Batata *père*, Batata *fils*, um aspargo menina, e, oh, muitos mais, a sua *ronde* rodopiante ficando cada vez mais veloz e formando aos poucos um anel transparente de listras de cores em torno de uma pessoa ou planeta morto.

Outra coisa que supostamente não podemos fazer é explicar o inexplicável. Os homens aprenderam a viver com um fardo negro, uma imensa corcova dolorida: a suposição de que a "realidade" pode ser apenas um "sonho". Quão muito mais terrível seria se a própria consciência de sermos conscientes da natureza onírica da realidade também fosse um sonho, uma alucinação embutida! Dever-se-ia ter em mente, contudo, que não existe miragem sem um ponto de fuga, assim como não existe um lago sem um círculo fechado de terra sólida. (pp. 92-93)

A dor da contradição entre o movimento vívido e agitado da consciência e a certeza da morte foi por muito tempo uma preocupação de Nabokov, mas seu desenvolvimento particular das estratégias autoconscientes em *Coisas Transparentes* leva-o a uma maior proximidade de um enfrentamento imaginativo direto com a perspectiva da sua própria morte do que em qualquer outro de seus livros. Esse acontecimento é sugerido de passagem na morte do velho romancista Barão R., e depois imaginado de dentro nas frases finais do livro, quando Hugh Person perece no incêndio do hotel. Aqui o narrador passa ao protagonista a imagem que ele faz de uma ilustração de um livro infantil: uma versão em telescópio da vida de um homem: "Anéis de cores borradas circulavam em volta dele, lembrando-o prontamente de uma ilustração infantil num livro assustador sobre vegetais triunfantes que giravam com velocidade sempre crescente ao redor de um menino de pijama, que tentava desesperadamente despertar dessa vertigem iridescente da vida onírica". O despertar será o escapar da alucinação, a terra firme além da miragem, prometida no final do trecho anterior. "Sua última visão [presumivelmente, da vida em sonho] foi a incandescência de um livro ou de uma caixa quase totalmente transparente e vazia". O escritor autoconsciente nos faz ver, de maneira muito engenhosa, nessa percepção final do protagonista, o livro que estamos segurando nas mãos e que estamos a ponto de terminar, mas o artifício exposto não deixa de ser o veículo para um momento sério de visão, localizado com verossímil convicção no último momento de vida de uma personagem de ficção. Pois o motivo prementemente urgente que está por trás da brincadeira de Nabokov nesse livro é tentar sugerir alguma persistência concebível da consciência além dessa condição "bloqueada por montes de lixo" que ele identifica com a morte. E, assim, a engenhosa demonstração em todo o livro de como a consciência produz transparência em torno de si é feita nesse momento final para prefigurar o funcionamento da consciência além do reino da mimese terrena, que é a esfera do romance: "Isso é, acredito, *ela*: não a cruel angústia da morte física mas a incomparável agonia da misteriosa manobra mental que é necessária para passar de um estado de ser para outro" (p. 104).

Por trás de toda a criação de Nabokov estão o fantástico caráter grotesco e a natureza brincalhona de Gogol, o ideal de artesania perfeitamente elaborada de Flaubert, a exploração que Biely faz dos artifícios de consciência, o elaborado formalismo e as travessuras estilísticas de Joyce, a representação de Proust da dialética ambígua entre arte e vida. O que pareceria ser as influências decisivas sobre Manuel Puig são os aspectos realistas de Joyce e de Faulkner e, mais particularmente, seus experimentos com técnicas múltiplas para representar a vida interior e para mostrar como a consciência e o caráter estão emaranhados nas minúcias do meio cultural. Em todos os seus três romances, Puig revela um prazer em explorar as possibilidades da técnica que não é fácil de encontrar, nos dias atuais, exceto na literatura da América Latina.

São, pela minha contagem, pelo menos 17 pontos de vista narrativos distintos, desdobrados através dos 16 capítulos de *The Buenos Aires Affair*[8]. O romance começa com o tradicional narrador onisciente que faz uso generoso do *estilo indireto livre* para descrever a consciência de uma personagem. Depois disso, encontramos: um dossiê cronológico que traz revelações a respeito de duas personagens; uma narração em primeira pessoa; uma experiência com onisciência inoportuna onde são relatados apenas certos detalhes sensoriais superfocalizados; várias versões diferentes da vida fantasiosa das personagens, desde uma entrevista imaginária que a heroína, enquanto se encontra na cama com o amante, dá à revista *Elle*, até uma versão cinematográfica em câmara lenta da sucessão de devaneios de três diferentes personagens numa cena culminante de ameaça de violência e de sexualidade bizarra. Talvez de maneira bastante estratégica, Puig fornece diversas variedades inventivas de narrativa obstruída em que, à medida que vamos lendo, temos de nos esforçar para preencher as lacunas, sendo o exemplo mais extremo um desordenado registro estenográfico elíptico, feito por um sargento da polícia, de um telefonema sobre um assassino (nunca chegamos a ouvir a voz real do outro lado do fio).

Mesmo a partir desse breve resumo, fica evidente que o artifício romanesco usado em *The Buenos Aires Affair* é visível difusamente, mas esse alto grau de visibilidade não torna o artifício autoconsciente no sentido que propus aqui. Na qualidade de leitores não-ingênuos, estamos evidentemente livres para *inferir*, da elaborada manipulação que faz o escritor das possibilidades formais do seu meio de expressão, certas idéias a respeito da arbitrariedade essencial de todas as técnicas de representação. O livro não é, porém, uma série de "exercícios de estilo", como o experimento de Raymond Queneau que leva esse título e que é dirigido totalmente para o meio narrativo, sendo o seu núcleo anedótico apenas uma desculpa para a exploração de estratégias

---

8. Manuel Puig, *The Buenos Aires Affair*, trad. de Suzanne Jill Levine, New York, E. P. Dutton, 1976.

narrativas diferentes. Ao contrário, o que Puig persegue com insistência é a natureza e o destino de duas personagens verossímeis – Leo Druscovich, um crítico de arte de Buenos Aires atormentado pela culpa e pela insegurança sexual, e Gladys Hebe D'Onofrio, uma pintora de talentos incertos, aparentemente derrotada pela vida e que busca desesperadamente algum relacionamento humano viável. Através dos pontos de vista mutáveis ao longo do romance, não é insinuado que Gladys e Leo sejam construtos apenas arbitrários, nem são sugeridos dilemas epistemológicos na relação da representação literária com seus objetos. Em vez disso, a multiplicidade de pontos de vista é ditada pela natureza multíplice dos seus temas humanos, sendo a sua justificação básica mais mimética que formal. Em nenhum momento é questionada a capacidade do romancista de conhecer suas personagens reais, e tal conhecimento, tal como ele o concebe, implica vê-los fisicamente, relacionalmente, cronologicamente, profissionalmente, de fora e através de sua própria consciência e de suas fantasias. No caso de Leo, que é morto pouco antes da conclusão do romance, mesmo os termos gelidamente clínicos do relatório de um médico legista são considerados necessários – a mente e o corpo que foram vistos no romance como um centro ebulidor de experiência angustiada são encarados no final, sob as lentes do microscópio, como um conglomerado inerte de células em deterioração.

As ferramentas do realismo romanesco são, decerto, inevitavelmente literárias. Isto é, os guias primários do romancista na maneira de representar a realidade não podem deixar de ser outros romancistas. A intenção formal da descrição hiperlúcida que Puig faz do corpo de Leo em decomposição é na verdade emular o efeito obsessivamente distanciado que Joyce alcança através do modo narrativo peculiar do catecismo no penúltimo capítulo de *Ulisses*. Puig, pois, está bastante consciente da indispensabilidade de uma padronização engenhosa e da pressão da tradição literária, mas escolhe do repertório tradicional padrões e modelos que melhor servirem a seus próprios fins miméticos.

Os únicos romances em que a convenção narrativa pode talvez ser camuflada efetivamente são aqueles vazados na forma pseudodocumental (o romance epistolar, o diário fictício, certos tipos de narrativas confessionais em primeira pessoa). É difícil para uma narração ficcional em terceira pessoa escapar, num primeiro plano, de seu artifício romanesco, mas a categoria de romance que eu persistiria em chamar realista opera com um acordo tácito entre o autor e o leitor de que esses artifícios são o veículo necessário e eficaz para transmitir a verdade a respeito das personagens e que eles devem ser aceitos como um meio de expressão transparente mesmo em sua conspicuidade; isso porque o nosso principal interesse está nas personagens e nos eventos que elas nos transmitem, não na natureza e na condição dos artifícios.

Isso, a mim me parece, descreve grosseiramente o modo como o leitor comum, desde a época do dr. Johnson até os nossos dias, acostumou-se de fato a vivenciar a ficção realista. No entanto, recentemente, ao ler uma crítica inédita sobre *The Buenos Aires Affair*, fiquei bastante impressionado com os diferentes hábitos de leitura que certos profissionais vêm cultivando no clima intelectual corrente. Essa leitura estruturalista de Puig, feita por um jovem estudioso de literatura, obviamente inteligente, poderia facilmente ter suas contrapartes em qualquer Departamento de Espanhol ou de Literatura Comparada dos Estados Unidos. Nessa abordagem, a chave para a estrutura e o propósito de *The Buenos Aires Affair* é seu subtítulo, *Um Romance Policial*. Isso, naturalmente, invoca um gênero, e, assim, o que devemos esperar antes de qualquer outra coisa é a investigação e substituição de convenções genéricas na narrativa. O romance policial, felizmente, exibe um conjunto altamente convencionalizado de artifícios formais, e desse modo foi estudado em detalhes pela Nouvelle Critique. As regras gerais do gênero, tal como foram definidas por Tzvetan Todorov, podem ser citadas de modo apropriado, e as permutações a que são supostamente submetidas podem ser apresentadas como o argumento real do romance.

Na novela policial convencional, procuramos o cadáver e depois tentamos descobrir que personagem é responsável pelo crime. Puig, assim diz o argumento, criou um romance em que a a novela policial é feita para discutir as suas próprias regras constitutivas como gênero. Desde o começo, o relato, usando as técnicas apropriadas de suspense, nos fornece exatamente o tipo de indícios que aprendemos a ler em outro lugar: um rapto inexplicado, uma vítima amordaçada e anestesiada com clorofórmio, uma agourenta e longa descrição de uma seringa hipodérmica, uma faca, um revólver carregado. Mas o ato prometido de violência nunca se concretiza, e, à medida que avançamos no romance, torna-se evidente que o cadáver apresentado no início pode ser apenas uma ficção da imaginação de Leo Druscovich – um estrangeiro desconhecido a quem ele agrediu com um tijolo num encontro homossexual casual num terreno baldio, e que pode ou não ter morrido do ferimento. Leo, de qualquer maneira, é atormentado por sua convicção particular de que é culpado de homicídio, e anos mais tarde, quando uma patrulha policial tenta pará-lo por excesso de velocidade, ele pisa fundo no acelerador do carro, certo de que as autoridades policiais afinal tinham seguido a sua pista no assassinato, e tomba numa curva que o levará à morte. Num enredo formal bem-cuidado, o cadáver hipotético que nunca apareceu na narrativa é substituído pelo cadáver que Leo finalmente proporciona, e a estrutura do romance como um todo, desse modo, passa a codificar mais uma das ubíquas idéias de Derrida sobre a inevitável ausência da presença, do fosso entre o significante e o significado que é o destino inelutável da linguagem e das obras de ficção.

Esse método corrente de leitura não deixa de ser engenhoso, mas o que ele parece negligenciar no caso de *The Buenos Aires Affair* é a experiência essencial do romance. Isso porque o aspecto mais marcante do livro não é claramente qualquer interesse nos códigos narrativos, mas a realidade psicológica imperiosa das duas personagens principais. Puig chama-o de "Romance Policial" e faz certas alusões parodísticas a esse gênero a fim de sugerir que, para o romancista e para seus leitores, o trabalho de investigação mais importante é psicológico – o desentocamento de um cadáver que está enterrado, não num jardim ou na garagem, mas na consciência do protagonista. O uso de várias estratégias de narrativa obstruída reforça de forma poderosa a dificuldade de apreender os fatos emaranhados de qualquer caráter ou relacionamento humano. Nisso, Puig parece seguir como modelo as obras de Faulkner, como *Absalom, Absalom!,* e a tradição mimética geral do romance impressionista, na qual as narrativas são feitas de modo desconexo e com rodeios a fim de estimular os processos pelos quais descobrimos coisas na realidade. Há em *The Buenos Aires Affair,* além disso, um artifício formal proeminente que nada tem a ver com o romance policial: cada capítulo começa com um fragmento de diálogo retirado de um velho filme de Hollywood, usualmente dos anos 30 e 40. Essas epígrafes cinematográficas exercem um dupla função mimética: ajudam a caracterizar o ilusório mundo interior dos protagonistas, que cresceram numa cultura inundada por esse tipo de romantismo degradado promovido pela mídia, e, em suas manifestas artimanhas e clichês sentimentais, as epígrafes atuam como uma realce às texturas altamente realistas da própria escrita de Puig.

De modo bastante revelador, a leitura estruturalista de *The Buenos Aires Affair* termina dois capítulos antes do final, onde a idéia do cadáver ausente é supostamente completada na morte de Leo Druscovich. O fato crucial, no entanto, é que a conclusão significativa do romance ocorre nos dois capítulos depois da morte de Leo. Isso porque estamos diante de um relato de perda e de renovação – perda sem trégua para Leo, que perdeu a mãe na infância, e uma possibilidade final de esperança para Gladys, ela mesma emocionalmente mutilada por uma mãe narcisista. No final do livro, Gladys, sozinha no fim da noite no apartamento de Leo, mal se detém no momento de cometer suicídio. O casal do quarto seguinte estava audivelmente fazendo amor; depois o marido sai. A jovem esposa, saindo na sacada, inicia uma conversa com Gladys, que se encontra no balcão contíguo, e acaba convidando a vizinha, visivelmente perturbada, a entrar e fazer-lhe companhia.

Num resumo sucinto, os detalhes das últimas páginas talvez pareçam muito esquematicamente ideados: a jovem esposa, que está ocupada em cuidar do bebê, oferece a Gladys um copo de leite e um pedaço de bolo; depois encoraja a sua exausta visita a descansar na cama com ela e a criança. No final do livro, encontramos a esposa, ainda lembrando-se do calor do corpo do marido, indagando-se se a semente de outra vida não teria sido implantada no seu ventre. No contexto, acho que Puig introduz esses detalhes simbólicos com uma sutileza inventiva que os torna bastante plausíveis, mas, seja como for, a direção emocional que ele procura imprimir ao final do romance é clara. Gladys descobre, nessa relação arquetípica entre mãe e filho, a possibilidade de uma compaixão humana simples e encontra coragem para tentar viver de novo a sua vida. O romance, então, envolve personagens imaginárias verossímeis num enredo complexo a fim de imitar, de forma convincente, um ritmo recorrente da vida humana que a maioria de nós, de uma maneira ou de outra, pelo menos já vislumbramos. Sem um senso nos leitores de que alguma coisa em sua experiência estava sendo confirmada ou talvez mesmo elucidada, o efeito principal do romance ter-se-ia perdido.

A última década de evolução na teoria literária ensinou-nos seguramente que a relação entre *verba* e *res*, livro e mundo, é um pouco mais problemática e mais essencialmente ambígua do que foi admitido pelo inflexível realismo moral da crítica anglo-americana do romance, de James a Ian Watt passando por Leavis. No entanto, parece agora que corremos algum perigo de ser induzidos pelos teóricos a fazer um tipo de leitura que os verdadeiros leitores, na terra ou no mar, nunca fizeram. Se se insistir em ver todos os romances como montões de sistemas semióticos que funcionam intricadamente num estado puro de auto-referencialidade, perde-se o fino fio da sensibilidade aos predicamentos humanos urgentes que os romances procuram articular. A grandiosidade desse gênero, tanto em seu modo realista quanto no autoconsciente, tem sido apresentar-nos – através da mais inventiva variedade de artifícios, sejam manifestos ou disfarçados – vidas que poderiam ser iguais às nossas vidas, mentes iguais às nossas mentes, desejos semelhantes aos nossos próprios desejos. Foi isso o que a maioria dos romancistas claramente tentou realizar em suas obras, e é o que ainda torna a leitura de romances para a maioria das pessoas, inclusive os intelectuais, uma das atividades perenemente absorventes da cultura moderna.

3. O Leão do Amor: sobre A Cartuxa de Parma

Em 16 de agosto de 1838, apenas três semanas após seu retorno da Escócia e um dia depois da publicação de *La Duchesse de Palliano** na *Revue des Deux Mondes*, Stendhal escreveu em inglês em seu exemplar da crônica da família Farnese: "To make of this sketch a romanzetto" ("Transformar esse rascunho num romancezinho"). O emprego do diminutivo *romanzetto* deixa claro que ele pensou a princípio em escrever apenas mais uma daquelas histórias renascentistas que produzia para publicação periódica. A 3 de setembro, ocorreu-lhe a primeira idéia de transformar esse material num romance, mas no momento ele tinha outras ocupações: a primeira parte de *L'Abbesse de Castro*, que escreveu em meados de setembro; sua aventura amorosa com Giulia, que deixou Paris em 27 de setembro; uma novela imitando Scarron, que ele começou e logo parou no início de outubro; e, finalmente, uma nova viagem à Bretanha e à Normandia, que o manteve afastado de Paris de 12 de outubro a 3 de novembro. Nesse meio tempo, também estivera envolvido, por motivos de amizade, em outro tipo de atividade fabuladora, que iria ter um importante papel na transformação de "Origem da Grandeza da Família Farnese" em *La Chartreuse de Parme*.

Durante uma visita anterior a Paris, aproveitando uma licença no serviço diplomático, Beyle fora apresentado por Mérimée à condessa de Montijo, uma nobre espanhola que residia na França com suas duas jovens filhas, Paca e Eugénie (a última se tornaria mais tarde imperatriz de França). As duas meninas aguardavam com ansiedade as visitas semanais de Beyle, sempre nas noite de quinta-feira, mas não tinham,

---

* Essa novela integra o volume *Crônicas Italianas*, publicado após a morte de Stendhal (N. T.).

evidentemente, a menor idéia de que aquele amigo extremamente encantador e solícito fosse um escritor profissional que usava o nome de Stendhal. As meninas tinham permissão para ficar acordadas por mais uma hora, e o ponto alto dessas visitas era quando se sentavam no colo de Beyle, numa poltrona ao pé da lareira, e ele as fascinava com as histórias dos dias em que servira no Grande Exército e dos feitos do próprio Napoleão. "Chorávamos, ríamos, tremíamos, enfurecíamo-nos", Eugénie recordaria anos depois. "Ele nos mostrou o Imperador sucessivamente resplandescente sob o sol de Austerlitz, pálido sob as neves da Rússia, moribundo em Sainte-Hélène"[1]. Nos primeiros dois dias de setembro de 1838, como um presente carinhoso do escritor para as meninas Montijo, Stendhal ditou a seu secretário uma narrativa detalhada da derrota de Waterloo, elaborada do ponto de vista frustrado de um jovem combatente chamado Alexander. (No seu exemplar impresso da *Chartreuse*, o romancista anotaria mais tarde, no final do capítulo sobre Waterloo: "Para vós, Paca e Eugénie".) Não se sabe ao certo se esse Alexander já era uma transposição consciente de Alexander Farnese para o século XIX ou se apenas dois meses mais tarde, quando Stendhal começou a trabalhar seriamente no romance, ocorreu-lhe de repente a idéia, talvez por causa do nome comum dos dois heróis, de modernizar a história de Farnese e ligá-la à queda de Napoleão, inserindo numa narrativa maior o episódio de Waterloo que ele havia escrito anteriormente. De qualquer maneira, o cenário contemporâneo era infinitamente mais afim ao escritor, e mesmo no que se refere à prudência política, sendo cônsul francês nos Estados Papais, podia escrever mais livremente sobre as maquinações de uma "mítica" corte de Parma no século XIX do que sobre um réprobo que se tornou um papa histórico, ajudado por uma tia sedutora que vivia em pecado.

Em 4 de novembro, um dia após seu retorno de Rouen, Stendhal começou a ditar *La Chartreuse de Parme*, no apartamento mobiliado que ocupava no n. 8 da rue Caumartin. Quatro dias depois, estava revisando seu relato sobre Waterloo e havia decidido transformar Alexander Farnese em Fabrice del Dongo. Nas sete semanas seguintes, isolou-se praticamente com seu manuscrito e o seu (sem dúvida exausto) secretário, trabalhando dez horas por dia ou mais, deixando dito ao porteiro que a qualquer pessoa que o procurasse informasse que ele estava fora, caçando. Não é fácil imaginar que uma obra-prima desse quilate fosse escrita com uma velocidade tão assombrosa. Segundo parece, tudo acorria impetuosamente à mente de Stendhal à medida que ele era preso no movimento de sua própria invenção: os diálogos dramáticos, os movimentos flutuantes de seus longos monólogos interiores, os detalhes da ação romântica e da intriga política, as personagens secundá-

---

1. Pierre Jourda, *Stendhal raconté par ceux qui l'ont vu*, p. 121.

rias, as intermináveis ramificações da psicologia do protagonista etc. Em 15 de novembro, Stendhal havia escrito 270 páginas manuscritas; em 2 de dezembro, esse número subia para 640; a 26 do mesmo mês, exatamente 52 dias depois de haver começado, o escritor entregou em mãos de Romain Colomb os seis volumosos cadernos do manuscrito completo para que ele os mostrassem a um editor. Na verdade, ele havia produzido tanto que Ambroise Dupont, que editou o romance, "estrangulou" (a expressão é de Stendhal) a última parte, alegando problemas de custo, o que explica talvez o fato de acharmos que o seu final nos pareça abrupto demais[2].

Em arrancos mais curtos, Stendhal já havia improvisado antes de maneira rápida e brilhante, mas agora ele podia manter esse ritmo afobado e ininterrupto na criação da *Chartreuse* porque, tanto na forma quanto no conteúdo, era tão manifestamente o romance para o qual ele estivera reunindo recursos durante toda a sua vida, o grande poema que ele sonhara fazer desde a sua confusa ambição juvenil de tornar-se o que ele chamou o Bardo. Não existe provavelmente outro romance que tenha com tanta freqüência provocado em seus críticos o uso de vocabulário tão *rapsódico,* e esse fato estranho é realmente revelador da natureza da obra de Stendhal e das suas fontes nessa experiência de arte e de vida.

Um crítico após outro têm falado da música da *Chartreuse*, de seu brilho operístico, ou, mais especificamente ainda, do notável efeito de ópera-bufa que o romance consegue atingir. Outros, desenvolvendo uma observação do próprio autor, celebraram o jogo de luz e sombra à maneira de Correggio nas passagens descritivas, nas caracterizações e na estrutura temática maior do romance. A esplendidamente obstinada duquesa de Sansévérina, a criação suprema entre as personagens do romance, tem sido comparada às heroínas de Shakespeare, provocando discussões sobre as qualidades shakespearianas do livro. As memoráveis cenas satíricas têm sido qualificadas de molierescas e há, sem dúvida, reminiscências da comédia de Molière no espetáculo eminentemente teatral do príncipe Ranuce-Ernest IV, o mais pusilânime dos potentados provincianos, que se pavoneia numa ruim imitação de Luís XIV, para logo ser reduzido a uma confusa fúria impotente pela arrogante indiferença da duquesa de Sansévérina.

La Chartreuse de Parme é, em outras palavras, um romance que incita muitos leitores a fazerem comparações com obras em outros gêneros e em outros meios de expressão, como se ela de alguma maneira transbordasse os limites do que costumamos chamar de romance.

---

2. Não está suficientemente claro se o editor insistiu em fazer cortes substanciais na conclusão já escrita ou apenas não permitiu que Stendhal expandisse a última parte ao corrigir as provas de galé. Qualquer que tenha sido o caso, o efeito foi o mesmo.

Tais comparações talvez não nos levem, para além da evocação da atmosfera do romance, a um entendimento analítico da obra, mas evidenciam a peculiar direção da intuição estética de Stendhal realizada aqui. Desde aquela noite reveladora em Novara em 1800, quando assistiu pela primeira vez à representação de *Il Matrimonio Segreto*, Henri Beyle aferrou-se à visão de que uma alegre união entre a linguagem e a música na história seria o catalisador perfeito da felicidade. Sua "alma idolatrou Cimarosa, Mozart e Shakespeare" foi uma das inscrições que ele ideou para o seu próprio túmulo. A prosa da *Chartreuse* combina lirismo e sagacidade, qualidades que estão desenvolvidas em combinações muito diferentes nas obras de todos os seus três ídolos artísticos. A música, evidentemente, pode ser pouco mais que uma vaga metáfora da textura verbal de um romance que muitas vezes se apresenta como uma conversa desinibida, mas, num aspecto, é uma metáfora inevitável porque a música é para Stendhal a forma mais pura de experiência estética, e essa experiência, por sua vez, ele a considera a revivescência de uma felicidade rememorada, que é, em última análise o que esse romance é em toda a parte. Maurice Bardèche expressou belamente esse caráter distintivo da *Chartreuse* ao afirmar que ele não é apenas "o romance da felicidade, mas também o romance da saudade da felicidade, o romance da felicidade perdida e sempre desejada de novo"[3].

O romance se constrói a partir de picos de êxtase e com vistas a esses picos – figurativos e também literais –, mas a fonte do êxtase é uma perspectiva estranhamente remota, ou mesmo refluente, sempre a alguma distância do observador deliciado, como Clélia está de Fabrice em sua torre-prisão, e afinal eficaz porque as delícias sugeridas não estão presentes, mas são rememoradas. A primeira das notáveis cenas panorâmicas do romance enuncia de modo perfeito o complexo de imagens e temas que irão constituir a série de visões da torre que tem Fabrice e o argumento essencial do romance. Nesse caso, o observador rapsódico do panorama natural é a condessa Piatranera, que logo se tornará a duquesa de Sansévérina. Nesse momento, Gina é uma bela e radiante viúva de 31 anos de idade; sua chegada ao castelo del Dongo, em Grianta, no lago Como, devolveu "os belos dias da juventude" à sua irmã (a mãe de Fabrice), que afirma ter-se sentido com cem anos de idade. A própria Gina, como vemos imediatamente, compartilha com a irmã essas sensações oscilantes da idade: "Foi com arrebatamento que a condessa reencontrou as lembranças da sua primeira juventude e comparou-as com as suas sensações atuais". Com essa apresentação do narrador, a condessa continua a olhar a paisagem lombarda num monólogo interior que invoca os seguintes termos:

3. *Stendhal romancier*, Paris, 1947, p. 361.

No meio destas colinas de admirável contorno, que descem até o lago de maneira curiosa, posso sentir todas as ilusões das descrições de Tasso e Ariosto. Tudo é nobre e delicado, tudo fala de amor, nada aqui recorda a fealdade da civilização. [...] Para além destas colinas, cujos cumes constituem eremitérios onde seria desejável viver, os olhos atônitos vislumbram os picos dos Alpes, desde sempre cobertos de neve: essa serena austeridade lembra-nos até em demasia os infortúnios da vida, mas é isso que intensifica o prazer deste momento. A imaginação é incitada pelo badalar longínquo do sino de um campanário localizado em alguma aldeia escondida sob as árvores: tais sons, ao se disseminarem pela água que os abranda, adquirem um matiz de doce melancolia e resignação, parecem dizer ao homem – "A vida é fugaz, portanto não seja tão obstinado em relação à felicidade que agora se apresenta; apresse-se em gozá-la!" A linguagem destes lugares encantadores, que não existem em nenhum outro lugar do mundo, devolveram à condessa o coração que ela possuía aos 16 anos. (cap. 2)

O hedonismo de *carpe diem* que se anuncia na mensagem dos sinos invisíveis não é absolutamente o que parece, pois a ênfase difusa do trecho citado recai sobre um arrebatamento a uma distância da realidade ambiente, um arrebatamento não dos sentidos mas da imaginação, que por sua vez usa a cena externa para reavivar lembranças de experiência anterior e de arte. Através da paisagem, a condessa, dificilmente uma mulher velha, redescobre dentro de si mesma os anseios desconhecidos que a animavam quando ela tinha a metade da idade atual. Um pouco mais tarde, Fabrice, que na época tem apenas 17 anos, olhará para baixo, com prazer, do campanário onde se está escondendo, e de repente será engolfado por "todas as lembranças da sua infância" (cap. 9). A distância sublinhada na primeira paisagem vista por Gina e nas posteriores desfrutadas por Fabrice é explicitamente espacial, mas também implicitamente temporal: o observador tem, de certo modo, o privilégio de contemplar mais uma vez a sua própria infância, sem evidentemente conseguir voltar a ela, e é essa a fonte suprema desse sentimento perfeitamente tranqüilo de beatitude, tingido por um leve matiz de melancolia. Não é de admirar que nesse momento mesmo a mundana Gina pense na felicidade de retirar-se para a solidão contemplativa de um eremitério, da mesma forma que mais tarde o seu sobrinho, contemplando da Torre Farnese um vasto panorama que abarca também os picos dos Alpes, substancialmente transforma a sua prisão num retiro cartuxo onde entrará literalmente no final do romance.

A própria imaginação de Stendhal nesse momento de sua vida, como já vimos em vários contextos, estava delicadamente equilibrada entre uma volta à vívida juventude e a percepção da idade avançada e da morte; e a aguda dialética entre esses dois momentos antitéticos da mente madura gera muitas das qualidades mais distintivas do romance. O retorno à juventude ou à infância, concedido às personagens da *Chartreuse* nessas experiências privilegiadas, remete na verdade a certas imagens centrais da meninice de Henri Beyle. O horizonte alpino tem sua fonte primordial nos distantes picos cobertos de neve que contemplava na Grenoble de sua infância, oferecendo uma visão tíbia de evasão do círculo opressor da família e do ambiente burguês que encarnava para o menino toda a "fealdade da civilização". A constelação de imagens que percebemos no arrebatamento do jovem Henri diante da paisagem bucólica de M. Le Roy, em suas visitas a seu tio em Les Échelles, e quando ele ouvia os sinos dobrarem em Rolles – tudo isso, é claro, Stendhal recordara dois anos antes, ao escrever *Henry Brulard* – é evidente aqui com todos os seus elementos constituintes: a paisagem montanhesa, uma fonte de água pura, a presença de uma mulher encantadora e a idéia de arte.

A arte em si não é concebida em oposição à natureza, mas, antes, à feia civilização; de fato, a natureza transforma-se mais completamente em si mesma, torna-se mais completamente o repositório dos doces sonhos do desejo, através de sua mistura na mente do observador com as belas "ilusões" da arte. Stendhal não tem o senso wordsworthiano de alguma união original da alma incorrupta com a natureza, mas imagina, em vez disso, uma experiência de intimidade prazerosa com a natureza por intermédio da exposição precoce à arte: significativamente, define o momento de encantamento vivido por Gina com a evocação de dois grandes poetas italianos que foram dois dos autores favoritos de sua juventude. Dado esse reaparecimento, nas costuras decisivas do romance, dos temas luminosos da própria meninice do escritor, pode-se ver uma lógica emocional coercitiva na sua decisão de iniciar o livro com a entrada em Milão das forças de Napoleão, "aquele exército juvenil". É uma espécie de abertura lírica engenhosa para a ação principal que revoca a seu próprio entusiasmo aos 17 anos de idade, quando descobriu em Milão uma cidade que parecia encarnar todas as perspectivas de felicidade que até então ele vislumbrara de vez em quando em sua leitura e em sua relação com a natureza e as pessoas.

Mas *La Chartreuse de Parme* é muito mais do que uma fantasia gratificante da juventude revisitada, porque a juventude e a realização são colocadas em constante tensão com a idade e a perda, assim como o enaltecimento da solidão é colocado em tensão com o mais lúcido discernimento da corrupção difusa e das tramóias cômicas da vida política. Ou, recolocando essas oposições temáticas em termos genéricos, os elementos românticos aqui – o herói aprisionado numa torre, a donzela de virtude impecável, o poder enobrecedor do amor – são confrontados com os elementos mais caracteristicamente romanescos do livro. Se Fabrice é, na elegante formulação de Jean Prévost, "o filho imaginário que Stendhal engendrou em sua amante Itália"[4], então este

---

4. *La Création chez Stendhal*, p. 353.

jovem arrebatado, fascinante e encantador, com sua perigosa facilidade para seduzir as mulheres, é dialeticamente equiparado com a projeção de outro aspecto do eu do autor: o conde Mosca, com seu consumado cinismo, seus momentos de tédio e de insegurança, que não é apenas uma espécie de pai para Fabrice, mas também um rival vulnerável e desconfiado.

O romance é o flutuante campo de força gerado entre esses dois pólos, algo que foi observado por F. W. Hemmings, embora faça uso de uma metáfora geométrica que talvez precise de uma modificação: "Todo o romance dá a impressão de estar equilibrado na interseção de dois planos inclinados: um que se eleva com o nascer do sol em meio às névoas tépidas da manhã, o outro que se abaixa com o alongamento das sombras da tarde rumo à friorenta escuridão do claustro e da sepultura. O ponto exato de convergência [sic] tem a espessura de um fio de cabelo: é o momento em que o anônimo marquês sussurra a Gina [...] que Fabrice foi encarcerado"[5]. Isso está em grande parte correto, mas existe menos simetria, menos esquematismo, no romance do que sugere a figura dos dois planos que se interceptam. É possível detectar no enredo um vasto movimento que vai da juventude ao claustro e à sepultura, mas a coisa mais interessante acerca da realização concreta aqui da experiência de vida é o modo como em Gina, em Mosca e, ocasionalmente, também em Fabrice, existe um senso da idade tão intensamente oscilante.

A juventude é definida como uma função da energia e da paixão; quando essas são privadas de um objeto animador, começamos a sentir-nos antigos. Gina aos 31 anos, "retirando-se" para o castelo de Grianta, fala de si mesma como se sua vida tivesse acabado; a proposta de Mosca de trazê-la a Parma como sua amante significa que "a juventude, ou pelo menos a vida ativa, começa de novo" para ela (cap. 6). O próprio Mosca, com 45 anos, sente que ele próprio está à beira da velhice, e somente seu amor por Gina pode suspender-lhe por alguns anos a chegada da senilidade. O Fabrice de 17 anos no campanário tem uma sensação momentânea de reexaminar sua vida desde seu extremo limite. Quando Gina fica sabendo que Fabrice foi levado à cidadela de Parma, declara, um tanto melodramaticamente, que ela está com 60 anos, que a jovem mulher está morta dentro dela. "Tenho 37 anos, encontro-me no limiar da velhice, posso já sentir todas as aflições da idade e talvez já esteja a um passo da sepultura" (cap. 16). A extravagância dessas declarações torna-se ainda mais divertida à luz das atividades subseqüentes de Gina, pois ao longo das duzentas páginas seguintes vemo-la esplêndida em sua apaixonada energia à medida que arquiteta a fuga de Fabrice, conspira contra o príncipe, usa seu poder

---

5. *Stendhal: A Study of His Novels*, Oxford, 1964, p. 201.

sexual para manipular os homens e, sobretudo, e com grande ímpeto insiste nas prerrogativas da sua orgulhosa auto-estima. A idade, como o romance sugere repetidamente, não é uma questão de mera cronologia, e essa consciência da idade combinada com o apego às intensidades da juventude engendra uma sutil comédia matizada de melancolia. Esse é o tipo de entendimento a que um escritor só pode chegar em sua idade madura e, no caso de Stendhal, talvez somente nesse momento outonal de sua vida.

Em conjunto, a *Chartreuse* é a mais ressoante orquestração feita pelo autor de toda a sua experiência desde a primeira infância até a maturidade, e precisamente por essa razão ela desafia, mais ainda que os seus livros anteriores, qualquer explicação que queira colocar suas personagens principais como elaborações de "modelos" da vida de Henri Beyle. Alguns comentadores, por exemplo, argumentaram que Gina foi inspirada na sua homônima, Angela (ou Gina) Pietragrua, que, como a personagem, foi uma senhora milanesa com uma natureza brilhantemente teatral e dominadora; outros, observando com acerto o teor vagamente incestuoso de amor de Gina por Fabrice, vêem nela uma versão da mãe amada e perdida do autor; ou ainda, em seu papel de conspiradora resoluta e destemida que organiza a sua própria revolução particular, ela é associada com Métilde, cúmplice dos Carbonari. A questão óbvia é que Gina é tudo isso, e algo mais do que a soma de suas partes.

Psicologicamente, o mais fundamental desses aspectos de Gina é o maternal, e há momentos ocasionais em que nos tornamos vividamente conscientes da transformação em ficção do material oriundo da vida do escritor. Num certo momento, por exemplo, o relutante Fabrice, rendendo-se às maneiras sedutoras da sua adorável tia, "Num impulso natural de arrebatamento e não obstante todos os argumentos contrários, tomou a encantadora mulher nos braços e cobriu-a de beijos. Naquele instante, o som da carruagem do conde se fez ouvir no pátio... e Mosca imediatamente apareceu na sala" (cap. 11). Isso recapitula, com um eco verbal preciso, o famoso momento autobiográfico de *Henry Brulard* (cap. 3), no qual Henri "cobre [sua] mãe de beijos" e fica furioso quando o súbito aparecimento do seu pai interrompe essa intimidade.

No entanto, se a dinâmica emocional dessa experiência precoce foi intensamente rememorada no romance, ela também foi transformada em algo diferente do que era, à medida que o romancista, com fantástica coerência interna, segue o movimento da individualidade distintiva de cada personagem. Gina pode ser uma mãe protetora que devota a Fabrice um amor irrestrito, mas é também uma amante ciumenta, de temperamento explosivo, um gênio da autodramatização, uma partidária fanática dos ditames de sua própria vontade impulsiva. E o próprio desejo edipiano, que alguns quiseram transformar na chave mágica de todos os escritos de Stendhal, foi radicalmente recanalizado aqui. Em *Le Rouge et le Noir*, Julien, dividido entre duas mulheres, finalmente escolhe a figura materna e, talvez em parte através da lógica inconsciente do tabu do incesto, ao fazê-lo escolhe também a morte. Para Fabrice, no entanto, não existe nenhum problema genuíno de escolha entre suas duas mulheres: a despeito de seu momentâneo "transporte", ele não é realmente atraído para sua tia e, desde o seu primeiro dia na prisão, liga-se firmemente à mulher mais jovem, Clélia. Poder-se-ia teorizar que existe aqui um deslocamento do senso do interdito da mãe amorosa para a filha núbil: o "intercurso" mais satisfatório entre Fabrice e Clélia será feito inteiramente através da experiência visual, ele na janela de sua alta cela, ela, embaixo, olhando de seu aviário; e, numa estranha complementaridade, o sentido da visão será banido dos encontros reais dos dois no final do romance.

Muitas vezes é difícil distinguir em Stendhal onde está a linha divisória entre a intuição e a intenção, entre a memória inconsciente e a consciente. Como a maioria de nós, ele era, sob muitos aspectos, dominado por padrões que lhe haviam sido inculcados na primeira infância; contudo, alguns desses ele parece ter manobrado conscientemente para recuperar, para ponderar sobre eles à luz da experiência multíplice de homem adulto e, em todo caso, transformá-los em arte em configurações algo surpreendentes. Assim, Gilbert Durand, num livro que em outros momentos erra em dizer que a mestria de Stendhal só pode ser compreendida quando os detalhes do romance são colocados em paralelo com arquétipos míticos, faz a sugestiva observação de que a solução peculiar que Fabrice dá ao seu problema das Duas Mulheres representa uma refundição que Stendhal fez do drama edipiano depois de sua experiência com Métilde – e, talvez se devesse acrescentar, depois de duas décadas de frutífera introspecção que se seguiram a essa experiência, que culminara recentemente em *Lucien Leuwen* e *La Vie de Henry Brulard*. "Métilde revela a Stendhal que existe um amor diferente do retorno à mãe, mas, paradoxalmente, a imagem de Métilde morta e perdida 'para sempre' adquire aspectos que a reaproximam singularmente da da mãe morta. Através de Métilde, a emancipação do amor torna-se possível, mas através da morte de Métilde a realização do amor recua, voando em direção a um horizonte ideal e inacessível"[6]. Seja ou não correta a conjectura de Durand acerca da fonte da singular orientação que Stendhal deu ao amor, ainda assim ela aponta sutilmente para a fluidez com que a imaginação do romancista se moveu entre os elementos discrepantes de sua experiência antiga e da atual, a fim de dar forma a essa obra-prima.

6. *Le Décor mythique de la Chartreuse de Parme*, Paris, 1961, p. 149.

Um romance, naturalmente, não é apenas um certo meio de imaginar objetos de desejo, mas também um certo meio de contar uma história, e, nesse particular também, Stendhal, no ritmo terrífico de sua improvisação, conseguiu ser com mais felicidade ele mesmo do que antes. São claras as continuidades com o estilo narrativo de *Le Rouge et Le Noir* (mais do que de *Lucien Leuwen*): o narrador urbano, às vezes loquaz, nesse caso sendo o mediador entre seus heróis italianos e seu público francês, muitas vezes intervém ironicamente quando seus protagonistas são mais emocionalmente extravagantes; os toques de autoconsciência ficcional alardeada; o movimento fácil que passa do comentário do narrador ao monólogo interior, ao resumo dos raciocínios da personagem e ao ponto de vista da personagem. A única diferença observável é que alguns desses procedimentos são usados agora com mais audácia, ou são levados de modo mais deliberado a uma aplicação extrema. Assim, embora Stendhal, em *Le Rouge et Le Noir*, busque repetidas vezes restringir o campo de percepção ao ponto de vista de uma única personagem, nada há no romance anterior muito parecido com o *tour de force* ampliado da cena de Waterloo em *La Chartreuse*, onde vivenciamos as radicais mudanças de percepção de Fabrice no campo de batalha: quando ele vê o solo arado expelindo pequenos fragmentos negros, não compreende imediatamente que estão sendo dados tiros e repetidas vezes tenta estabelecer alguma conexão entre tudo o que ele vê confusamente e a palavra batalha, que até esse momento tinha tido para ele apenas sentidos literários.

Talvez o aspecto técnico da *Chartreuse* que melhor dê a medida da ampla liberdade de Stendhal com o gênero seja a sua manipulação do tempo ficcional. É provável que tenha aprendido em *Tom Jones* o princípio básico de que o tempo num romance não precisa ser cronometricamente regular, que o romancista tem a liberdade de reduzir a velocidade do tempo para acompanhar cada palavra de um diálogo dramático, ou acelerar essa velocidade saltando períodos de duração variada. Uma certa quantidade de elipses narrativas, especialmente relacionadas com assuntos sexuais, é perceptível em *Le Rouge et Le Noir*, mas tais procedimentos são usados com mais freqüência, com um efeito mais surpreendente, na *Chartreuse*. O narrador do romance "italiano" de Stendhal repetidas vezes nos tira um pouco do equilíbrio, comunica-se conosco através da engenhosa indireção de silêncios inesperados, elabora juízos sobre seus temas ao exercer a sua prerrogativa no tocante ao que deve ser narrado e ao que deve ser deixado de lado.

No capítulo 6, por exemplo, quando Mosca, em discurso direto, completa a exposição de sua extraordinária proposta a Gina, a de que ela consista num casamento *pro forma* com o ausente duque de Sansévérina a fim de assumir uma posição social em Parma e tornar-se lá a amante de Mosca, não somos informados da verdadeira resposta às palavras do conde nem de qualquer resumo narrativo da conclusão da discussão entre eles e do que eles finalmente resolveram fazer. Ao invés disso, o narrador, interrompendo o fluxo temporal de sua narrativa, aparece em cena para declarar que dificilmente pode ser responsável pelas "ações profundamente imorais" das personagens de que ele é o cronista, ações que não seriam concebíveis num país (como a França, é claro) onde a única paixão é "o dinheiro, o instrumento da vaidade". Imediatamente depois desse breve parágrafo interveniente, somos informados do seguinte: "Três meses após os eventos narrados até agora, a duquesa Sansévérina-Taxis maravilhou a corte de Parma com sua natural cordialidade e a nobre serenidade do seu espírito; sua casa era sem comparação a mais agradável da cidade". A elisão desses três meses que abrangem um casamento, uma transição importante, o estabelecimento de uma família, é uma bela maneira de transmitir o fato consumado do plano de Mosca pelo qual Gina Pietranera se transferiu de Milão para Parma, onde subitamente aparece em total esplendor como a duquesa Sansévérina-Taxis. Ainda mais, a elipse narrativa é um sinal agudo da cumplicidade mundana entre leitor e autor. A "ação profundamente imoral" que Mosca e Gina acabam de perpetrar é algo a ser reconhecido, depois posto em discreto silêncio sem indagar sobre os seus crus mecanismos; é como as coisas são arranjadas no mundo, pelo menos nos países que preconizam paixões diferentes da vaidade, como o narrador entende perfeitamente e espera que seu público também o entenda.

A liberdade de Stendhal de contrair o tempo e de suprimir materiais narrativos é exercida tanto na escala de semanas, de meses, de anos e no plano da cena individual. Apenas alguns parágrafos depois do citado, Gina tem sua primeira audiência com Ranuce-Ernest IV, que é descrito da seguinte maneira: "Ele recebeu madame Sansévérina dignamente; disse-lhe coisas sutis e espirituosas; mas ela percebeu de maneira inequívoca que não havia nada de excessivo nessa cordial recepção. – Você sabe por quê? disse-lhe o conde Mosca quando ela voltou da audiência. É porque Milão é uma cidade maior e mais bonita que Parma". Por um momento, num equivalente romanesco do *faux raccord* cinematográfico, mal percebemos que fomos jogados de uma cena para outra, que transcorreu uma hora ou mais de tempo ficcional, que agora estamos em outro lugar e que as palavras "Você sabe por quê?" são dirigidas a Gina por Mosca em resposta ao relato presumivelmente detalhado que ela fez da audiência. Esse relato nunca é expresso realmente, mas apenas sugerido no resumo da percepção de Gina, "ela percebeu de maneira inequívoca que não havia nada de excessivo..." O que aconteceu em essência foi que o príncipe não foi considerado digno da representação cênica. Nossas expectativas convencionais foram frustradas ou, melhor, foram calmamente descartadas, como se o narrador estivesse dizendo: não se pode ficar perturbado com todas as pompas e poses desse homenzinho estúpido com seus retratos de corpo inteiro de Luís XIV, mesmo que isso seja o que as pessoas normalmente procuram num romance. Tal atenção dada ao rídiculo pode ser reservada para certos clímax cômicos que virão depois, mas, no momento, o único interesse real não está na expressão mimética, mas na análise do motivo por inteligência política, e assim procedemos imediatamente à exposição de Mosca sobre os benefícios que Gina pode auferir do senso provinciano de inferioridade que ele detecta no príncipe.

Além disso, essa supressão da cena do primeiro encontro de Gina com Ranuce-Ernest IV formará uma bela simetria com a supressão, por motivos algo diferentes, da cena do seu último encontro com o príncipe, perto do final do livro: "Depois de ser expulso pela indignada duquesa, ele ousou reaparecer todo trêmulo e terrivelmente infeliz quando faltavam três minutos para as 10. Às 10:30, a duquesa subiu na sua carruagem e partiu para Bolonha" (cap. 27). Ainda mais pela *bonheur* que foi concedida ao jovem príncipe patético ao forçar Gina a pagar sua dívida sexual. Novamente, com um gesto de discrição mundana, o narrador admite que ninguém gostaria de inquirir mais sobre o desprazer dessa meia hora, enquanto a indicação precisa dos 33 minutos elididos (com os descontos mentais do tempo necessário para despir-se, vestir-se de novo e descer as escadas) fornece um frio lembrete de como foi mínima a "conquista" do príncipe.

Para um romance tão longo, a *Chartreuse* repetidas vezes cria um senso de extraordinária velocidade, em parte por causa de seu uso imprevisível de tais elipses narrativas. Até certo ponto, esses procedimentos refletem a fidelidade estética de Stendhal ao século XVIII e talvez mais particularmente à espirituosa arte narrativa de Diderot. Essa fidelidade faz com que Stendhal, a despeito de todo o romantismo da sua sensibilidade, se irrite bastante com o exagero circunstancial, com o estilo pesado ou enfático, com a explicitação, com a regularidade convencional que caracterizam grande parte da ficção em voga no seu tempo. (Ele observaria mais tarde asperamente, no rascunho de uma carta a Balzac, que "Se a *Chartreuse* fosse traduzida para o francês por Mme. Sand, seria um sucesso, mas requereria três ou quatro volumes para expressar o que está agora em dois" [28-29 de outubro de 1840].) As repetidas trangressões de Stendhal das expectativas habituais são igualmente uma função de seu sentimento predominante de que a inteligência deveria dominar no romance tanto a narrativa quanto o discurso; é uma técnica que repetidamente nos compele a fazer juízos de inferência, a reexaminar hipóteses, a identificar elementos significativos em direções surpreendentes. Essas transgressões inovadoras, além disso, têm um caráter manifesto de invenções *ad hoc* que deriva do processo de improvisação através do qual o romance foi construído. Enquanto ditava o texto, Stendhal obviamente foi tomando constantes decisões de improviso acerca do que era essencial e do que era dispensável ou acerca de onde e como mudar de uma vez para a outra, de um ponto de vista narrativo para outro.

Mudar o ponto de vista narrativo, de fato, é uma característica ainda mais freqüente na *Chartreuse* do que a elipse, e é igualmente importante na produção dessa sensação de rapidez que caracteriza o romance. Mesmo quando o narrador leva tempo para relatar os sucessivos estágios de raciocínio dentro de uma personagem num momento particular da narrativa, essa sensação não se desfaz, pois a inteligência tem a sua própria velocidade em mover-se entre as possibilidades de percepção. Talvez seja útil examinar um último trecho a fim de ver como esse método funciona. Eis o parágrafo que abre o capítulo 6:

Reconhecemos que a suspeita do cônego Borda não era de todo infundada; no seu retorno da França, Fabrice surgiu diante da condessa como um belo estrangeiro que ela certa vez havia conhecido bem. Tivesse ele falado de amor, ela o teria amado; já não possuía ela uma admiração apaixonada, visto que ilimitada, pela sua conduta e sua pessoa? Mas Fabrice abraçou-a com tal efusão de inocente gratidão e esta afeição que ela teria feito um juízo horrendo de si mesma se aspirasse a qualquer outro sentimento além dessa amizade quase filial. Em outras palavras, a condessa disse a si mesma: aqueles poucos amigos que me conheceram na corte do príncipe Eugene devem ainda me achar bonita e mesmo jovem, mas para ele sou uma mulher respeitável... ou, para dizer tudo sem poupar minimamente meu senso de auto-estima, devo ser apenas uma mulher velha. A condessa estava enganando a si mesma a respeito do estágio da vida que agora ela havia atingido, mas não fazia isso à maneira das mulheres comuns. Além disso, na idade de Fabrice, é normal exagerarem-se as devastações do tempo; um homem de idade mais avançada...

Esse senso elástico da idade que examinamos longamente possui seu correlativo técnico na elasticidade com que o narrador, mudando muito rapidamente de estratégia, acompanha o inevitável ir-e-vir da personagem nos ritmos ambíguos do tempo. O capítulo começa com o narrador na frente do palco ("Reconhecemos que a suspeita..."), fazendo um comentário sobre a veracidade da opinião de uma personagem sobre a outra. Com a primeira frase do período seguinte ("Tivesse ele falado de amor..."), ele parte para uma análise no modo subjuntivo de condições contrárias ao fato, que foi usada com tanta freqüência em *Lucien Leuwen* para trazer à luz aspectos importantes da motivação e da personagem. Contudo, a abordagem da personagem aqui é mais polifônica do que em *Lucien Leuwen*. O narrador imediatamente envereda com grande facilidade para o *discurso indireto livre*, para a simulação da fala interior em terceira pessoa ("já não possuía ela..."), e essa expressão do pensamento aproxima-se cada vez mais do verdadeiro monólogo interior na segunda metade do trecho citado porque Stendhal não usa aspas para distinguir o discurso direto. Depois de penetrar na mente de Gina por meio do *estilo indireto livre*, o narrador então recua meio passo ("Mas Fabrice abraçou-a com tal efusão [...] que ela teria feito um juízo horrendo de si mesma...") para resumir seu pensamento em vez de citá-lo, em outra de suas análises de uma condição contrária ao fato, uma que segue a trajetória de um desejo que Gina receia que possa ser proibido. (Provavelmente, nenhum outro escritor compreendeu tão bem quanto Stendhal que pode existir uma conexão entre a ambivalência psicológica e o emprego ostensivamente lógico do modo subjuntivo.) Então, num *non sequitur* admiravelmente revelador, movemo-nos do resumo do suposto horror moral de Gina com relação a esses desejos incestuosos ao monólogo interior no qual ela reflete, primeiro com apreensão e logo a seguir, depois da hesitação momentânea das reticências, com exagero cômico, sobre quão velha ela deve parecer ao sobrinho. Isso convida o narrador a intervir uma vez mais ("A condessa estava enganando a si mesma...") com uma observação sucinta sobre as afirmações de Gina sobre a sua velhice que, todavia, a distingue das mulheres comuns. A intervenção do narrador, entrementes, deu a Gina, por assim dizer, tempo para mais uma reflexão, que emerge quase como uma resposta ao comentário do narrador, que evidentemente ela não ouviu: "Bem, não sou afinal tão velha assim, embora um homem tão jovem como Fabrice possa ser incapaz de sentir por mim alguma atração; mas outro homem mais velho..." – e seu monólogo mergulha cismadoramente em outra série de reticências. Ela está pensando, é claro, em Mosca, a quem encontrou recentemente em Milão, e mesmo o seu gesto seguinte, dificilmente o de uma mulher envelhecida, é parar diante de um espelho, depois sorrir.

Podemos ver prontamente como o brio, a qualidade sulista que Stendhal acabava de admirar em suas notas de viagem, torna-se na *Chartreuse* um modo difuso de narração. Stendhal nos aproxima mais dos movimentos autocontraditórios de uma psicologia individual convincente do que qualquer outro escritor antes dele havia feito, e ao mesmo tempo o jogo da inteligência sobre a consciência e o caráter produz uma comédia luminosa e humanamente inteligente. Se existe algo de "shakespeariano" em *La Chartreuse de Parme*, talvez resida principalmente numa certa afinidade com as últimas aventuras romanescas do poeta inglês, onde as questões espirituais mais sérias são apresentadas em situações de conto de fada, onde o envelhecimento, a perda e a morte são abordados numa visão cômica serena, integrada a um mundo de jogo autoprazeroso.

Na *Chartreuse*, Stendhal conseguiu realizar a mais plena expressão dos dois lados aparentemente contraditórios dele mesmo: herdeiro dos *Philosophes* e dos Ideólogos, e devoto fanático de Rousseau. Sendo um observador ávido e nesse momento bastante experiente das instituições políticas e de homens e mulheres na sociedade, Stendhal logrou transformar este num dos romances mais mundanos jamais escritos, infinitamente sutil em sua percepção dos motivos, destituído de noções morais convencionais, e que oferece, no microcosmo da corte de Parma, um relato praticamente definitivo da política numa era de ideologias exauridas (em alguns aspectos, a nossa, bem como a de Metternich). Mas o título do romance, apesar de tudo, invoca a idéia de retirada do mundo e, no encarceramento de Fabrice na cidadela, Stendhal descobriu um meio de tornar essa idéia estrutural e tematicamente central – não apenas uma espécie de epílogo, como o encarceramento de Julien – no meio de sua comédia mundana.

O título, de fato, tem incomodado a muitos leitores porque na verdade a cartuxa foi introduzida no romance apenas nos três últimos parágrafos. Herbert Morris, numa curiosa monografia, argumentou em detalhe que a verdadeira cartuxa é a cidadela – é nela que Fabrice percebe o ideal monástico de um feliz isolamento contemplativo, livre do mundo de aparência pecaminosa –, e que a cartuxa mencionada no final não é na verdade um mosteiro mas antes a torre medieval abandonada na floresta que anteriormente substituiu a Torre Farnese[7]. A segunda conclusão de Morris parece-nos desnecessária e excessivamente engenhosa, mas defende persuasivamente a identificação da cidadela à cartuxa pessoal de Fabrice. Uma observação semelhante, a de que "a cidadela visível e o mosteiro invisível se confundem", foi feita recentemente por Victor Brombert com maior sutileza interpretativa: "A cartuxa irreal, mencionada somente nas últimas páginas, estava de alguma forma presente desde o início, como que para advertir o leitor de que, por trás das mesquinhas intrigas da corte, para além das tensões da política e dos jogos da vida, existia uma região privilegiada e quase inacessível: o mundo do retiro, da espiritualidade oculta"[8].

O ponto decisivo para o sucesso do livro é que o retiro "cartuxo" de Fabrice não existe apenas como uma idéia acenada pelo romancista, mas como uma série de cenas concebidas imaginativamente no âmago do romance. Em torno de Fabrice continua o zumbido de intrigas e contra-intrigas, a contenda ciumenta e os terrores dos ultras e dos liberais, enigma das maneiras cortesãs, o elaborado esquema de Gina para tirá-lo da prisão. Mas Stendhal convoca todos os recursos líricos da sua prosa enxuta e brilhante para fazer-nos ver através dos olhos de Fabrice de sua janela de prisão, a mais de cinco metros acima do chão, quando ele arrebatadamente admira a tranqüila paisagem italiana que se estende até os Alpes e recebe com alegria os tímidos olhares amoro-

---

7. *The Masked Citadel: The Significance of the Title of Stendhal's Chartreuse de Parme*, Berkeley Los Angeles, 1968.
8. *The Romantic Prison*, Princeton, 1978, p. 67.

sos de Clélia que ela lança de sua posição vantajosa à frente dele no aviário.

A ética amorosa da *Chartreuse*, a exemplo do código cavaleiresco que ela invoca em certos momentos estratégicos, é uma versão profana de um ideal religioso, e Stendhal, habitualmente autodefensivo acerca do seu sonho de um amor transcendente, confere aqui a esse sonho uma forma viva sem subversão irônica, embora num romance cheio de ironia. Quando, pouco antes do final, Clélia, no escuro da sua casa-laranja, pronuncia aquelas palavras liricamente e eloqüentes (que Stendhal mais tarde revelou estar traduzindo mentalmente do italiano), "Entre ici, ami de mon coeur", "Entre aqui, amigo do meu coração", sabemos que estamos num momento da verdadeira realização, sem qualquer modéstia residual ou qualificação satírica. O amante, literalmente, metaforicamente e misticamente está prestes a entrar em seu jardim. Em 52 dias ininterruptos de composição, Stendhal teceu uma obra-prima que iria receber um reconhecimento imediato; mas conseguira-o ao criar uma obra que também tinha um intenso significado pessoal para ele, no qual ele pôde esquadrinhar todo o espectro dos temas sociais e humanos dos quais havia gasto uma vida inteira assenhoreando-se, no qual sua imaginação pôde também gravar uma imagem tranqüila do desejo realizado num cenário que lhe acenara desde a infância – uma terra onde cresce a laranjeira.

4. Nabokov e a Arte da Política

> *A conseqüência lógica do fascismo é a introdução da estética na política [...] A auto-alienação da humanidade alcançou um grau tão elevado que pode vivenciar a sua própria destruição como um prazer estético de primeira plana.*
>
> WALTER BENJAMIN,
> "A Obra de Arte na Época de sua Reprodutibilidade Técnica"

O romance *Invitation to a Beheading* (*Convite para uma Decapitação*) constitui, sob muitos aspectos, a obra de ficção de Nabokov mais explícita em termos de artifício ostensoso, mas ele ao mesmo tempo ilustra, de forma lúcida, a sua concepção do romance e põe à prova os limites dessa concepção. No decurso dos últimos anos, com a publicação em inglês de grande maioria da ficção russa de Nabokov e com o crescente aparecimento de estudos críticos sobre seus romances, o brilho de seu virtuosismo técnico acabou por ser apreciado amplamente, mas ainda persiste uma suspeita em certos círculos da crítica segundo a qual a sua realização artística é mero virtuosismo técnico, que a estrutura de seus romances em intricadas circunvoluções torna-os fechados em si mesmos, estéreis e, portanto, decididamente "menores". O que está em questão aqui não é apenas um confinamento crítico de sua obra no realismo – uma convenção literária pela qual Nabokov tem demonstrado um desdém arrogante e um escárnio malicioso – mas também uma expectativa de seriedade moral em literatura que remonta, na crítica de língua inglesa, a figuras como Matthew Arnold e Samuel Johnson. Para os críticos americanos e ingleses que derivam dessa tradição, o romance, embora também possa e talvez até devesse dar prazer, tem sobretudo de ensinar-nos alguma coisa – sobre a esfera social, política e espiritual que habitamos, sobre a natureza do caráter e da escolha moral, sobre as complexidades da nossa contextura psicológica. Então, a orientação obviamente centrípeta da imaginação de Nabokov, remetendo toda a matéria social, política e psicológica para uma preocupação interior circunscrita à arte e ao artista, é interpretada como uma incapacidade do romancista de apreender o campo maior da experiência humana e pareceria denunciar a sua falta básica de seriedade. *Invitation to a Beheading* é com certeza um exemplo extremo desse movimento centrípeto geral. Escrito em Berlim em 1935, ele parte da mais inquietante e mais ameaçadora das experiências políticas modernas, o estado totalitário, e usa-o, infere-se, apenas como um conveniente pano de fundo dramático para o tema recorrente de Nabokov, que é, como Simon Karlinsky formulou de maneira perfeita, "a natureza da imaginação criativa e do papel solitário e singular no qual um homem dotado dessa imaginação é lançado inevitavelmente em qualquer sociedade"[1].

O narrador de *Invitation to a Beheading* joga tão continuamente e de maneira tão manifesta com a condição artificial de sua narração que a questão geral dificilmente precisa de uma elaboração crítica. O primeiro parágrafo do romance informa-nos que o protagonista foi condenado à morte, e imediatamente o narrador se detém para lembrar-nos que estamos lendo um livro, e de uma espécie um tanto peculiar, ou seja: "Assim, vamo-nos aproximando do final. A parte suculenta, ainda não saboreada, da história [...] tornou-se de repente, sem qualquer razão aparente, bastante descarnada: uns poucos minutos de leitura rápida, e já estamos colina abaixo, e – Oh, horrível!"[2]. No romance convencional que fala de encarceramento, no modelo ficcional convencional de crime e castigo, a condenação do herói aconteceria evidentemente perto do final, depois de um longo e árduo desenvolvimento das ações; aqui somos informados de imediato de que as expectativas convencionais serão subvertidas na ficção particular que temos à nossa frente. À medida que avançamos, Nabokov dá-se ao trabalho de nos lembrar reiteradamente que cada cena foi disposta por um diretor de teatro. Repetidas vezes, as descrições visuais são expressas em termos explicitamente pictóricos, feitas mesmo para dar uma idéia de cenários pintados em duas dimensões; se há uma perturbação atmosférica, ela deve ser relatada como "um temporal de verão, encenado de

---

1. Simon Karlinsky, "Illusion, Reality, and Parody in Nabokov's Plays", *Wisconsin Studies in Contemporary Literature*, 8 (2): 268, Spring, 1967.
2. Vladimir Nabokov, *Invitation to a Beheading*, trad. Dimitri Nabokov em colaboração com o autor, New York, Putnam, 1959, p. 12. As citações subseqüentes no texto foram extraídas dessa edição.

modo simples embora com apuro, [...] representado do lado de fora" (p. 129); e o próprio tempo, conforme indica Cincinnatus, não é um fluxo contínuo, como no mundo "real", mas tão-somente uma série de indicações convencionais dentro de uma ação representada: "Observe o relógio do corredor. O mostrador não tem números: no entanto, a cada hora o vigia lava o ponteiro velho e borra um novo – é assim que vivemos, segundo um tempo de piche" (p. 135). E desse modo o romance se desenvolve, através de dezenas de engenhosas variações sobre essa idéia básica até chegar ao *grand finale*, quando a perspectiva pintada escapa em desordem, o cenário estremece, as filas pintadas de espectadores se desmoronam, e Cincinnatus avança a passos largos para o que esperamos seja um mundo mais humano.

Todo esse artifício alardeado é bastante claro no romance e possui uma inegável justificação temática em relação ao herói, cujo terrível pecado de "torpeza gnóstica" consiste, afinal de contas, em imaginar o mundo com a mente de artista e em desejar transformar-se naquilo que o mundo em que ele vive não pode por sua própria natureza tolerar: um verdadeiro escritor. É, no entanto, precisamente essa contínua preocupação com a condição do artista que os defensores da alta seriedade literária condenam em Nabokov. Não fugiu o escritor às suas responsabilidades quando converteu o totalitarismo na matéria de uma fábula sobre arte e artifício? Houve alguma outra coisa a não ser frívola autoindulgência em sua decisão final de acusar o colapso do estado totalitário num mero maquinismo descartável de palco, no mesmo momento da história em que todos os valores civilizados estavam ameaçados pelo terror nazista e stalinista?

A mim me parece que tais objeções concebem em termos demasiado estreitos as maneiras pelas quais a narrativa de ficção pode "apreender o mundo da experiência", ou apóiam-se em noções algo restritivas do que está envolvido na experiência – mesmo na experiência política. Eu diria, ao contrário, que existe uma importante conexão interna entre a ênfase especial dada ao artifício ostentoso em *Invitation to a Beheading* e o mundo totalitário que é o cenário do romance; diria ainda que Nabokov, exatamente por causa dessa preocupação com a arte e com o destino do artista, é capaz de iluminar um aspecto central da suposta condição humana numa era de Estados policiais e de terror totalitário. Dois anos depois de escrever *Invitation to a Beheading*, Nabokov incluiu em *The Gift* (*O Presente*) uma espécie de reflexão sobre o sentido das execuções, que poderia importar num útil comentário sobre a natureza total da realidade política e social descrita no romance anterior:

> Fyodor recordou que seu pai dizia que é inato em todo homem o sentimento de algo insuperavelmente anormal acerca da pena de morte, algo semelhante à

estranha inversão da ação no espelho que torna todo mundo canhoto: não é por acaso que tudo é invertido para o carrasco: a coleira de cavalo é colocada de cabeça para baixo quando o ladrão Razin é levado para o cadafalso; o vinho é vertido para o decapitador não com um giro natural do pulso, mas de forma desajeitada; se, de acordo com o código suábio, foi permitido que um ator insultado tirasse satisfação batendo na *sombra* de seu ofensor, na China era precisamente um ator – uma sombra – que cumpria as obrigações de carrasco, sendo toda a responsabilidade como que tirada do mundo dos homens e transferida para o mundo invertido dos espelhos[3].

Ora, a fim de dar uma idéia dessa noção aparentemente extravagante, teremos de levantar a questão indelicada do que é, de fato, a realidade para Nabokov. Pode parecer particularmente insensato fazer essa pergunta a um escritor que nos tem prevenido de que realidade é uma palavra que nunca deve ser usada a não ser entre aspas, mas acredito que ela é da mais extrema relevância para todo o empreendimento literário de Nabokov, cujas preocupações básicas são epistemológicas e metafísicas – tal como as de seu grande precursor inglês na ficção de artifício ostentoso, Laurence Sterne. Nabokov, a exemplo de Sterne, fica continuamente bestificado com o mistério por meio do qual a consciência individual, num processo alquímico sutil e às vezes perverso, transmuta os dados brutos da experiência na "realidade" que cada um de nós habita.

A chave para qualquer sentido da realidade, certamente para Nabokov e provavelmente para todos nós, é a percepção de um padrão. A consciência necessita pelo menos da ilusão de que pode ordenar alguns dos dados que encontra, vendo neles seqüência coerente, recorrência, analogia, causa e efeito, para poder acreditar na realidade deles. O sol se levanta, o sol também se põe, diz o Pregador; mas, se ele nunca mais se levantasse de novo, se ele nascesse na forma de milhares de bolas de fogo incandescentes ou de um grande bolo brilhante de semente de papoula, estaríamos num pesadelo ou na fantasia de um parque de diversões, mas não naquilo que a maioria de nós denominaríamos mundo real. Para Nabokov, à medida que a consciência alcança uma condição de equilíbrio acrobático e de força elástica, integrando-se mais e mais a padrões significativos, ela se depara com mais realidade, ou, antes, torna o mundo em volta dela finalmente real. É por isso que Cincinnatus, preso num mundo que ele repetidamente nos lembra que é um louca confusão de "visões absurdas, sonhos maus, resíduos de delírios, a sandice dos pesadelos" (p. 36), não é um escapista, mas um rebelde desafiador quando concebe uma outra existência constituída de um padrão perfeito, infinitamente prazeroso: "*Lá, tam, là-*

---

3. Vladimir Nabokov, *The Gift*, trad. Dimitri Nabokov, New York, Putnam, 1963, p. 215.

bas, o olhar fixo dos homens fulgura com inimitável entendimento; *lá* as aberrações que são torturadas passeiam aqui sem serem molestadas; lá o tempo toma forma de acordo com o prazer de cada um, como um tapete bordado cujas dobras podem ser unidas de tal maneira que dois desenhos coincidam" (p. 94). O eco literário mais proeminente aqui é, evidentemente, a visão baudelairiana da arte e do prazer aperfeiçoados de "L'invitation au voyage" – "Là tout n'est qu'ordre et beauté, / Luxe, calme et volupté"[4] – embora essas dobras habilmente reunidas do tempo padronizado também caracterizem muito bem o tratamento que Nabokov deu mais tarde ao tempo em *Speak, Memory* (*Fala, Memória*), sua tentativa de fixar por meio da arte a realidade da sua experiência pessoal. O que pode parecer peculiar é a introdução de uma idéia moral explícita na visão que Cincinnatus tem da felicidade estética, a idéia de que no mundo harmonioso situado alhures as desagradáveis aberrações torturadas de seu próprio mundo imperfeito serão deixadas incólumes. Para começar a entender esse entretecimento da moral e da estética, devemos retornar ao sombrio carrasco das reflexões do pai de Fyodor, que continua inexplicado em seu reino de espelhos canhestro e invertido.

Se a consciência é o meio pelo qual a realidade passa a existir, a obliteração súbita e final da consciência por meios mecânicos é a suprema afirmação, feita por agentes humanos – os carrascos – do princípio da irrealidade. Isso porque a capacidade da mente de perceber livremente ou criar padrões e de comprazer-se neles é o que torna humana a vida do homem, mas no carrasco designado a mente é focada para baixo a fim de guiar os movimentos que apagarão todo padrão que existir em outra mente humana, pretextando o homem, numa tremenda farsa, que não é um ser sensível, mas algo como uma árvore caída, uma avalancha, um estúpido instrumento de forças assassinas cegas. A execução é o rito central do mundo de Cincinnatus, que percebe suas supremas possibilidades porque esse mundo, em todos os seus arranjos institucionais e nas relações sociais cotidianas, é ideado explicitamente para tolher, toldar, manietar e, finalmente, extirpar a consciência individual. Por conseguinte, deve continuar sendo um mundo implacavelmente incrível do ponto de vista de qualquer consciência genuinamente humana – seus salões cheios de espelhos mágicos que produzem efeitos espúrios, sendo suas personagens palhaços cruelmente pintados mais de papel machê do que de carne, mesmo a aranha convencional em sua cela de prisão revelando-se um fac-símile de borracha, o pretenso embuste de uma mentalidade de belchior. Aqui, como em outros lugares, o método anti-realista de Nabokov tem o efeito de sondar até às raízes da experiência real: o seu Estado totalitário não

---

4. "Lá, tudo é apenas ordem e beleza, / Luxo, calma e prazer".

é, de qualquer modo, uma descrição disfarçada de um regime verdadeiro, mas os lineamentos de sua fantasia ficcional, traçados com um rigoroso senso de autocoerência (e não livremente improvisada, como nas obras de ficção de alguns "fantasistas" americanos da moda), revelam as implicações últimas do princípio totalitário, constituem uma espécie de modelo ideal das possibilidades do totalitarismo. Assim, algum crítico poderia com considerável justiça ver nesse romance um *insight* profético da hipótese prática que subjaz à empresa hitlerista de produção em massa da morte: "A hipótese não-declarada, vil e desumana, de que a vítima inocente deve colaborar em sua própria tortura e morte, de que ela deve adaptar-se à perversão de seus torturadores e deixar esse mundo defraudada da vida, da integridade e da individualidade"[5]. Esse mundo de suprema obscenidade é deliberada e justificavelmente mantido a uma distância cômica, para que o horror não acabrunhe o narrador, para que todo o mecanismo insidioso possa ser examinado por uma inteligência humana crítica que afirma seu próprio poder de prevalecer através de sua constante presença na ardilosa preocupação do narrador pela natureza humana fortificada de seu protagonista. Se o observador é capaz de preservar um senso inteligente das possibilidades da consciência, então uma sociedade baseada numa colusão universal para subjugar a consciência deve parecer-lhe uma farsa grotesca e improvável, uma congérie de "fantasmas, lobisomens e paródias" (p. 40), que é sinistra nos dois sentidos da palavra – ameaçadora e pertencente a um reino canhestro e invertido de mera negação.

Será interessante examinar mais de perto a relação no romance entre o tema da arte no primeiro plano e o fundo de cena político. O dito de Sartre de que "a estética de um romancista sempre nos remete de volta à sua metafísica" é eminentemente aplicável aqui, e acho que é também relevante ter em mente o sentido algo especial que "metafísica" tinha para Sartre, implicando não apenas uma apreensão conceitual da realidade, mas também uma postura para com ela. Mesmo o que parece ser uma preocupação com a mecânica da técnica por parte de Nabokov tem uma função temática estrita, e isso é particularmente verdadeiro com relação a uma peculiaridade recorrente de *Invitation to a Beheading*: a de que várias de suas cenas são concebidas como exercícios formais de visão. Eis, por exemplo, uma breve descrição da tentativa inútil do prisioneiro de ver o que existe fora da janela de sua cela: "Cincinnatus estava na ponta dos pés, segurando as barras de ferro com suas mãos pequenas, que estavam totalmente brancas por causa do esforço, e a metade do seu rosto estava coberta com

---

5. Julian Moynahan, "A Russian Preface for Nabokov's *Beheading*", *Novel*, 1 (*1*): 16, Fall, 1967.

uma grade de sol, e o amarelo do seu bigode esquerdo brilhava, e havia uma minúscula gaiola dourada em cada uma de suas duas pupilas espelhadas, enquanto embaixo, por trás, seus calcanhares erguiam-se das chinelas largas demais" (p. 29). A imagem física de Cincinnatus é definida de forma aguda e meticulosa, feita para parecer muito "real" – e não somente a imagem física, porque através do detalhe final e poderoso das chinelas grandes demais, vislumbramos a natureza triste, tocante, patética e ligeiramente cômica dessa personagem encarcerada. É importante observar que, virtualmente, cada frase da descrição dá-nos consciência da habilidade do artífice quando estrutura, seleciona, propõe um padrão. Nabokov, com efeito, convida-nos a participar da percepção de como um pintor (um realista flamengo, por exemplo) e, por implicação, um romancista, ocupa-se em "perceber" uma cena. Cada um dos pequenos detalhes – as minúsculas mãos brancas que agarram as barras, o meio bigode brilhando, as barras refletidas nas pupilas – é escolhido estrategicamente para nos revelar a figura inteira captada numa luz particular e numa postura singular. Somos levados simultaneamente a encarar Cincinnatus como um ser humano num momento de angústia e como um estudo formal dos contrastes de luz e de sombra, dividido simetricamente pelo claro-escuro. A superfície refletora é evidentemente um recurso inestimável em tais estudos das possibilidades de representação – lembrem-se dos espelhos nos interiores de Van Eyck – porque permite ao artista duplicar formas e objetos numa escala diferente, a partir de um ângulo diferente, ou mesmo introduzir clandestinamente novas presenças na cena. As gaiolas douradas, no entanto, nos olhos de Cincinnatus são mais do que um artifício de preciosismo visual, pois em nossa própria consciência da sua beleza paradoxal, somos levados de volta ao terror da cilada feita a Cincinnatus. Não estaria a prisão de fato dentro da sua cabeça, uma função do seu próprio modo de ver? Ou, alternadamente, tê-lo-ia o seu encarceramento separado da realidade, reduzindo a visão a um infinito retorno de barras obstinadas de tal modo que, no caso da pantera enjaulada de Rilke, "Ihm ist, als ob es tausend Stäbe gäbe, / Und hinter tausend Stäben keine Welt"?[6]

Vejamos agora um exemplo mais elaborado desses exercícios de visão. Cincinnatus freqüentemente se recorda dos momentos de felicidade que viveu nos Tamara Gardens; é o único lugar onde ele se sente capaz de conceber concretamente algo similar a um ambiente humano. Contudo, cabe observar que mesmo na saudade ele não apenas recorda os jardins; ele explicitamente os encara. A certa altura é conduzido por seus captores à torre da prisão e olha para a cidade embaixo:

---

6. "Para ele, é como se houvesse mil barras, / E atrás das mil barras nenhum mundo..."

Nossos viajantes encontravam-se num amplo terraço no alto de uma torre, de onde se tinha uma vista de tirar o fôlego, pois não só a torre era enorme, mas também a fortaleza toda erguia-se desmedidamente no topo de um enorme rochedo, como se fosse uma monstruosa excrescência. Lá longe, embaixo, podiam-se ver os vinhedos quase verticais, e a estrada cremosa que descia em curvas até o leito seco do rio; uma figura minúscula de vermelho estava atravessando a ponte convexa; a mancha que corria na frente dela era provavelmente um cão.

Mais além, a cidade banhada de sol descrevia um amplo semicírculo: várias casas de cores variegadas estavam dispostas em fileiras ordenadas, acompanhadas de árvores redondas, enquanto outras, tortas, arrastavam-se pelas ladeiras abaixo, caminhando em suas próprias sombras; podia-se distinguir o tráfego deslocando-se no First Boulevard, e um brilho de ametista no final, onde jorrava a famosa fonte; e um pouco mais além, na direção das dobras enevoadas das colinas que formavam o horizonte, sobressaía a mancha escura do bosque de carvalhos, com, aqui e ali, um lago brilhando qual um espelho de mão, enquanto outros ovais de água se acumulavam, brilhando por entre o frágil nevoeiro, lá para o lado do oeste, onde o sinuoso Strop tinha sua nascente. Cincinnatus, com a palma da mão apertada contra a face, num desespero petrificado, inefavelmente vago e talvez até feliz, olhava fixo para o bruxuleio e o nevoeiro dos Tamara Gardens e para as colinas que se dissolviam num azul-pombo para além delas – oh! passou muito tempo antes que pudesse afastar seus olhos... (pp. 42-43)

Se o fragmento demonstra rigorosa fidelidade a um ponto de vista vigoroso, trata-se de um ponto de vista mais próximo de um Breughel do que de um Henry James. A paradoxal eficácia dessa descrição, a exemplo da de Cincinnatus agarrando-se às barras da janela, está sujeita à nossa consciência de que a cena parece real exatamente porque é uma composição artística escrupulosamente ordenada. Quando olhamos a cena com Cincinnatus, somos tocados pela magia da sua presença ao sermos levados a vê-la como uma pintura. O primeiro plano é definido, numa repetição pictórica da forma, como sendo uma duplicação do delineamento em escala reduzida – a imensa torre de uma fortaleza que se eleva desmedidamente no topo de um rochedo. O olho é então levado para baixo através do mais cuidadoso arranjo de perspectiva ao longo dos meandros da estrada (formalmente duplicada mais embaixo no leito sinuoso do rio), para além da pequena figura na ponte convexa e da mancha indistinguível que é "provavelmente um cão", para a própria cidade e a névoa azulada das colinas no horizonte. Efeitos de cor e luz estão muito bem equilibrados como numa pintura e nos são transmitidos num vocabulário que sugere a escolha matizada dos pigmentos pelo artista e mesmo algo da maneira como ele os aplica na tela: movemo-nos da estrada "cremosa" para a figura vermelha, depois para a cidade "banhada de sol" com suas casas de "cores variegadas", realçada pelas "dobras enevoadas das colinas" na distância e pela "mancha escura" dos bosques ao pé das colinas. O vocabulário de cor é não só preciso em suas caracterizações, mas também busca comunicar uma senso do prazer – um prazer quase sensual diante da beleza opulenta –

que dá forma à experiência estética: é por isso que a estrada é "cremosa", que a fonte longínqua emite um "brilho de ametista" à luz do sol, que o horizonte é uma sedutora visão de "colinas que se dissolvem num azul-pombo". Como era de esperar, há no quadro superfícies que refletem a luz, os lagos que brilham como espelhos de mão no parque lá embaixo, o espelho aqui não tendo a função simples de ilustrar o estranho ordenamento que o artista faz dos efeitos de luz e de perspectiva na cena. Finalmente, há um detalhe na paisagem que ultrapassa a formalidade dos termos pictóricos, as casas arrastando-se pelas ladeiras abaixo, "caminhando em suas próprias sombras". Essa personificação gráfica, no entanto, parece perfeitamente correta, porque insinua de que maneira uma cena feita com apuro começa a transcender os limites de seu próprio meio de expressão, adquirindo uma vida elusiva que é mais do que cor e linha, plano e textura.

Esses fragmentos são exemplos eloqüentes do virtuosismo de Nabokov, mas, se os lermos fora do contexto, como fizemos até agora, não teremos respondida a questão de saber qual é a sua função. Essas cenas acham-se na verdade numa relação de tensão dialética com o mundo do romance no qual ocorrem, e uma indicação clara do que é a hábil colocação de espelhos dentro delas. O pai de Fyodor, como sabemos, usa espelhos num sentido negativo, associando-os a morte e irrealidade, mas, em *Invitation to a Beheading*, há bons e maus usos de espelhos, assim como há arte boa e má. Nabokov invoca todo um espectro de associações simbólicas tradicionais sugeridas por espelhos – o espelho da arte apegado à natureza; o espelho da consciência "refletindo" a realidade (ou apenas reflete a si mesma, somos pelo menos levados a indagar; será a prisão de Cincinnatus tão-somente uma casa de espelhos?); o espelho enquanto imitação sem profundidade, invertida, irreal, zombeteira do mundo real. O desenvolvimento mais marcante da idéia de espelho no romance é convenientemente ambíguo. Na notável parábola nabokoviana de imaginação e realidade, os defeituosos "espelhos *nãonão*" enrugados, quando colocados complementarmente defronte de massas disformes, refletem com perfeição as formas "reais", os dois negativos fazendo um positivo. Não seria ele um arquétipo para a alquimia de que a imaginação trabalha sobre a realidade informe? Ou ilustraria, antes, o tipo de truque do charlatão que acaba servindo de substituto manufaturado da arte, um mero divertimento ilusionístico para as massas? A primeira alternativa, na qual os espelhos mágicos distorcidos podem ser vistos como uma imagem da própria arte de Nabokov, é nitidamente a mais atraente das duas, mas o fato de o artifício dos *nãonãos* nos ser relatado pela mãe de Cincinnatus, ela própria a ardilosa criatura insubstancial de um mundo sem dimensões, de qualquer modo deixa em nossas mentes um importante resquício de dúvida.

Em outros momentos do romance, os espelhos aparecem em contextos mais claramente negativos. Para o insidioso M'sieur Pierre, os espelhos são os implementos de um hedonismo auto-admirador, auto-absorvido. "Não existe nada de mais prazeroso", diz ele a Cincinnatus, reivindicando um passado de sutil proficiência sexual, "do que rodear-se de espelhos e observar o bom trabalho que está sendo feito" (p. 145). Para Marthe, a inesgotável esposa promíscua de Cincinnatus, o espelho é o mais patente adereço cênico falsificado do seu mundo fictício de simulações teatrais (ou, antes, farsescas). Como parte do cenário doméstico que ela montou temporariamente na cela de Cincinnatus, "havia um guarda-roupa com espelho, que trazia consigo o seu próprio reflexo particular (ou seja, um ângulo do quarto conjugal com uma faixa de luz solar cruzando o assoalho, uma luva caída e uma porta aberta na distância)" (p. 99). De maneira mais ambígua, o próprio Cincinnatus adota o papel mágico do espelho como um estratagema de sobrevivência: o espelho é, evidentemente, uma superfície transparente com um aço opaco e Cincinnatus, uma figura opaca num mundo de almas reciprocamente transparentes, aprende a "fingir translucidez, usando um sistema complexo de ilusões ópticas, por assim dizer" (p. 24), isto é, refletindo para aqueles que estão à sua volta um simulacro fugaz de translucidez a partir da superfície da sua imutável opacidade.

É justamente a associação dos espelhos tanto com a arte quanto com a consciência que justifica essa gama de ambigüidades quando aparecem no romance. Isso porque, enquanto Cincinnatus sonha com uma arte em belos padrões, o que em certos momentos o seu criador põe em prática de modo acentuado, a qualidade mais fundamental do mundo que o aprisiona é uma arte barata, falsa, espúria, mecânica – numa palavra, *poshlust*, o termo russo abrangente que Nabokov explica de forma tão elaborada em seu estudo sobre Gogol. O modelo ideal de estado totalitário imaginado por Nabokov é o mundo do *poshlust*. As faces furtivas e vazias do *poshlust* estão em toda a parte de *Invitation to a Beheading*, mas tentarei recordar rapidamente alguns dos exemplos mais sintomáticos. O ato de matar por decreto do Estado é imaginado por seus perpetradores como uma obra de arte. M'sieur Pierre julga-se um *artiste*, carregando seu machado de carrasco numa caixa forrada de veludo como se fora um instrumento musical. Na sua aparência e maneira, M'sieur Pierre é obviamente a encarnação do perfeito *poshlust*, muitas vezes com um detalhe excruciante, como nas duas folhas verdes ilusionistas que tatuou em volta de seu mamilo esquerdo para fazê-lo parecer "um botão [...] de angélica confeitada e de marzipã" (p. 160). A véspera da execução de Cincinnatus é marcada por uma grandiosa cerimônia com ressaibos de uma crucificação encenada no Radio City Music Hall com milhares de Rockettes dançando. Um milhão de lâmpadas coloridas são plantadas "engenhosamente" (o termo é do narrador) na grama para formarem o monograma das iniciais dos nomes do carrasco e de sua vítima. Os principais ingredientes dessa "arte" são a monstruosa quantidade e os meios mecânicos; convenientemente, a produção é arranjada de maneira desleixada e quase não ocorre.

A arte ruim é, de fato, o instrumento ubíquo de tortura para o prisioneiro Cincinnatus. Assim, num nicho do corredor da prisão, ele vê o que imagina ser uma janela através da qual poderá olhar os almejados Tamara Gardens na cidade embaixo, mas, ao aproximar-se, descobre que é um tosco *trompe l'oeil*: "Essa paisagem malpintada em várias camadas de profundidade, executada com indistintos matizes de verde e iluminada por lâmpadas ocultas, faz lembrar [...] o pano de fundo na frente do qual uma orquestra de instrumentos de sopro afana-se e arqueja" (p. 76). As cores são pardacentas, as copas das árvores sem movimento, a iluminação inerte; em suma, a pintura é em todos os aspectos o oposto exato daquela visão engenhosamente composta da cidade e dos jardins que Cincinnatus desfrutara anteriormente da torre da prisão.

O uso de lâmpadas escondidas como parte de um inconvincente efeito ilusionista é significativo, porque a substituição da imaginação por um dispositivo mecânico é a chave para a maioria da arte ruim no romance. Assim, a arte *par excellence* desse mundo de *poshlust* é a fotografia. É essencial para a grandiosa produção da véspera da decapitação que Cincinnatus e seu algoz sejam fotografados juntos pela luz do *flash* (previsivelmente, com resultados medonhos). No começo do romance, o prisioneiro é apresentado pelos dois jornais locais na primeira página, com duas fotografias em cores da sua casa que estranhamente se completam uma à outra. (Evidentemente, deve-se ter em mente a inevitável qualidade falsa, borrada, sangrada da reprodução de fotografias coloridas em jornal.) Uma foto mostra a fachada da casa, com o fotógrafo do segundo jornal aparecendo na janela do quarto de Marthe. A outra, tomada dessa janela, mostra o jardim e o portão no momento em que o primeiro fotógrafo fotografa a fachada da casa. A circularidade das duas fotografias é justamente o inverso da prática de Nabokov de introduzir em suas obras de ficção indícios de sua própria presença como artífice. Aqui, cada um dos fotógrafos é surpreendido inadvertidamente pelo outro no ato de usar a sua caixa preta mecânica para fotografar a cena, e o caráter espalhafatoso do procedimento todo é enfatizado pela clara indicação de mais uma traição sexual de Marthe na presença do fotógrafo em seu quarto (p. 23).

O exemplo culminante da arte mecânica da fotografia como instrumento de *poshlust* é o "foto-horóscopo" ideado por M'sieur Pierre. Usando instantâneos retocados da filha do diretor, Emmie, que montam o rosto da jovem com fotos de pessoas mais velhas tiradas em outras circunstâncias, ele oferece um registro cronológico da vida de uma mulher hipotética desde a infância até a velhice e a morte (pp. 167-181). É claro que a simulação de uma vida é totalmente inconvincente, e existe algo vagamente obsceno nesse rosto de uma garotinha apresentado como o rosto de um mulher madura e depois de uma velha senhora. O foto-horóscopo é uma obra suprema de antiarte, usando meios puramente mecânicos para produzir uma evidente criação falsa, impotente para enfrentar o rico enigma da experiência no tempo, cega à dimensão da consciência, profanando o mistério da vida humana. Uma peça comparável ao álbum de M'sieur Pierre é o romance *Quercus* (*Carvalho*) que Cincinnatus retira da biblioteca da prisão. Esse volume de trezentas páginas sobre a vida de um carvalho, "considerado o acme do pensamento moderno", é a *reductio ad absurdum* que faz Nabokov do romance naturalista e do princípio do realismo documental exaustivo: "Parecia que o autor estava sentado com sua câmera em algum lugar entre os galhos mais altos do Carvalho, observando e capturando a sua presa. Várias imagens da vida viriam e iriam embora, demorando-se entre as manchas verdes de luz. Os períodos normais de inação eram preenchidos com descrições científicas do próprio carvalho, dos pontos de vista da dendrologia, da ornitologia, da coleopterologia, da mitologia – ou com descrições populares, com toques de humor popular" (p. 123). Esse realismo fotográfico, em poucas palavras, é estúpido, informe, desenxabido, infinitamente tedioso, destituído de humanidade. Nega a imaginação, a espontaneidade, o poder plasmador da consciência humana; subvertendo tudo o que a arte deveria ser, produz o romance perfeito de um mundo totalitário.

Nessa altura, os defensores da seriedade literária poderiam ser levados a objetar: uma crítica meramente *estética* do totalitarismo, uma objeção a ela sob o pretexto de que tem mau gosto? Esse romance oferece uma crítica estética da idéia totalitária, mas a crítica é mais do que estética, porque para Nabokov a arte envolve muito mais do que bom gosto. Como tentarei agora esclarecer, a estética de Nabokov remete-nos de volta a uma metafísica, e a uma com implicações morais fundamentais. Em sua discussão do *poshlust* a propósito de *Almas Mortas*, Nabokov observa incidentalmente que é uma qualidade "que se escancara num bocejo universal em tempos de revolução ou de guerra"[7]. Sou tentado a ver um jogo popeano em "se escancara num bocejo", semelhante ao grande trocadilho apocalíptico perto do final de *Dunciad,* quando Dulness boceja, ao mesmo tempo anunciando o soporífico reino universal do tédio e ameaçando engolir a civilização. De qualquer maneira, o mundo de *Dunciad* de Pope oferece uma sugestiva analogia com o de *Invitation to a Beheading*, que é uma farsa alegre embora ominosa que representa um colapso geral dos valores huma-

---

7. Valdimir Nabokov, *Nikolai Gogol*, Norfolk, Conn., New Directions, 1944, p. 65.

nos, um mundo onde o intelecto é usado amplamente de um modo tão perverso que a arte e o pensamento se tornam impossíveis. O que se deve enfatizar, no entanto, é que Nabokov nota o predomínio do *poshlust* sob condições de absolutismo político não apenas porque é um aspecto observável e desagradável de regimes revolucionários e militantes – das estátuas do tempo de Stálin aos murais de Mussolini –, mas porque reconhece nele um princípio inerente a tais regimes, uma expressão necessária de sua natureza interna.

Se passarmos da literatura para os testemunhos da história, os gestos gratuitos do Estado totalitário podem oferecer-nos um indício, exatamente porque são feitos por uma necessidade interna, não pela necessidade de atingir fins práticos. Assim, foi a compulsão de seu espírito mudável, e não a utilidade real, que levou os nazistas a saudar seus terríveis trens de carga abarrotados de gado humano condenado com bandas de música tocando ao lado da estrada animadas canções patrióticas. Esse é o *poshlust* totalitário na forma mais pura de sua obscenidade moral e estética; não é preciso muito esforço para imaginar M'sieur Pierre agitando a batuta diante de uma terrível banda dessas, com um vago sorriso de cerveja pairando-lhe nos lábios. O *poshlust* é imprescindível ao totalitarismo porque é a expressão natural de uma consciência embotada persuadida de estar servindo a fins elevados, e ao mesmo tempo é o meio de impingir pseudovalores, anestesiando imaginações sempre humanas até que sejam incapazes de fazer distinções sensatas. O feio torna-se belo, a morte torna-se vida, e nos portais de um inferno feito pelo homem artificial afixa-se um pensamento ostensivamente nobre como *Arbeit macht frei* ["O trabalho liberta"]. "O sentimentalismo", escreveu Norman Mailer, "é a promiscuidade emocional dos que não têm sentimentos"; por isso é que num hediondo sentimentalismo estéril o espírito totalitário alcança uma florescência plena e supurante.

Há uma passagem em *Invitation to a Beheading* que elucida muito bem essa questão do antagonismo essencial e inexorável entre totalitarismo e arte autêntica. Ela proporciona um exemplo particularmente vigoroso de como a arte para Nabokov está ligada inevitavelmente a uma visão mais ampla do homem, porque aqui ele também discute os limites da arte. Estamos mais uma vez observando Cincinnatus em sua cela, embora não sejamos informados sobre o seu ponto de vista até a reviravolta súbita e perturbadora perto do final do parágrafo. Novamente nos é fornecido um retrato composto de detalhes selecionados com precisão – a textura da sua pele e cabelo, o estado de suas roupas, o movimento de seus olhos – com abundantes indicações de que são os detalhes de uma pintura executada com esmero. Todos esses pequenos pormenores, somos informados, "completam uma pintura" que é constituída de milhares de insignificâncias sobrepostas, dificilmente perceptíveis: do suave contorno de seus lábios, aparentemente não desenhados de todo, mas tocados pelo mestre dos mestres; dos movimentos irrequietos de suas mãos vazias, ainda não mergulhadas na sombra; dos raios que se dispersam e de novo se reúnem em seus olhos vivos; mas mesmo tudo isso, analisado e estudado, ainda não explicaria plenamente Cincinnatus: era como se um lado do seu ser deslizasse para uma outra dimensão, assim como a folhagem complexa de uma árvore passa da sombra para a luz, de modo que não se pode distinguir exatamente onde um elemento diferente começa a submergir no bruxuleio. Parecia como se a qualquer momento, no curso de seu movimento no espaço limitado da cela inventada por acaso, Cincinnatus fosse escorregar naturalmente e sem esforço através de alguma fresta do ar para os seus bastidores desconhecidos, e desaparecer lá com a mesma suavidade com que o reflexo de um espelho girado se move para cada objeto da sala e de repente se desvanece, como que para além do ar, em alguma nova profundeza do éter. Ao mesmo tempo, tudo em volta de Cincinnatus respirou com uma vida delicada, sonolenta, mas na realidade excepcionalmente forte, ardente e autônoma: suas veias do azul mais azul pulsavam; a saliva clara de cristal umedecia-lhe os lábios; a pele estremecia nas bochechas e na testa, que estava banhada por uma luz desvanecida [...] e tudo isso incomodava tanto o observador que ele era levado a desejar rasgar, a cortar em tiras, a destruir completamente essa brônzea carne enganosa, e tudo o que ela implicava e expressava, toda essa liberdade impossível e deslumbrante – basta, basta, – deixa de andar pra cá e pra lá, deita-te no teu catre, Cincinnatus, assim não provocarás, não irritarás... E na verdade Cincinnatus se tornaria consciente do olho predatório na vigia que o seguia sempre e deitar-se-ia ou se sentaria na mesa e abriria um livro. (pp. 121-122)

As atitudes opostas do artista e do totalitário com relação à vida humana são muito bem dramatizadas nas respostas contrastantes à extrema frustração do olho do pintor no início do trecho e do olho do carcereiro um pouco antes do final. Em outra passagem do romance, vimos como o artista engenhoso celebra o poder da arte para fixar a realidade num padrão interessante; aqui, no entanto, o narrador confessa a impotência-em-poder final da arte diante do persistente mistério da vida humana. Em outras passagens, observamos o uso de espelhos como artifícios refletores e perspectivos que demonstrava o controle magistral do artista sobre o seu material. Aqui, em compensação, não existe nenhum espelho real na cena; ao invés disso, o espelho é introduzido como um símile, um fragmento de experiência visual, usado figurativamente com paradoxal eficácia, para definir os limites da representação visual. Leituras parciais dos romances de Nabokov têm às vezes levado à inferência de que o mundo que retratam é fundamentalmente um mundo de solipsismo estético, mas essa passagem citada deixa claro que a vida muito mais que a arte sozinha é que é inesgotável, e que a capacidade da arte de renovar-se, de ser infinitamente multiforme e cativante, se explica justamente por sua necessária inadequação em face do enigma inexaurível da vida consciente. O tema humano do artista aqui brilha vagamente, bruxuleia, desliza para uma dimensão oculta que está além da visualização, mas a própria frustração do propósito do artista trá-lo de volta a seu tema com um sentimento de espanto carinhoso – toda essa vida ardente e autônoma pulsando através do mais azul das veias azuis –, a inevitabilidade de um malogro parcial estimulando-o a tentar repetidas vezes a mágica impossível de incluir vida na arte.

Com a transição indicada no texto do romance pelas primeiras reticências, o olho no buraco da fechadura muda do observador-artista para o olho do carcereiro, e imediatamente a elusividade radical do prisioneiro torna-se um insulto enfurecedor, uma provocação ultrajante à violência. Para a consciência artística, as duas atividades essenciais são o espanto e o prazer; para a mentalidade totalitária, a única atividade essencial é o controle, a manipulação – e conseqüentemente os mistérios são intoleráveis, todas as almas devem ser "transparentes" como as peças móveis de um motor de amostra envolvidas em plástico translúcido de modo que possam a todo momento ser totalmente acessíveis a um controle. Muito mais do que opaco, Cincinnatus é visto aqui numa iridescência desafiadora, continuando a exercitar a liberdade interior a que seus carcereiros há muito tempo renunciaram, porque ela era desconcertante demais, difícil demais, interferia de maneiras demasiado complicadas nas satisfações simples e estupefacientes da manipulação mútua. Pode-se ver por que todas as aberrações, todos os que são diferentes, devem ser "torturados" nesse mundo, e por que, no mundo aperfeiçoado de *là-bas*, uma qualidade fundamental é deixar tais criaturas totalmente em paz.

A natureza peculiarmente difusa de Cincinnatus enquanto caráter serve ao propósito de fazê-lo funcionar no romance como uma encarnação das possibilidades genéricas da liberdade humana. Embora este seja um romance sobre arte, ele não é, no sentido convencional, um retrato literário do artista, porque o artista aqui é concebido como um homem comum, como o paradigma dessa vida de consciência que é compartilhada, pelo menos potencialmente, por todos os seres humanos; Cincinnatus, em sua cela de prisão, decide tornar-se um escritor, não porque há nele um traço do esteta, mas porque, julgando-se uma criatura com consciência numa existência que nada oferece para explicar esse fato incrível, ele encara a arte como a resposta mais completa e mais humana à sua própria condição humana. Na passagem que estamos discutindo, Nabokov oferece-nos uma visão externa do mistério da vida individual. Em outro momento, nas páginas transcritas do diário de Cincinnatus, temos uma afirmação eloqüente desse mesmo mistério vivenciado de dentro. O prisioneiro contempla-se saindo da escuridão abrasadora incompreensível, girando como um pião, conduzido ele não sabe para onde, e deseja desesperadamente poder captar em palavras essa situação maluca, aflitiva, algo excitante. "Não tenho desejos, salvo o desejo de expressar-me – desafiando a mudez do mundo inteiro. Estou tão assustado. Estou tão aflito com o medo. Mas ninguém me subtrairá de mim mesmo" (p. 91). A mim me parece que a perspectiva de *Invitation to a Beheading* é afinal política, não no sentido maquiavélico, mas no sentido aristotélico do termo: ao enfatizar uma arte elaboradamente autoconsciente tanto como seu meio de expressão quanto como seu modelo moral, o romance afirma a tenaz persistência da humanidade num mundo que a cada dia se torna mais brutal e mais sutil em suas tentativas de subtrair-nos de nós mesmos.

IV. Na Senda da Cabala

1. O Cabalista Kafka

Kafka, embora muitas vezes imitado, continua sendo o mais inimitável dos escritores modernos. Os gêneros ou estilos anti-realistas que ele explorou – fantasia expressionista, narrativa onírica, parábola, ficção simbólica enigmática – têm atraído muitos outros escritores, mas a ficção de Kafka cumula-se de uma qualidade de singularidade que lhe é peculiar, estreitamente associada à sua própria autoridade imaginativa. Uma explicação para essa singularidade pode ser uma correspondência parcial mas talvez profunda entre o mundo imaginativo de Kafka e o de uma tradição esotérica que ele próprio conhecia apenas indiretamente, a Cabala.

Gershom Scholem, a mais proeminente autoridade acadêmica em Cabala, insistia nessa ligação. Na verdade, com a progressiva publicação, nos anos recentes, das cartas, discursos e escritos particulares de Scholem, tem-se tornado cada vez mais evidente o papel central que Kafka ocupou na vida intelectual, ou, melhor, espiritual do eminente cabalista. Em discurso pronunciado em 1974 na Academia Bávara de Artes, Scholem declarou que para ele existiam três conjuntos de textos canônicos que deveriam ser estudados reiteradas vezes numa condição de tensão espiritual absoluta: a Bíblia hebraica, o Zohar e as obras de Franz Kafka[1]. Aqui e alhures, Scholem associou Kafka ao que ele chamou a "luz do canônico", uma qualidade inerente a certos textos privilegiados que compele o leitor a uma interminável exegese. Uma de suas formulações mais sugestivas dessa idéia aparece numa carta que escreveu a Zalman Schocken em 1937, por ocasião do 60º aniversário do editor. Explicando o que o arrastara ao estudo da Cabala, disse ter

---

1. Scholem, *'Od davar,* Tel Aviv, 1990, p. 304.

ficado fascinado com as "teses místicas ... [com] aquele equilíbrio no fio da navalha entre a religião e o niilismo". Não foi a religião como tal que interessou Scholem, mas a religião *in extremis*, talvez até cortejando a possibilidade de sua própria negação. E foi justamente esse fio da navalha que Scholem, pouco depois de mergulhar na Cabala nos anos 20, encontrou em Kafka, em quem viu sua "expressão consumada, insuperada [...] que, como a representação profana de um senso cabalístico da realidade num espírito moderno, virtualmente envolveu as obras de Kafka com o brilho do canônico"². Em "Dez Teses A-históricas sobre a Cabala", Scholem chamou Kafka de "cabalista herético", mas, em sua carta a Zalman Schocken, a formulação é mais enfaticamente paradoxal: diz que Kafka nos dá uma representação (*Dartstellung*) *profana* de um sentido místico e sagrado do mundo.

Esse paradoxo poderia parecer extravagante, mas, diante do testemunho dado pelos diários e pela correspondência de Kafka, é um paradoxo que foi sentido genuinamente pelo autor de *O Processo* e *O Castelo*. Existe um famoso momento enigmático nos diários (que ainda não haviam sido publicados na época em que Scholem escreveu a Schocken em 1937) no qual Kafka confessa explicitamente um desejo de criar em sua ficção uma nova Cabala. No registro de 16 de janeiro de 1922, menos de um ano e meio antes de sua morte, ele fala de sua obra literária como uma "busca" que o afastou das outras pessoas e ameaça dilacerá-lo; depois, chama-a de "ataque" a um reino que está além da existência terrena e talvez também uma experiência de ser atacado a partir desse reino. "Todos esses escritos", ele conclui, "são um ataque às fronteiras; se o sionismo não tivesse intervindo, poderiam facilmente ter-se desenvolvido numa doutrina secreta nova, numa Cabala"³. Não está claro por que o sionismo seria a fonte da interferência, e todas as explicações que foram oferecidas (inclusive uma formulada por mim próprio) permanecem altamente conjecturais. É um enigma do qual não me ocuparei aqui.

De qualquer modo, a mim me parece que há uma fonte mais óbvia da interferência sobre o projeto cabalístico de Kafka, e é ela o caráter fundamentalmente profano do sistema da literatura ocidental no qual ele procurou inscrever a sua própria obra. Se em diferentes aspectos de sua obra escrita ele imitou modelos como Kleist, Flaubert e Dickens, que conceberam de forma diversa a ficção como uma expressão pessoal intensa, um artifício laborioso, uma crítica social e até mesmo um entretenimento popular, tipicamente focados nas particularidades concretas da vida aqui e agora, como Kafka poderia transformar esse amál-

---

2. Citado em David Biale, *Gershom Scholem: Kabbalah and Counter-History*, Cambridge, Mass., 1979, p. 215.
3. Franz Kafka, *Diaries*, ed. Max Brod, New York, 1948, 1949, p. 399.[Edição brasileira: *Diários,* trad. Torrieri Guimarães, São Paulo, Exposição do Livro,(s.d.).]

gama de normas estilísticas, convenções narrativas e objetos representacionais num "ataque à última fronteira da terra"? É talvez o esforço quase constante de abordar uma meta inatingível através de meios literários incompatíveis o que explica essa suprema singularidade, e o poder, da obra de Kafka.

Permitam-me colocar toda essa difícil questão numa perspectiva mais clara mediante o exame de algumas das parábolas mais curtas de Kafka. Dificilmente elas são as suas maiores realizações, mas, justamente por causa da economia rígida com que desenvolvem a imagem, a idéia e o motivo narrativo, põem a nu uma dinâmica subjacente ao empreendimento imaginativo de Kafka. Ele se preocupou muitas vezes com a atividade da construção e com seus resultados nas estruturas arquitetônicas. Por trás disso estava uma preocupação com os edifícios enquanto manifestações de aspirações espirituais e valores culturais. Os imundos corredores labirínticos e os sótãos claustrais do Tribunal em *O Processo* e as estruturas malucas e contraditórias do Castelo que avultam acima da aldeia são expressões básicas dessa preocupação. Nas obras mais curtas, ele ficou intrigado com a construção da Torre de Babel, um tema ao qual retornou várias vezes. Entretanto, é a parábola intitulada "A Construção do Templo" a obra em que Kafka desenvolveu de modo mais evidente um tratamento arquetípico do tema da construção.

> Tudo veio em seu auxílio durante o trabalho de construção. Os trabalhadores estrangeiros trouxeram os blocos de mármore, esquadriados e ajustados uns aos outros. As pedras foram erguidas e colocadas de acordo com os movimentos de aferição dos seus dedos. Nunca um edifício passou a existir de maneira tão fácil quanto esse templo – ou, melhor, esse templo passou a existir do modo como um templo deveria. Exceto que, para dar vazão à malevolência, ou para profaná-lo ou destruí-lo completamente, instrumentos obviamente de magnífica agudeza foram usados para rabiscar em cada pedra – de que pedreira tinham vindo? –, por uma eternidade mais duradoura que o templo, as toscas garatujas das mãos de crianças insensatas, ou antes as inscrições de bárbaros montanheses[4].

A construção do Templo, tanto na tradição judaica mística quanto na não-mística, é a resplendente consumação da conexão entre o reino celestial e o terreno. Assim, em muitos *midraschim*, o processo de construção é acompanhado ou na verdade realizado por milagres, e a destruição do Templo é interpretada como uma catástrofe cósmica. Uma sensação de milagrosa tranqüilidade ainda paira sobre os esforços do protagonista anônimo de Kafka, que facilmente resvala de uma versão do Salomão bíblico (note-se o emprego de trabalhadores estrangeiros, como nos *Reis*) a um mestre de obras exemplar de um templo arquetípico, a uma figuração do próprio artista. Esse próprio resvalar da refe-

4. Franz Kafka, *Parables and Paradoxes*, New York, 1961, p. 47.

rência é característico da maneira como Kafka une o modelo do texto sagrado ao empreendimento do artífice profano. Como em quase todas as suas obras de ficção, algo de radicalmente perverso ocorre de maneira inesperada. As pedras para o templo foram preparadas de antemão, como o início da parábola levar-nos-ia a supor, com instrumentos "de magnífica agudeza" – na sintaxe alemã, esse detalhe é revelado somente perto do final, um pouco antes dos rabiscos de "uma eternidade mais duradoura que o templo". A perfeição da construção do templo é estragada, deformada, profanada por uma garatuja sem sentido, vingativa, mais duradoura que o templo. A própria parábola reflete sobre a fonte dessa subversão do sagrado. São invocados dois agentes recorrentes de distúrbio no mundo de Kafka: crianças anárquicas e bárbaros implacáveis. (Comparem-se, por exemplo, os dois Assistentes pueris em *O Castelo* e os invasores bárbaros em "Um Velho Manuscrito".)

Poder-se-ia descrever a parábola como uma confrontação desigual entre o ideal teúrgico de sonho de uma tradição a-histórica e o pesadelo acordado de uma história pessoal e coletiva. Na versão tradicional, vagamente midráschica, insinuada no início, o supervisor salomônico da construção tem apenas que levantar o dedo no ar rarefeito, e o templo se ergue em fileiras resplandecentes de blocos de mármore. Contudo, existe na carne um demônio que o criador moderno da parábola conhece muito bem, de suas lembranças das fúrias turbulentas da infância e de sua reflexão sobre as ondas ressurgentes de barbarismo destrutivo que fazem desaparecer todas as realizações esperançosas da história humana. Com base no testemunho sinistro da história e da introspecção, esse princípio de escárnio irracional, de *ressentimento* e de malevolência (*Ärger*) é mais poderoso, mais persistente, do que qualquer esforço humano para plasmar uma imagem de harmonia e santidade. As próprias frustrações sucessivas de Kafka como escritor com os fantasmas da imperfeição ajustam-se dessa maneira à desorientação do ideal do sagrado devido à recalcitrância obstinada da natureza humana. Poder-se-ia até explicar que a habitual insatisfação de Kafka com seus escritos, com os arcabouços inacabados de seus três romances, é a conseqüência de seu precário equilíbrio sobre o fio da navalha entre a religião e o niilismo, ansiando por construir templos, *midraschim*, parábolas zoháricas num mundo de estruturas periclitantes e de garatujas sem sentido.

Numa parábola muito mais curta, "Leopardos no Templo", Kafka elabora um cenário complementar para a subversão do sagrado. Eis o texto integral da parábola: "Leopardos invadem o templo e bebem até a borra o que está nos cântaros sacrificiais; no final, isso pode ser calculado de antemão e torna-se parte da cerimônia"[5]. Os vorazes leopar-

---

5. *Parables and Paradoxes*, p. 93.

dos, sedentos de sangue (naturalmente é sangue que os cântaros sacrificiais contêm), são uma personificação do apetite bruto que é radicalmente antitético à coreografia do sagrado, que é o culto do templo – e, na verdade, é precisamente desse modo que os leopardos são identificados em várias passagens do Midrasch clássico. No mundo ficcional de Kafka, estão alinhados a numerosas imagens do reino animal que constituem, juntamente com as crianças e os bárbaros, um terceiro agente de ruptura das harmonias almejadas.

Todavia, uma das marcas registradas de Kafka como escritor, já sugeri, é imaginar a subversão através de caminhos inesperados. Os leopardos bebedores de sangue aqui não causam estragos no templo, como se poderia ter pensado, mas invadem-no repetidas vezes, irresistivelmente, a exemplo dos bárbaros naquela história aterrorizante, "Um Velho Manuscrito". A inversão kafkiana de expectativas é levada a cabo na segunda oração, quando a incursão dos leopardos se torna tão previsível que é incorporada ao ritual do templo. Essa rotinização do feroz pelos celebrantes do culto não é, seguramente, uma defesa do reino sagrado violado. Ao contrário, os guardiães do sagrado, incapazes de proteger sua integridade, são reduzidos a um ato reiterado de aquiescência formal na violação. A visão que Kafka tem do reino fortificado do sagrado é sutil demais para imaginar que ele foi simplesmente destruído. Em "A Construção do Templo", a estrutura permanece – mas suas pedras são desfiguradas por garatujas que durarão mais que o edifício. Em "Leopardos no Templo", o culto continua a ser praticado – assim como de fato as diversas técnicas do sagrado de nossa cultura continuam a ser praticadas e até mesmo, de certa forma, acreditadas. Entretanto, houve uma penetração irrevogável e ameaçadora do espaço sagrado e, como conseqüência, a prática sagrada foi profundamente comprometida, talvez não mais mereça realmente a denominação de "sagrada".

Se essas duas parábolas do templo são imagens do esforço malogrado do homem em estabelecer uma zona de santidade através, respectivamente, da arte e do ritual – o "ataque humano vindo de baixo" à esfera do divino –, muitas das obras de ficção de Kafka, longas e curtas, representam a perplexidade radical da humanidade atacada da forma mais ambígua por um poder de cima, real ou talvez apenas imaginado. Um breve texto exemplar é a parábola denominada "Os Correios", na qual se pode vislumbrar tanto o engajamento absoluto de Kafka nas idéias de revelação e de lei quanto a perspectiva niilística a partir da qual ele as imaginou:

> Foi-lhes dado escolher: serem reis ou correios de reis. Como crianças, todos quiseram ser correios. Por isso, há apenas correios, que correm mundo gritando uns para os outros (pois não existem reis) mensagens que afinal perderam o sentido.

De bom grado poriam termo às suas desgraçadas vidas, mas não se atrevem – por causa do juramento profissional[6].

Dificilmente poder-se-ia encontrar uma ilustração mais vívida do ato de equilíbrio de Kafka sobre o fio da navalha, perscrutando o abismo do niilismo e apoiando-se contra a estrutura básica da religião impositiva. A forma passiva do verbo inicial, "foi-lhes dado", aponta para uma lacuna significativa na origem do entrecho da parábola: o oferecimento da escolha é um dado narrativo absoluto e inexplicado, e não temos meios de saber quem fez a oferta. Como em muitas das parábolas de Kafka, existe uma notável correspondência, seja através de imitação consciente seja por meio de pura afinidade imaginativa, com o uso repetido do rei como uma figura que representa Deus no Midrasch. Oferece-se à humanidade a escolha de ser como reis, talvez de ser como deuses (veja *Gn* 3, 5), mas, dada a sua infantilidade básica – podemos lembrar-nos das garatujas sem sentido das crianças nas pedras do templo – todos preferem a ocupação mais aventurosa de disparar pelo mundo como correios. (Lembremos o papel ambíguo dos mensageiros do Castelo no último romance de Kafka.) Num mundo assim destituído de reis – e talvez nunca tenha existido um Rei supraterreno que oferecesse a opção da realeza – há um caos de mensagens sem sentido que continuam, entretanto, a ser transportadas. O apuro semiótico dos correios traz à mente de imediato a famosa formulação de Walter Benjamim, em seu ensaio sobre Kafka, escrito em 1934: "Seus assistentes são sacristãos que perderam sua casa de oração; seus estudantes são alunos que perderam sua Sagrada Escritura"[7]. Lembremos que Scholem quis ardentemente corrigir essa afirmação, lendo que os estudantes não haviam perdido sua Sagrada Escritura, mas, antes, possuíam uma Sagrada Escritura que não produzia sentido, e esta é, de fato, a condição dos mensageiros na parábola. Como é freqüente em Kafka, esse desastre espiritual é transmitido com uma suspeita de comédia de escárnio, uma espécie de humor negro teológico. Um mensageiro que não pode transmitir mais que a algaravia garatujada nas paredes do templo por crianças ou bárbaros bem que poderia ser tentado a pôr termo a seu serviço e à sua vida – mas é compelido a viver segundo a estrutura básica da lei, do pacto ou de uma obrigação contratual, que em primeiro lugar o tornou um correio. Os mensageiros no enredo da parábola, igualmente símbolos da humanidade e do povo judeu, são também substitutos do próprio autor, aquele portador compulsivo de mensagens talvez sem sentido; no caso deles, como no seu, sua vocação pode ser o resultado de um "ataque vindo de cima",

---

6. *Parables and Paradoxes*, p. 175. [Existe uma tradução para o português de Torrieri Guimarães, *Estudos*, (2), novembro 1984, p. 97.]

7. Walter Benjamin, *Illuminations*, trad. Harry Zohn, New York, 1968, p. 139.

embora eles, e o leitor, sintam uma dúvida corrosiva quanto a saber se esse "de cima" não é mera ilusão. Entretanto, depois de começar como correio, não há volta; uma vez concebida a coerência espiritual da existência como portadora de mensagens, não se pode abandonar a tarefa, por mais quixotesca ou inequivocamente fútil que possa parecer.

Acho que essa percepção é uma das matrizes da visão de realidade que Kafka revela, e toca também num ponto central instável do pensamento cabalístico. Kafka compreendeu profundamente que o judaísmo era um sistema orientado por mensagens, e tornou central à maioria de suas obras de ficção a cadeia judaica triádica da revelação, da lei (a mensagem) e da interpretação. Entretanto, em consonância com as correntes mais radicais da Cabala, ele estava preparado para contemplar as conseqüências de um "grau zero" de significado, uma "não-existência" divina (esses são termos de Scholem numa de suas cartas argumentativas a Benjamim) no âmago da revelação. (Se para o cabalista o texto revelado continha todo o significado, poderia ele ter nenhum significado?) As denotações dessa idéia na Cabala são geralmente associadas a tendências gnósticas, e há algo reminiscente do gnoticismo no esquema metafísico que Kafka adotava com freqüência: talvez exista um conhecimento e uma fonte divina do conhecimento, um texto significativo, e mensagens fecundas, mas esses estão além do nosso alcance, e em nosso mundo decaído somos deixados com apenas os gestos de interpretação, talvez um consolo vazio, talvez a nota promissória à qual nos apegamos para um futuro em que os sentidos serão dados.

Permitam-me reconhecer que existe algo de suspeitosamente oportuno a respeito desse conjunto proposto de correspondências entre a visão da realidade de Kafka e a da tradição judaica, mística ou não. O que está faltando visivelmente é uma explicação causal plausível. Scholem, a autoridade máxima em Cabala, desejava ardentemente identificar Kafka como cabalista moderno, ou profano ou herético, chegando a citar (na última de suas "Dez Teses A-históricas sobre a Cabala") uma estreita analogia entre um dos paradoxos de Kafka sobre o Jardim do Éden e a homilia franquista do século XVIII sobre o mesmo assunto. A questão que Scholem não aborda é como essas categorias da imaginação teológica judaica poderiam ter-se manifestado nos escritos de um judeu que cresceu numa casa extremamente assimilada, que se manteve fora da órbita da prática religiosa tradicional, que adquiriu nos últimos seis anos de sua vida não mais do que um conhecimento imperfeito do hebraico e um entendimento introdutório das fontes judaicas. Se não temos de recorrer a noções insustentáveis de influência misteriosa por osmose cultural ou através de algum legado genético de uma suposta imaginação judaica, como então podemos explicar essas aparentes correspondências entre as coordenadas do mundo mental de Kafka e as de uma tradição pela qual se interessava mas onde não criava raízes?

Esse enigma do autoposicionamento anômalo de Kafka numa estranha interseção da literatura ocidental com a tradição exegética judaica continuará, indubitavelmente, sem uma explicação definitiva, mas suspeito que suas principais razões residam numa conjunção entre sensibilidade pessoal e sociologia cultural. Kafka, em contraste marcante com os cabalistas com quem Scholem o compara, era um judeu assimilado. Caso contrário, não teria sido um escritor alemão; dificilmente teria tido o anseio de criar romances e contos dentro de uma tradição literária européia. Mas o testemunho de seus diários e cartas demonstra que ele se sentia profundamente constrangido com a condição de assimilação em que se encontrava, embora sem ter o poder de revertê-la de algum modo satisfatório. (A famosa imagem, que usou numa carta a Max Brod, de uma criatura presa impotentemente com as patas traseiras no mundo ancestral e as dianteiras na esfera germânica é uma de suas expressões mais agudas dessa sensação de irremediável constrangimento.) Ele viu na escolha do pai de assimilar-se à vida burguesa da Europa central um caminho para a inautenticidade. A idéia de tradição judaica, pela qual tinha fascinação, pelo menos desde seu encontro com o teatro ídiche em 1911, ofereceu-lhe a possibilidade de uma autenticidade perdida para ele e para seus contemporâneos, inclusive talvez até aqueles seus amigos de Praga que estavam abraçando de forma inambígua o sionismo. A conseqüência disso para o seu pensamento foi o que eu descreveria como uma renitente saudade da tradição. Era renitente porque não envolvia qualquer sentimentalização da tradição, à maneira da saudade convencional. Kafka colocou-a em prática em seus escritos como um teste duplo: testando as categorias da tradição contra as forças corrosivas de uma realidade moderna que havia privado a tradição de sua autoridade, testando a realidade moderna contra a coerência espiritual de uma tradição fundamentada no divino.

Como um escritor europeu com inclinações teológicas, Kafka leu, é claro, alguns pensadores explicitamente cristãos, e pelo menos um deles, Søren Kierkegaard, causou nele uma profunda impressão. Creio, no entanto, que Kafka escolheu autoconscientemente orientar seu empreendimento literário para longe da estrutura cristã e européia, onde não se sentia inteiramente à vontade, rumo a uma estrutura judaica clássica, tal como ele a compreendia de uma certa distância, e onde pensava que, em princípio, deveria sentir-se à vontade, caso a história não tivesse prescrito de outro modo. Foi esse o seu ato de resistência imaginativa contra a inautenticidade da assimilação. O que fez seu experimento funcionar poderosa embora imperfeitamente (Scholem tende a atenuar a imperfeição) foi uma afinidade eletiva entre a operação de sua própria imaginação e os procedimentos característicos da tradição judaica. Mesmo sem invocar o dúbio argumento da genética judaica, penso ser razoável afirmar que, se Kafka tivesse vivido um século ou dois antes, se houvesse crescido num ambiente devoto em que a escolaridade se baseasse inteiramente no currículo judaico clássico de textos sagrados, suas qualidades intelectuais tê-lo-iam tornado um excelente talmudista, um exegeta de primeira classe e um brilhante tecedor de homilias cabalísticas. Do modo como eram as coisas, Kafka era profundamente atraído pela interpretação de textos como forma primária de imaginação e especulação teológica. Ele prontamente identificou-se com essa peculiar textualização da verdade – a presunção de que a verdade deve ser encontrada dentro dos textos e não através de uma investigação empírica do mundo – o que caracteriza a tradição judaica. Ele estava fascinado, embora não convencido em termos de credo, pela idéia de revelação que é a fonte do poder semântico inesgotável do texto. A noção concomitante de traduzir a revelação num conjunto de obrigações concretas, isto é, na lei, também o coagia, um sentimento sem dúvida fortemente reforçado por sua experiência com um pai autoritário pelo seu estudo do direito e por sua profissão burocrática. Com esse conjunto complexo de predisposições guiando seus dons intelectuais especiais, Kafka podia, por exemplo, avaliar certas passagens bíblicas, em especial do *Gênesis*, com extraordinários discernimento e originalidade, muito embora não fosse um estudioso da Bíblia e, pelo menos até bem tarde em sua vida, tivesse lido a Bíblia em alemão e não em hebraico.

Na obra de Kafka, existe então uma mudança de direção proposital ou desvio (*Umkehr*), das categorias teológicas e literárias euro-péias modernas para as judaicas clássicas. Geralmente, essa mudança não parece forçada, por causa da intuição perspicaz que ele possuía dos escritos imaginativos da tradição hebraica, mesmo que por intermédio do alemão. Assim, ele conseguiu produzir parábolas que são lidas como autênticos *midraschim*; um romance como *O Castelo*, em que a exegese domina o diálogo e a narração, e um romance como *O Processo*, em que, como Scholem argumentou numa observação que citarei brevemente, o questionamento da justiça divina por Jó é reapresentado com muito do poder do texto bíblico. Tudo isso não tem o objetivo de excluir os elementos europeus multifários do empreendimento literário de Kafka, mas, antes, de dizer que há um resquício persistente da diferença judaica, cultivado conscientemente, um resquício que pode, de fato, ser a essência de seu mundo espiritual.

De qualquer modo, minha exposição do empreendimento de Kafka não dissipa as dúvidas quanto a saber se ele pertence à grande corrente de textos judaicos habitados pelo espírito divino, a começar pela Bíblia, ou se apenas imita os gestos dessa tradição numa paródia reverente mas desesperada. Essas duas possibilidades opostas assinalam imperfeitamente a leitura que Scholem e Walter Benjamin fizeram de

Kafka. Uma nota recém-publicada sobre *O Processo*, escrita por Scholem em 1926 – provavelmente depois de seu primeiro contato com esse romance – coloca em alto destaque a sua própria visão de Kafka. Ele compara *O Processo*, como faria posteriormente numa carta a Benjamin, com Jó, não apenas porque o entrecho de ambos gira em torno do que ele chama de "processo secreto", mas também porque para ele o romance de Kafka é uma nova expressão autêntica e profunda, talvez a primeira em dois milênios e meio, da teologia radical de Jó. Nem todas as teologias, dever-se-ia dizer, são harmoniosas e consoladoras: o poeta Jó é o único dentre os escritores bíblicos a articular uma visão de sofrimento humano ultrajante e injustificado, da disjunção moral entre o homem e Deus, de uma natureza inescrutável e cruelmente bela que nega todos os confortos do antropocentrismo.

Ao final de sua breve nota, Scholem destaca "Na Catedral", o penúltimo capítulo de *O Processo*, pela sua realização da "suprema capacidade teológica que pode ser alcançada através de uma prosa engenhosa". E, apesar do destino desastroso que aguarda Joseph K., apesar do fracasso de seu esforço desesperado para compreender o sentido do texto que o padre lhe expõe, Scholem vislumbra aqui algo mais animador do que uma dança verbal na tumba de uma tradição defunta: "A parábola 'Diante da Lei' é uma espécie de resumo definitivo da teologia judaica, que em sua dialética específica não é destrutiva, mas, ao contrário, brilha a partir de dentro com um brilho poderoso"[8].

Isso pode parecer uma leitura algo excêntrica do conto narrado a Joseph K. e o fracasso de K. em aprender-lhe o sentido, e poderia ser útil ver o que, no texto de Kafka, poderia ter dado origem à percepção de Scholem. Lembremos que a parábola é sobre um homem do campo que procura com urgência ter um acesso à Lei, passa toda a sua vida à frente de uma porta, na presença ambígua e talvez hostil de um guarda enigmático, e é informado, à medida que suas últimas forças se esvaem, que durante o tempo todo a porta, que agora deve ser fechada, era destinada somente a ele. O que é impressionante a respeito da parábola não é apenas seu entrecho, mas o processo de exegese que ela inspira. K., fazendo, sem dúvida, uma projeção de sua própria experiência dolorosa com os mais dúbios agentes de justiça, vê primeiramente o guarda como o perpetrador de um embuste perverso. O padre, citando um corpo de comentadores anônimos, argumenta de início que o guarda é, na verdade, generoso e escrupuloso no cumprimento de seu dever; depois, que ele ignora completamente a Lei e de fato ele próprio está sujeito ao homem do campo; depois, que tanto o homem do campo quanto o guarda são igualmente enganados; e, finalmente, que o guarda é mais livre do que o homem e espiritualmente superior a ele, por-

---

8. G. Scholem, *'Od davar*, p. 337.

que, afinal, já está ligado à Lei. A cada mudança de argumento, K. é persuadido momentaneamente, e a perspectiva de novas e infinitas mudanças de interpretação leva-o a uma espécie de desespero epistemológico, à medida que vê a verdade afastando-se constantemente daquele que a procura.

O que Scholem deve ter visto nessa invenção narrativa ostensivamente profana de Kafka foi uma réplica irresistível da dinâmica da tradição judaica. A compreensão da condição espiritual da humanidade começa a partir de uma base textual – a palavra revelada do conto que, como diz o padre a K., não pode ser alterada. Nessa base, a tradição erige uma estrutura elevada, maluca, mas também vital, de interpretações contraditórias. Essas não são concebidas como frívolas associações livres ou subversões do texto – não como um processo de desconstrução – mas antes como respostas divergentes legítimas para forças semânticas inerentes ao texto. Se somos animais que usam a linguagem e contam histórias, é através da linguagem e dos elementos da narrativa que a realidade final se remete a nós, e podemos obter algum sentido da realidade básica modificando reiteradamente a linguagem e as imagens de nossos textos canônicos. Permitam-me mencionar na parábola propriamente dita uma imagem que é uma representação virtual da afinidade de Kafka com a Cabala. À medida que o homem do campo se aproxima de seu fim, seus olhos se turvam e ele não tem certeza se a escuridão que o envolve é a sua própria visão deficiente ou a escuridão do mundo em si. "Mas agora ele reconhece claramente na escuridão um brilho que jorra inextinguível da porta da Lei"[9].

Scholem usava repetidamente o termo brilho, *Glanz*, para designar o caráter canônico ou cabalístico da obra de Kafka. É bem possível que essa associação lhe tenha sido sugerida pelo título do texto central do misticismo judaico, o Zohar, o Livro do Esplendor ou do Brilho. Contudo, uma vez que a primeira evocação de brilho para Kafka ocorre nesse comentário de Scholem de 1926 sobre "Diante da Lei", pode ser que o termo tenha sido inspirado diretamente pela própria imagem de Kafka de um jorro inextinguível de brilho que vem da porta aberta da Lei para a escuridão do mundo. Isso podia ser tomado plausivelmente como um símbolo do mundo espiritual de Kafka. O homem do campo está perecendo, nunca chegará aos recessos internos da Lei, mas no final é capaz de vislumbrar sua mera força luminosa. Talvez seja esta a condição de cada ser humano sob o aspecto da eternidade, e não o seu caso particular e angustiante ou de seu duplo Joseph K. De qualquer modo, foi certamente assim que Scholem deve ter visto essa imagem de brilho tantalizante.

---

9. Dou a minha própria tradução porque a versão em inglês de Willa e Edwin Muir atenua a força física da imagem de luz de Kafka.

Se existem essas estranhas correspondências entre a imaginação espiritual de Kafka e a da tradição mística judaica, se sua relação com essa tradição vai além de uma paródia subversiva, devemos ter cuidado em não derruir as diferenças significativas entre elas. Comecei com a caracterização que Scholem faz da perspectiva de Kafka como "um senso cabalístico de realidade *num espírito moderno*". O modernismo que ele tinha em mente pode ter sido em parte o caráter inovador da forma de Kafka como escritor de ficção, sua mudança de direção proposital em relação à tradição de realismo do século XIX. Mas também suspeito que Scholem estava pensando no modo peculiar pelo qual o profano invade o religioso – sem, entretanto, substituí-lo – na pessoa de Kafka e em sua obra. Nesse aspecto, ele era diferente de quaisquer precursores cabalísticos, pois mesmo o mais herético deles admitia que a esfera religiosa era a única, por mais radicais ou antinômicos que fossem os termos que propuseram para redefini-la.

Trabalhando nas noites de Praga, em seu quarto de solteiro, sobre sua prosa rigorosamente elaborada, Kafka era conscientemente o discípulo de Flaubert, o escritor que, como S. I. Agnon disse certa vez, "imolou-se na tenda da poesia". Ele certamente tinha interesse em ser publicado, era meticuloso com a aparência final do livro, e estava longe de ser indiferente à reação dos críticos. E, ainda assim, tinha uma sensação vaga de que este aparato secular de invenção engenhosa, revisão, produção e acolhida não excluía a possibilidade de atingir em cima, ou no interior, através de sua ficção, um mundo de verdade espiritual. Sendo um dos leitores mais incisivos da Bíblia desde os mestres do Midrasch e um estudante intermitente ou incipiente de textos judaicos posteriores, ele via, no final, que personagem e enredo e motivo narrativo, o emaranhamento de destinos individuais na desordem do cotidiano, podiam ser usados como veículos para a representação de Deus, do homem, da criação e do processo de revelação. De qualquer maneira, ele esperava, desesperadamente, fazer com que seu próprio desenvolvimento dos elementos da narrativa servisse a tal propósito e, temendo que o empreendimento fosse impossível, contemplava repetidamente em sua ficção uma perspectiva do abismo: que cada tentativa de estabelecer sentido, de traçar um círculo de santidade, era um assobio sem sentido de uma criança na escuridão cósmica. Ele era, na verdade, o tipo de cabalista que poderia plausivelmente emergir dos desnorteamentos de nossa era pós-tradicional.

CRÍTICA NA PERSPECTIVA

Texto/Contexto I
Anatol Rosenfeld (D007)

Kafka: Pró e Contra
Günter Anders (D012)

A Arte no Horizonte do Provável
Haroldo de Campos (D016)

O Dorso do Tigre
Benedito Nunes (D017)

Crítica e Verdade
Roland Barthes (D024)

Signos em Rotação
Octavio Paz (D048)

As Formas do Falso
Walnice N. Galvão (D051)

Figuras
Gérard Genette (D057)

Formalismo e Futurismo
Krystyna Pomorska (D060)

O Caminho Crítico
Nothrop Frye (D079)

Falência da Crítica
Leyla Perrone Moisés (D081)

Os Signos e a Crítica
Cesare Segre (D083)

Fórmula e Fábula
Willi Bolle (D086)

As Palavras sob as Palavras
J. Starobinski (D097)

Metáfora e Montagem
Modesto Carone (D102)

Repertório
Michel Butor (D103)

Valise de Cronópio
Júlio Cortázar (D104)

A Metáfora Crítica
João Alexandre Barbosa (D105)

Ensaios Críticos e Filosóficos
Ramón Xirau (D107)

Escrito sobre um Corpo
Severo Sarduy (D122)

O Discurso Engenhoso
Antonio José Saraiva (D124)

Conjunções e Disjunções
Octavio Paz (D130)

A Operação do Texto
Haroldo de Campos (D134)

Borges: Uma Poética da Leitura
Emir Rodriguez Monegal (D140)

As Estruturas e o Tempo
Cesare Segre (D150)

Cobra de Vidro
Sérgio Buarque de Holanda (D156)

Tentativas de Mitologia
  Sérgio Buarque de Holanda (D161)
Dos Murais de Portinari aos Espaços de Brasília
  Mário Pedrosa (D170)
Arte como Medida
  Sheila Leirner (D177)
Poesia com Coisas
  Marta Peixoto (D181)
A Narrativa de Hugo de Carvalho Ramos
  Albertina Vicentini (D196)
As Ilusões da Modernidade
  João Alexandre Barbosa (D198)
Uma Consciência Feminista: Rosário Castellanos
  Beth Miller (D201)
O Heterotexto Pessoano
  José Augusto Seabra (D204)
O Menino na Literatura Brasileira
  Vânia Maria Resende (D207)
Analogia do Dissimilar
  Irene A. Machado (D226)
O Bom Fim do Shtetl: Moacyr Sclair
  Gilda Salem Szklo (D231)
O Bildungsroman Feminino: Quatro Exemplos Brasileiros
  Cristina Ferreira Pinto (D233)
Arte e seu Tempo
  Sheila Leirner (D237)
O Super-Homem de Massa
  Umberto Eco (D238)
Borges e a Cabala
  Saúl Sosnowski (D240)
Metalinguagem & Outras Metas
  Haroldo de Campos (D247)
Ironia e o Irônico
  D. C. Muecke (D250)
Texto/Contexto II
  Anatol Rosenfeld (D254)
Thomas Mann
  Anatol Rosenfeld (D258)
O Golem, Benjamin, Buber e Outros Justos: Judaica I
  Gershom Scholem (D265)
O Nome de Deus, a Teoria da Linguagem e Outros Estudos de Cabala e Mística: Judaica II
  Gershom Scholem (D266)
O Guardador de Signos
  Rinaldo Gama (D269)
O Mito
  K. K. Ruthven (D270)
Mimesis
  E. Auerbach (E002)
Morfologia do Macunaíma
  Haroldo de Campos (E019)
Fernando Pessoa ou o Poetodrama
  José Augusto Seabra (E024)
Uma Poética para Antonio Machado
  Ricardo Gullón (E049)
Acoplagem no Espaço
  Oswaldino Marques (E110)
Sérgio Milliet, Crítico de Arte
  Lisbeth Rebollo Gonçalves (E132)
Em Espelho Crítico
  Robert Alter (E139)
A Política e o Romance
  Irving Howe (E143)
O Prazer do Texto
  Roland Barthes (EL02)
Ruptura dos Gêneros na Literatura Latino-Americana
  Haroldo de Campos (EL06)
Projeções: Rússia/Brsil L/Itália
  Boris Schnaiderman (EL12)
O Texto Estranho
  Lucrécia D'Aléssio Ferrara (EL18)
Duas Leituras Semióticas
  Eduardo Peñuela Cañizal (EL21)
Oswald Canibal
  Benedito Nunes (EL26)
Mário de Andrade/Borges
  Emir Rodriguez Monegal (EL27)
A Prosa Vanguardista na Literatura Brasileira: Oswald de Andrade
  Kenneth D. Jackson (EL29)
Estruturalismo: Russos x Franceses
  N. I. Balächov (EL30)
Sombras de Identidade
  Gershom Shaked (LSC)

COLEÇÃO ESTUDOS

1. *Introdução à Cibernética*, W. Ross Ashby.
2. *Mimesis*, Erich Auerbach.
3. *A Criação Científica*, Abraham Moles.
4. *Homo Ludens*, Johan Huizinga.
5. *A Lingüística Estrutural*, Giulio C. Lepschy.
6. *A Estrutura Ausente*, Umberto Eco.
7. *Comportamento*, Donald Broadbent.
8. *Nordeste 1817*, Carlos Guilherme Mota.
9. *Cristãos-Novos na Bahia*, Anita Novinsky.
10. *A Inteligência Humana*, H. J. Butcher.
11. *João Caetano*, Décio de Almeida Prado.
12. *As Grandes Correntes da Mística Judaica*, Gershom G. Scholem.
13. *Vida e Valores do Povo Judeu*, Cecil Roth e outros.
14. *A Lógica da Criação Literária*, Käte Hamburger.
15. *Sociodinâmica da Cultura*, Abraham Moles.
16. *Gramatologia*, Jacques Derrida.
17. *Estampagem e Aprendizagem Inicial*, W. Sluckin.
18. *Estudos Afro-Brasileiros*, Roger Bastide.
19. *Morfologia do Macunaíma*, Haroldo de Campos.
20. *A Economia das Trocas Simbólicas*, Pierre Bourdieu.
21. *A Realidade Figurativa*, Pierre Francastel.
22. *Humberto Mauro*, Cataguases, Cinearte, Paulo Emílio Salles Gomes.
23. *História e Historiografia do Povo Judeu*, Salo W. Baron.
24. *Fernando Pessoa ou o Poetodrama*, José Augusto Seabra.

25. *As Formas do Conteúdo*, Umberto Eco.
26. *Filosofia da Nova Música*, Theodor Adorno.
27. *Por uma Arquitetura*, Le Corbusier.
28. *Percepção e Experiência*, M. D. Vernon.
29. *Filosofia do Estilo*, G. G. Granger.
30. *A Tradição do Novo*, Harold Rosenberg.
31. *Introdução à Gramática Gerativa*, Nicolas Ruwet.
32. *Sociologia da Cultura*, Karl Mannheim.
33. *Tarsila – sua Obra e seu Tempo* (2 vols.), Aracy Amaral.
34. *O Mito Ariano*, Léon Poliakov.
35. *Lógica do Sentido*, Gilles Delleuze.
36. *Mestres do Teatro I*, John Gassner.
37. *O Regionalismo Gaúcho*, Joseph L. Love.
38. *Sociedade, Mudança e Política*, Hélio Jaguaribe.
39. *Desenvolvimento Político*, Hélio Jaguaribe.
40. *Crises e Alternativas da América Latina*, Hélio Jaguaribe.
41. *De Geração a Geração*, S. N. Eisenstadt.
42. *Política Econômica e Desenvolvimento do Brasil*, Nathanael H. Leff.
43. *Prolegômenos a uma Teoria da Linguagem*, Louis Hjelmslev.
44. *Sentimento e Forma*, Susanne K. Langer.
45. *A Política e o Conhecimento Sociológico*, F. G. Castles.
46. *Semiótica*, Charles S. Peirce.
47. *Ensaios de Sociologia*, Marcel Mauss.
48. *Mestres do Teatro II*, John Gassner.
49. *Uma Poética para Antonio Machado*, Ricardo Gullón.
50. *Burocracia e Sociedade no Brasil Colonial*, Stuart B. Schwartz.
51. *A Visão Existenciadora*, Evaldo Coutinho.
52. *América Latina em sua Literatura*, Unesco.
53. *Os Nuer*, E. E. Evans-Pritchard.
54. *Introdução à Textologia*, Roger Laufer.
55. *O Lugar de Todos os Lugares*, Evaldo Coutinho.
56. *Sociedade Israelense*, S. N. Eisenstadt.
57. *Das Arcadas do Bacharelismo*, Alberto Venancio Filho.
58. *Artaud e o Teatro*, Alain Virmaux.
59. *O Espaço da Arquitetura*, Evaldo Coutinho.
60. *Antropologia Aplicada*, Roger Bastide.
61. *História da Loucura*, Michel Foucault.
62. *Improvisação para o Teatro*, Viola Spolin.
63. *De Cristo aos Judeus da Corte*, Léon Poliakov.
64. *De Maomé aos Marranos*, Léon Poliakov.
65. *De Voltaire a Wagner*, Léon Poliakov.
66. *A Europa Suicida*, Léon Poliakov.
67. *O Urbanismo*, Françoise Choay.
68. *Pedagogia Institucional*, A. Vasquez e F. Oury.
69. *Pessoa e Personagem*, Michel Zeraffa.
70. *O Convívio Alegórico*, Evaldo Coutinho.
71. *O Convênio do Café*, Celso Lafer.
72. *A Linguagem*, Edward Sapir.
73. *Tratado Geral de Semiótica*, Umberto Eco.
74. *Ser e Estar em Nós*, Evaldo Coutinho.

75. *Estrutura da Teoria Psicanalítica*, David Rapaport.
76. *Jogo, Teatro & Pensamento*, Richard Courtney.
77. *Teoria Crítica I*, Max Horkheimer.
78. *A Subordinação ao Nosso Existir*, Evaldo Coutinho.
79. *A Estratégia dos Signos*, Lucrécia D'Aléssio Ferrara.
80. *Teatro: Leste & Oeste*, Leonard C. Pronko.
81. *Freud: a Trama dos Conceitos*, Renato Mezan.
82. *Vanguarda e Cosmopolitismo*, Jorge Schwartz.
83. *O Livro dIsso*, Georg Groddeck.
84. *A Testemunha Participante*, Evaldo Coutinho.
85. *Como se Faz uma Tese*, Umberto Eco.
86. *Uma Atriz: Cacilda Becker*, Nanci Fernandes e Maria Thereza Vargas (org.).
87. *Jesus e Israel*, Jules Isaac.
88. *A Regra e o Modelo*, Françoise Choay.
89. *Lector in Fabula*, Umberto Eco.
90. *TBC: Crônica de um Sonho*, Alberto Guzik.
91. *Os Processos Criativos de Robert Wilson*, Luiz Roberto Galizia.
92. *Poética em Ação*, Roman Jakobson.
93. *Tradução Intersemiótica*, Julio Plaza.
94. *Futurismo: uma Poética da Modernidade*, Annateresa Fabris.
95. *Melanie Klein I*, Jean-Michel Petot.
96. *Melanie Klein II*, Jean-Michel Petot.
97. *A Artisticidade do Ser*, Evaldo Coutinho.
98. *Nelson Rodrigues: Dramaturgia e Encenações*, Sábato Magaldi.
99. *O Homem e seu Isso*, Georg Groddeck.
100. *José de Alencar e o Teatro*, João Roberto Faria.
101. *Fernando de Azevedo: Educação e Transformação*, Maria Luiza Penna.
102. *Dilthey: um Conceito de Vida e uma Pedagogia*, Maria Nazaré de Camargo Pacheco Amaral.
103. *Sobre o Trabalho do Ator*, Mauro Meiches e Silvia Fernandes.
104. *Zumbi, Tiradentes*, Cláudia de Arruda Campos.
105. *Um Outro Mundo: a Infância*, Marie-José Chombart de Lauwe.
106. *Tempo e Religião*, Walter I. Rehfeld.
107. *Arthur Azevedo: a Palavra e o Riso*, Antonio Martins.
108. *Arte, Privilégio e Distinção*, José Carlos Durand.
109. *A Imagem Inconsciente do Corpo*, Françoise Dolto.
110. *Acoplagem no Espaço*, Oswaldino Marques.
111. *O Texto no Teatro*, Sábato Magaldi.
112. *Portinari, Pintor Social*, Annateresa Fabris.
113. *Teatro da Militância*, Silvana Garcia.
114. *A Religião de Israel*, Yehezkel Kaufmann.
115. *Que é Literatura Comparada?*, Brunel, Pichois, Rousseau.
116. *A Revolução Psicanalítica*, Marthe Robert.
117. *Brecht: um Jogo de Aprendizagem*, Ingrid Dormien Koudela.
118. *Arquitetura Pós-Industrial*, Raffaele Raja.
119. *O Ator no Século XX*, Odette Aslan.
120. *Estudos Psicanalíticos sobre Psicossomática*, Georg Groddeck.
121. *O Signo de Três*, Umberto Eco e Thomas A. Sebeok.
122. *Zeami: Cena e Pensamento Nô*, Sakae M. Giroux.
123. *Cidades do Amanhã*, Peter Hall.

124. *A Causalidade Diabólica I*, Léon Poliakov.
125. *A Causalidade Diabólica II*, Léon Poliakov.
126. *A Imagem no Ensino da Arte*, Ana Mae Barbosa.
127. *Um Teatro da Mulher*, Elza Cunha de Vicenzo.
128. *Fala Gestual*, Ana Claudia de Oliveira.
129. *O Livro de São Cipriano: uma Legenda de Massas*, Jerusa Pires Ferreira.
130. *Kósmos Noetós*, Ivo Assad Ibri.
131. *Concerto Barroco às Óperas do Judeu*, Francisco Maciel Silveira.
132. *Sérgio Milliet, Crítico de Arte*, Lisbeth Rebollo Gonçalves.
133. *Os Teatros Bunraku e Kabuki: Uma Visada Barroca*, Darci Kusano.
134. *O Ídiche e seu Significado*, Benjamin Harshav.
135. *O Limite da Interpretação*, Umberto Eco.
136. *O Teatro Realista no Brasil: 1855-1865*, João Roberto Faria.
137. *A República de Hemingway*, Giselle Beiguelman-Messina.
138. *O Futurismo Paulista*, Annateresa Fabris.
139. *Em Espelho Crítico*, Robert Alter.
140. *Antunes Filho e a Dimensão Utópica*, Sebastião Milaré.
141. *Sabatai Tzvi: O Messias Místico I, II, III*, Gershom Scholem.
142. *História e Narração em Walter Benjamin*, Jeanne Marie Gagnebin.
143. *A Política e o Romance*, Irwing Howe.
144. *Os Direitos Humanos como Tema Global*, J. A. Lindgren.
145. *O Truque e a Alma*, Angelo Maria Ripellino.
146. *Os Espirituais Franciscanos*, Nachman Falbel.
147. *A Imagem Autônoma*, Evaldo Coutinho.
148. *A Procura da Lucidez em Artaud*, Vera Lúcia Gonçalves Felício.
149. *Memória e Invenção: Gerald Thomas em Cena*, Sílvia Fernandes Telesi.
150. *Nos Jardins de Burle Marx*, Jacques Leenhardt.
151. *O Inspetor Geral de Gógol/Meyerhold*, Arlete Cavalière.
152. *O Teatro de Heiner Müller*, Ruth Röhl.
153. *Psicanálise, Estética e Ética do Desejo*, Maria Inês França.
154. *Cabala: Novas Perspectivas*, Moshe Idel.
155. *Falando de Shakespeare*, Barbara Heliodora.
156. *Imigrantes Judeus / Escritores Brasileiros*, Regina Igel.
157. *A Morte Social dos Rios*, Mauro Leonel.
158. *Barroco e Modernidade*, Irlemar Chiampi.
159. *Moderna Dramaturgia Brasileira*, Sábato Magaldi.
160. *O Tempo Não-Reconciliado*, Peter Pál Pelbart.